A assimetria e a vida

FUNDAÇÃO EDITORA DA UNESP

Presidente do Conselho Curador
Mário Sérgio Vasconcelos

Diretor-Presidente
Jézio Hernani Bomfim Gutierre

Editor-Executivo
Tulio Y. Kawata

Superintendente Administrativo e Financeiro
William de Souza Agostinho

Conselho Editorial Acadêmico
Áureo Busetto
Carlos Magno Castelo Branco Fortaleza
Elisabete Maniglia
Henrique Nunes de Oliveira
João Francisco Galera Monico
José Leonardo do Nascimento
Lourenço Chacon Jurado Filho
Maria de Lourdes Ortiz Gandini Baldan
Paula da Cruz Landim
Rogério Rosenfeld

Editores-Assistentes
Anderson Nobara
Jorge Pereira Filho
Leandro Rodrigues

PRIMO LEVI

A assimetria e a vida
Artigos e ensaios
1955-1987

Organização
Marco Belpoliti

Tradução
Ivone Benedetti

© 2002 Giulio Einaudi editore s.p.a., Torino
© 2014 Editora Unesp

Título original: *L'asimmetria e la vita — Articoli e saggi 1955-1987*

Direitos de publicação reservados à:
Fundação Editora da Unesp (FEU)
Praça da Sé, 108
01001-900 – São Paulo – SP
Tel.: (0xx11) 3242-7171
Fax: (0xx11) 3242-7172
www.editoraunesp.com.br
www.livrariaunesp.com.br
feu@editora.unesp.br

CIP – Brasil. Catalogação na publicação
Sindicato Nacional dos Editores de Livros, RJ

L644a

    Levi, Primo
    A assimetria e a vida: artigos e ensaios 1955-1987 / Primo Levi; organização Marco Belpoliti; tradução Ivone Benedetti. – 1.ed. São Paulo: Editora Unesp, 2016.

    Tradução de: *L'asimmetria e la vita - articoli e saggi 1955-1987*
    ISBN 978-85-393-0610-7

    1. Auschwitz (Campo de concentração). 2. Holocausto judeu (1939-1945). 3. Guerra Mundial, 1939-1945. I. Belpoliti, Marco. II. Benedetti, Ivone. III. Título.

15-26161   CDD: 940.5318
                                                          CDU: 94(100)'1939-1945'

Editora afiliada:

Sumário

Do outro lado do espelho   IX
  Marco Belpoliti
Nota aos textos   XXI

PRIMEIRA PARTE
BURACO NEGRO DE AUSCHWITZ

Deportados. Aniversário   3

Monumento a Auschwitz   7

"Arbeit Macht Frei"   11

O tempo das suásticas   15

Prefácio à edição alemã de *É isto um homem?*   19

Prefácio à edição escolar de *A trégua*   21

A resistência nos campos de concentração   27

Prefácio a *O canto do povo judeu massacrado*, de Y. Katzenelson   35

Nota à versão dramatúrgica de *É isto um homem?*   39

Prefácio a *Auschwitz*, de L. Poliakov   45

Aos jovens. Prefácio a *É isto um homem?*   49

"Um passado que acreditávamos não mais voltar"   53

Prefácio a *A noite dos girondinos*, de J. Presser   57

Cinema e suásticas   63

Os alemães e Kappler   65

Mulheres para abatedouro   69

Para que a SS não retorne   75

Começou com a Noite dos Cristais   79

Jean Améry, o filósofo suicida   83

Mas nós estávamos lá   87

Campo de concentração às portas da Itália   89

Para que não se repitam os holocaustos de ontem (matanças nazistas, multidões e TV)   95

As imagens da minissérie *Holocausto*   99

A Europa no inferno   109

Com Anne Frank falou a história   113

Caçadores de mentiras para negar o Holocausto   115

Ao visitante   119

Os temerários do Gueto   123

O faraó com suástica   127

Prefácio a *Uomini ad Auschwitz*, de H. Langbein   131

VI

A assimetria e a vida

Por que rever essas imagens   137

Prefácio a *Comandante em Auschwitz*, de R. Höss   141

Prefácio a *Moments of Reprieve*   151

Buraco negro de Auschwitz   155

Prefácio a *La vita offesa*   159

"À nossa geração..."   163

SEGUNDA PARTE
PROFISSÕES ALHEIAS

O escritor não escritor   169

Intolerância racial   177

Prefácio a *As duas faces da Química*, de L. Caglioti   197

Não se vê outro Adão nas redondezas   205

Ferraduras cravadas   209

Vamos ver só o que se realizou   213

Os primeiros antepassados não eram animais   217

Colecionadores de tormentos   221

O horrível poder   225

Nota a *O processo*, de F. Kafka   231

A assimetria e a vida   235

Prefácio a *Ebrei a Torino*   247

Itinerário de um escritor judeu   253

Com a chave da ciência   273

Prefácio a *Judeus da Europa Oriental*   275

O que pegou fogo no espaço   281

VII

Primo Levi

A peste não tem fronteiras   283
A comunidade de Veneza e seu antigo
cemitério   287
O chamado da floresta   293
Argila de Adão   297

Índice onomástico   301

Do outro lado do espelho

Em 1955, dez anos depois do fim do segundo conflito mundial, Primo Levi escreve para um jornal de Turim um breve texto sobre a memória do campo de concentração, *Deportados. Aniversário*. A constatação é desalentadora: o assunto campo de extermínio, em vez de se tornar história, está a caminho do completo esquecimento. É um artigo amargo, mas escrito com seu tom costumeiro: comedido, preciso, enxuto. Não faz concessões à retórica, à lamentação ou ao anátema. Contém considerações que antecipam em trinta anos as páginas de seu livro mais importante e ainda pouquíssimo conhecido, uma das obras capitais do século XX: *I sommersi e i salvati* [Os submersos e os salvos]. Fala da vergonha, da humanidade comum a vítimas e carrascos, da contaminação entre ambos no campo de concentração, da cultura europeia com sua responsabilidade e sua ciência, da "morte inerte e nua, ignominiosa e imunda", das "insuspeitadas reservas de ferocidade e loucura, que jazem latentes no homem".

Quem escreve é o autor de *É isto um homem?*, livro que é muito mais do que um testemunho. Obra de clara inspiração literária — seus modelos se encontram na tradição literária italiana e nos grandes escritores europeus do século XIX —, o primeiro livro do jovem químico de Turim, sobrevivente do campo de extermínio de

Monowitz, é também um tratado de etologia humana. O campo de concentração, como está escrito no capítulo "Os submersos e os salvos" de *É isto um homem?*, foi "uma gigantesca experiência biológica e social". Sobre esse aspecto experimental, sobre a sorte que estaria reservada a toda a Europa caso os exércitos de Hitler tivessem vencido a guerra, Levi volta a falar com insistência nos textos sobre Auschwitz que vai publicando esporadicamente nas duas décadas seguintes, tanto em revistas de ex-deportados quanto nas páginas de grandes diários nacionais.

Antes de se ver como judeu, Levi se vê como combatente da liberdade, como resistente, e a tônica incide não só no destino de seu povo, mas também no de todos os homens e mulheres deportados para a Alemanha, inclusive os milhares de soldados italianos que não quiseram prestar juramento de fidelidade à recém-surgida República de Salò e sobre os quais caiu profundo silêncio no pós-guerra. Mas, mesmo no restante da Europa e no Estado de Israel reina o silêncio sobre os campos de extermínio, preferindo-se esquecê-los, pelo menos até o início dos anos 1960 e o processo de Eichmann. O olhar que Levi lança sobre todo esse fenômeno em tais artigos é, o máximo possível, distante, analítico, quase científico. O etólogo de Auschwitz procura, acima de tudo, descrever o que aconteceu com a ajuda da razão, ainda que o problema da compreensão daqueles acontecimentos terríveis se mostre espinhoso de imediato: compreender significa entrar na cabeça de quem planejou e cometeu aqueles crimes que estão fora de qualquer medida humana; ou seja, como reitera várias vezes o ex-deportado: justificar algo que está além da própria razão humana.

O insucesso é evidente. "A estupidez e a insensatez são forças historicamente atuantes, no entanto os autores de Auschwitz não estão dominados pelo delírio ou pela ira", afirma Levi na apresentação de uma obra em 1968 (prefácio a *Auschwitz*, de L. Poliakov): "São diligentes, tranquilos, comuns e banais". Chega até a desejar que não nasça cedo demais aquele que seja capaz de comentar e explicar por quê, no centro de nossa Europa e em nosso século, "o

X

A assimetria e a vida

mandamento 'Não matarás' foi posto de cabeça para baixo". Obra de homens banais e comuns, Auschwitz é algo que evidentemente pertence a uma dissimetria, a algo que é humano (continuam sendo homens aqueles que planejaram e realizaram o imenso extermínio), mas ao mesmo tempo não é. Homens aparentemente comedidos, cinzentos, incolores – "vazios, idiotas, tranquilos e diligentes", como os define num texto de 1959 – foram capazes de realizar ações que ultrapassam a compreensão humana ("Monumento a Auschwitz").

Há algo de inexplicável, além de inaceitável. A raiz racional do homem, postulada pelo pensamento grego, no qual o ex-colegial turinês se inspira ao fazer suas reflexões antropológicas, é negada pela raiz, mas sem que esses mesmos homens, os assassinos de Auschwitz, deixem de pertencer à espécie humana. Nesses textos, a incapacidade de compreender é várias vezes invocada. Há perguntas que, de modo pacato, mas sutilmente angustiado, não encontram resposta: por que Auschwitz? Isso se repetirá?

Diante do suicídio coletivo da seita do "Templo do Povo" em 1978 e do suicídio solitário do filósofo Jean Améry, também deportado para Auschwitz, Levi escreve: "Cada ação humana contém um núcleo duro de incompreensibilidade: se não fosse assim, teríamos condições de prever o que fará nosso próximo, e isso não acontece, e talvez seja bom que não aconteça". É o mesmo problema do campo de concentração. Nestas páginas que abrangem um período de mais de trinta anos, tanto nas dedicadas expressamente ao buraco negro de Auschwitz quanto nas mais curiosas e extravagantes, sobre ciência, judaísmo e literatura, algumas questões voltam com insistência: são justamente as que dizem respeito ao núcleo do "incompreensível".

Para uma pessoa com formação científica, que exerce uma atividade técnica, ao mesmo tempo prática e teórica – o químico trabalha com as mãos, mas também com o cérebro, é um detetive da matéria –, constatar que existe um núcleo duro, impossível de explicar e entender (mesmo em sentido moral), não é coisa de pouca

XI

Primo Levi

monta. Além disso, para o ex-deportado fica bem evidente que na loucura de Auschwitz, em seu plano aberrante, há método, racionalidade. A loucura não a exclui. Aliás, a própria aparência de modéstia e banalidade dos carrascos combina perfeitamente com a racionalidade anônima e cega das grandes instituições modernas. O próprio Höss, o comandante pequeno-burguês de Auschwitz, a seu modo é um inventor: resolveu o problema do extermínio inventando as câmaras de gás, como nota Levi com ironia.

Racionalidade e irracionalidade são opostas e simétricas; entre as duas há uma relação de igualdade, mesmo na oposição. Auschwitz é assimétrica em relação à razão, é sua perfeita inversão, mas ao mesmo tempo em Auschwitz, no *anus mundi*, como ele define em *I sommersi e i salvati*, domina a racionalidade: na organização do campo, na administração dos prisioneiros, na eliminação sistemática dos "muçulmanos". É um sistema coerente, ainda que invertido em relação à vida normal.

Como observador perspicaz dos comportamentos humanos, das relações e dos sistemas de trocas e permutas no campo de extermínio, o jovem químico turinês não se cansa de repetir isso nas páginas de *É isto um homem?*. A hierarquia invertida do campo de concentração, assim como sua lógica, está perfeitamente clara para ele. Do que viu, tira uma lição sobre a natureza humana (como moralista, à Montaigne), sobre o limite incerto que separa não só razão e desrazão, mas também bem e mal. Vê com clareza a raiz dúplice do comportamento humano – as páginas reunidas neste volume demonstram isso. Na racionalidade humana, na própria civilização, já está contido o germe que pode gerar seu oposto, o desencadeamento das forças irracionais, destrutivas. Não só como ato de cólera (de que a guerra é um prolongamento, conforme ensinou Homero), mas também como ato frio e indiferente. A própria dissimetria da razão é algo incalculável e imprevisível.

Em longa conversa ocorrida durante um ciclo de conferências dadas em Turim (conversa depois transcrita), Levi aborda

XII

A assimetria e a vida

a questão do racismo ("Intolerância racial"). Estamos em 1979, em plena crise política e social italiana, apenas um ano depois do assassinato de Aldo Moro pelas Brigadas Vermelhas, sobre as quais ele também escreveu. Depois de confessar incompetência, com humildade, o escritor estabelece uma distinção radical entre os problemas etológicos e até biológicos do racismo e os problemas históricos e culturais. Como fiel leitor de Konrad Lorenz, examina o problema da agressividade intraespecífica, do "chamado mal", constatando não só sua existência, mas também sua inextirpável raiz biológica. Embora marcado por certo determinismo, Levi não tem dúvidas a respeito: há uma intolerância racial pré-humana, pré-histórica, que precede e justifica, só em parte, a intolerância histórica de que seu povo – os judeus – teve terrível e repetida experiência ao longo dos séculos.

Mais uma vez na raiz da pergunta "por que o mal e não o bem, por que o racismo, por que o inferno de Auschwitz?", está uma questão de dissimetria: a raiz do mal está no comportamento humano, em sua animalidade.

A figura-chave de *É isto um homem?* é o animal-homem; é Buck, personagem de Jack London, tranquilo cão doméstico que se transforma em vítima sem culpa e acaba como chefe de matilha (*Kapo*), "animal primitivo dominante". É muito forte a analogia entre o protagonista de *O chamado da floresta* (ele resenha a tradução de Gianni Celati) e a vida do deportado, arrancado da tranquila moradia burguesa e levado para o inferno do campo de extermínio: nos pontos extremos, nos locais de concentração, em Auschwitz, o homem se vê num acerto dramático de contas com sua própria irracionalidade, da qual não consegue se desfazer, nem ontem nem hoje. Ao descrever toda a série de questões da intolerância racial (como não especialista, conforme se declara), o escritor e ex-deportado segue o fio de um raciocínio baseado numa matriz racionalista, num pessimismo da razão que, embora não consiga aliviar as feridas provocadas no homem pelo próprio homem, pelo menos se mostra como lúcida e impiedosa descrição

XIII

Primo Levi

do mal. Mas o fio de seu raciocínio precisa mais uma vez acertar as contas com a dissimetria entre razão e não razão, entre explicação e compreensão. E, como Primo Levi é substancialmente um estoico, tanto no plano filosófico quanto no moral, a contradição não o assusta; com toda probabilidade lhe causa sofrimento, no entanto ele não abdica de modo algum à racionalidade que, apesar de tudo, se apresenta como um sólido baluarte contra a irrupção do irracional. O problema, em última análise, é outro.

Num texto de nuances científicas, publicado numa revista de divulgação e cultura em 1984, o ex-químico Primo Levi (que se aposentara dez anos antes para dedicar-se à escrita) reflete sobre a relação entre assimetria e vida. É a retomada de um problema de que já tratara em seu trabalho de conclusão de curso, *L'inversione di Walden* [A inversão de Walden], que, por causa das leis raciais, precisara terminar de maneira apressada e incompleta. Esse ensaio, embora tenha a forma de resumo isento da parte experimental, é sua verdadeira tese, a que o escritor redige depois de ter passado pela experiência assimétrica do campo de concentração e de ter refletido muito a respeito, sozinho e com outros. Em "A assimetria e a vida", Levi expõe o problema que lhe interessou durante muito tempo: por qual razão todos "os protagonistas do mundo vivo (proteínas, celulose, açúcares, DNA) são assimétricos"? Como cientista, não pode deixar de constatar que "a assimetria direita-esquerda é intrínseca à vida. Coincide com a vida; está presente, infalível, em todos os organismos, dos vírus aos liquens, ao carvalho, ao peixe, ao homem".

O fato não é banal. Despertou a curiosidade de muitas gerações de cientistas. O tema, escreve ele, é o da "causa final" (Aristóteles) ou, "em termos modernos, o da utilidade adaptativa da assimetria". Levi resume muitas de suas leituras, revê o problema tratado no trabalho de conclusão, à luz de tudo que lhe chegou ao conhecimento em Física e Química nos últimos vinte ou trinta anos; aventa cinco hipóteses para explicar a assimetria de que está tratando, chega até a conjecturar o tema da antimatéria, a presença

XIV

A assimetria e a vida

de um simétrico do ácido láctico direito ou da mão esquerda terrestre no "reino distante da antimatéria" (Levi, tal como Alice, mesmo que por pouco tempo, terá passado para o outro lado do espelho, para o reino assimétrico da morte?). Nas últimas linhas, fala da "quiralidade" do universo, ou somente de nossa galáxia, como um fato perturbador, ao mesmo tempo dramático e enigmático.

A quiralidade, conforme explicam os cientistas, é aquela condição em virtude da qual uma molécula não pode ser sobreposta à sua imagem especular: indica, em outros termos, uma simetria não simétrica, enantiomorfa, como a da mão direita e da mão esquerda, que são simétricas mas invertidas, de tal modo que podem ser sobrepostas, não por translação, mas por rotação, recorrendo a uma dimensão $+1$ em relação à dimensão em que se encontram. O tema das simetrias não simétricas deve ter fascinado Levi, que volta a ele em várias ocasiões, especialmente em "A chave estrela". Por quê? Podemos conjecturar que não se trata apenas de um tema científico, mas que ele remete à sua experiência no campo de concentração, àquela relação entre racionalidade e irracionalidade que foi posta a dura prova por Auschwitz.

Acaso não é verdade que, no campo de extermínio, razão e não razão são enantiomorfas? Que a racionalidade da vida normal é subvertida pela lógica do campo, que, por sua vez, contém um evidente princípio de racionalidade intrínseca? Do mesmo modo, ao cientista Levi pareceu evidente, desde aquela experiência, que a ciência ocidental continha um princípio de irracionalidade, a possibilidade, sempre iminente, de que suas potencialidades sejam utilizadas para fins destrutivos, e não construtivos. Há um quiasma, um cruzamento, uma simetria cruzada entre racional e irracional. E isso, como evidenciam seus contos fantásticos e de ficção científica, não diz respeito apenas ao lugar extremo, extraterritorial, do campo de concentração, mas também à vida cotidiana dos homens. O "vício de forma", como se intitulam seus contos, é exatamente isso. Assim devem ser interpretados os adjetivos com que

Primo Levi

Levi, no fim de "A assimetria e a vida", define a notícia da simetria não simétrica do universo. Emocionante, dramática, enigmática são termos que se adaptam perfeitamente à descrição do acontecimento incompreensível de Auschwitz. No entanto, a assimetria também é um fato vital, é consubstancial à própria vida.

Embora também existam substâncias assimétricas não pertencentes ao mundo orgânico — por exemplo, os cristais de quartzo —, a assimetria, como escreve Levi, é "intrínseca à vida; coincide com a vida". Podemos conjecturar que, para o escritor, Auschwitz, mundo invertido, enantiomorfo em relação à vida civil, é parte da vida? Sim. A contradição insolúvel, eterna fonte de dor e memória, é exatamente essa. E isso ocorre por mais de uma razão. Porque a experiência de Auschwitz é parte integrante de sua personalidade, da qual, como repete também nessas páginas, ele recebeu o dom da escrita; e isso é fonte de alegria e de tormento. Além disso, o campo de Monowitz permitiu-lhe compreender a raiz irracional do comportamento racional do homem, cuja confirmação e elucidação, ora hilariante e irreverente, ora soturna e séria, é a viagem de retorno ao mundo dos vivos, sua *Odisseia*, narrada em *A trégua*. Por outro lado, o exame de Química do dr. Pannwitz e a experiência do laboratório químico da Buna, a que ele deve a salvação, lhe esclareceram o mau poder implícito na ciência, em seu uso. Mais profundamente, naquela consciência atormentada, mas lucidíssima, que aprendemos a conhecer através de seus livros, intuímos que a simetria não simétrica do campo de concentração se apoia no par assimétrico dos "submersos" e dos "salvos". Ele, Primo Levi, pertence à fileira destes últimos e é testemunha exatamente porque foi "salvo". É terrível suportar o quiasma.

Ele escreve em seu último livro, *I sommersi e i salvati*: "O pensamento de que este meu ato de testemunhar possa ter sido fruto apenas do privilégio de sobreviver e de viver muitos anos sem grandes problemas é algo que me inquieta, porque não vejo proporção entre o privilégio e o resultado". Não é questão de sentimento de culpa. Levi, como se percebe pela leitura desses textos

XVI

A assimetria e a vida

dedicados a Auschwitz e ao campo de concentração, não se propôs a esquecer, viver abrigado num recalque mais ou menos bem-sucedido; ao contrário, expôs-se ao papel de testemunha, enfrentou o problema de não querer esquecer; continua escrevendo: mas nós estávamos lá. Por essa razão continuou a chocar-se contra a raiz assimétrica de seu talento de escritor. Levi não é, por hábito mental, um extremista. Ao contrário, é problemático, interroga-se o tempo todo, o que não o impede de assumir posições firmes, duras e inequívocas sobre o fascismo, o nazismo, o negacionismo de Robert Faurisson, o revisionismo histórico — "Buraco negro de Auschwitz" ainda é um artigo de grande atualidade —, a União Soviética.

Em *É isto um homem?* há um momento preciso em que emerge esse aspecto de sua personalidade humana e intelectual. É no capítulo "Iniciação", que o escritor acrescentou dez anos depois da publicação do livro, em 1958, quando saiu pela Einaudi a segunda edição revista e atualizada. Aí aparece a figura de Steinlauf, outrora sargento do exército austro-húngaro, cruz de ferro da guerra de 1914-8. Como militar caído no poço sem fundo do campo de concentração, Steinlauf ensina ao prisioneiro judeu italiano a dura lei do campo:

> Como o campo de concentração é uma grande máquina para nos reduzir a animais, animais é algo que não devemos nos tornar; pois mesmo neste lugar se pode sobreviver, por isso se deve querer sobreviver, para dar testemunho. E para viver é importante esforçar-se para salvar pelo menos o esqueleto, a estrutura, a forma da civilização.

Segue uma série de indicações práticas dadas pelo sargento austríaco a seu aluno: lavar o rosto sem sabão, lustrar os sapatos, andar ereto. É um paradoxo, um dos muitos impostos pelo campo. Opor ao amorfo do campo a forma da vida civilizada; a formalidade dos comportamentos também é importante na luta

Primo Levi

sem trégua para obter o pão, tal como aquele personagem de *Lilit*, que conserva a dignidade evitando coçar em público a sarna que o atormenta. As estratégias de sobrevivência invertem a costumeira relação entre o que é lógico ou o que é ilógico fazer, entre racional e irracional. Mas nada garante que o judeu-italiano Primo Levi raciocine assim.

Mais uma vez ele nos reserva uma surpresa. As palavras de Steinlauf não lhe bastam, não só por causa do costume italiano de mitigar todas as coisas, de tornar maleável e branda qualquer doutrina (como ele escreve), mas também porque a sabedoria e a virtude do ex-militar não são suficientes ao jovem químico: "Diante desse complicado mundo infernal, minhas ideias estão confusas; será mesmo necessário elaborar e pôr em prática um sistema; não será mais salutar tomar consciência de que não se tem um sistema?".

Como fica evidente mesmo nesses breves textos, a grandeza de Primo Levi não está tanto na denúncia ou no testemunho — embora também nisso, entenda-se —, mas na obstinação em fazer-se perguntas que não têm respostas seguras ou que, se têm, põem em crise opiniões consolidadas, tanto de indivíduos quanto de grupos humanos. É um ressentimento que se percebe por trás de sua prosa marmórea, do tom racional e calmo com que profere todas as acusações contra mentirosos profissionais, hipócritas, falsificadores ("Caçadores de mentiras para negar o Holocausto"), contra aqueles que se valem do terrível acontecimento de Auschwitz para vender barato verdades fáceis ou pura morbidez ("Cinema e suásticas"); a mesma atitude quando examina o acontecimento midiático do *Holocausto* ("As imagens do 'Holocausto'") ou quando mostra o excessivo otimismo da ciência moderna ("Vamos ver só o que se realizou" e "O que pegou fogo no espaço"), ou então quando toca no problema do fim das ideologias:

> Hoje se chora muito o fim das ideologias; parece-me que este
> livro demonstra de modo exemplar a que pode levar uma ideologia

XVIII

A assimetria e a vida

aceita com o radicalismo dos alemães de Hitler e dos extremistas em geral. As ideologias podem ser boas ou ruins; é bom conhecê-las, confrontá-las e tentar avaliá-las; é sempre ruim abraçar uma, ainda que sob o manto de palavras respeitáveis, como Pátria e Dever (Prefácio a *Comandante em Auschwitz*, de R. Höss).

Toda a obra de Primo Levi, a da testemunha e a do escritor, a do químico e a do narrador, inscreve-se sob o signo de uma simetria não simétrica, que busca explicar, com dificuldade, mas com grande inteligência e honestidade, o acontecimento perturbador, ao mesmo tempo dramático e enigmático, que foi Auschwitz. A impossibilidade de esquecer não decorre tanto, ou não decorre apenas, da descomedida dimensão dessa tragédia, mas também do fato de nela se entrelaçarem questões que é difícil desatar, questões que, daquela época até hoje, voltaram a ser propostas na história dolorosa da humanidade, no Camboja e na Bósnia, em Uganda e no Afeganistão. Por isso as palavras de Primo Levi ainda são indispensáveis.

Marco Belpoliti

Nota aos textos

Esta edição dos textos jornalísticos e ensaísticos de Primo Levi é extraída da edição das *Opere* [Obras] organizada por Marco Belpoliti e publicada em dois volumes na coleção *Nuova Universale Einaudi* em 1997. No conjunto, trata-se de cerca de 450 páginas esparsas (subdivididas em ambos os volumes) que estavam dispersas por jornais, revistas, periódicos diversos, anuários. A esses escritos foi acrescentado um texto encontrado recentemente, "A comunidade de Veneza e seu antigo cemitério", que, redigido em 1985 como prefácio, permaneceu inédito até 2000. A escolha foi feita de acordo com duas linhas: o tema do campo de concentração, por um lado, e os textos especulativos, de motivo científico, histórico e literário, que incluem os que tratam da história dos judeus italianos e europeus, por outro. Ao primeiro bloco de textos foi dado o título do famoso artigo "Buraco negro de Auschwitz", e ao segundo, inspirado no título de um volume composto pelo próprio Levi, "Ofícios alheios". Dispostas cronologicamente, as duas partes dão conta da dupla atividade de Levi, a de testemunha e a de escritor, além da de químico e de assíduo colaborador em jornais. Foi aqui incluído o artigo "Monumento a Auschwitz", com que Levi começou a escrever para o jornal *La Stampa* em 1959. Para outras informações sobre cada texto e sobre

Primo Levi

sua publicação ou percurso editorial, remetemos às notas que constam do apêndice à citada edição das *Opere*, nas páginas 1458-69 do volume I e nas páginas 1571-5 do volume II.

A finalidade deste livro é tornar acessível ao leitor não especializado a produção jornalística e ensaística de Primo Levi que continua desconhecida (não há nada mais inédito do que o editado!), produção útil para reconstruir todo o seu percurso de testemunha do Holocausto e de intelectual dos anos 1950 até seu falecimento, em 1987. Os destinatários ideais desta nova coleção são os jovens. Este livro é dedicado a eles.

Agradecemos penhoradamente à família de Primo Levi por ter concordado com a realização deste projeto.

XXII

Primeira parte

Buraco negro de Auschwitz

Deportados. Aniversário

Dez anos depois da libertação dos campos de concentração, é triste e significativo constatar que, pelo menos na Itália, o assunto, em vez de ter se tornado história, está caindo no mais completo esquecimento.

Nesta ocasião, é supérfluo lembrar números; lembrar que se tratou da mais gigantesca carnificina da história, a ponto de praticamente reduzir a zero, por exemplo, toda a população de judeus de nações inteiras da Europa Oriental; lembrar que, se a Alemanha nazista tivesse tido as condições de levar seu plano a termo, a técnica experimentada em Auschwitz e em outros lugares teria sido aplicada a continentes inteiros com a conhecida seriedade dos alemães.

Hoje é indelicado falar dos campos de concentração. Corremos o risco de ser acusados de vitimização ou de amor gratuito ao macabro, na melhor das hipóteses; na pior, de mentira pura e simples, ou quem sabe de atentado ao pudor.

É justificado esse silêncio? Devemos tolerá-lo, nós, os sobreviventes? Devem tolerá-lo aqueles que, petrificados pelo espanto e pela repugnância, assistiram às partidas dos vagões vedados, em meio a espancamentos, palavrões e gritos desumanos, e, anos depois, viram o retorno dos pouquíssimos sobreviventes, com o corpo e o espírito em frangalhos? Será justo considerar esgotada a

3

tarefa de dar testemunho, coisa que então era sentida como necessidade e dever imediato?

A resposta só pode ser uma. Não é lícito esquecer, não é lícito calar. Se calarmos, quem falará? Claro que não os culpados e seus cúmplices. Se faltar nosso testemunho, num futuro nada distante os feitos da bestialidade nazista, exatamente por sua enormidade, poderão ser relegados ao rol das lendas. Falar, portanto, é preciso.

Apesar disso, prevalece o silêncio. Há um silêncio que é fruto da consciência insegura ou mesmo da consciência pesada: é o silêncio daqueles que, solicitados ou obrigados a expressar um juízo, tentam de todas as maneiras mudar o rumo da discussão e trazem à baila as armas nucleares, os bombardeios indiscriminados, o julgamento de Nuremberg e os problemáticos campos de trabalho soviéticos: argumentos que, se de per si não deixam de ter peso, são totalmente irrelevantes para uma justificação moral dos crimes fascistas, que, em vista de suas modalidades e dimensões, constituem um monumento de ferocidade tal que em toda a história da humanidade não é possível encontrar termo de comparação.

Mas não será descabido mencionar outro aspecto desse silêncio, dessa reserva, dessa fuga. Que na Alemanha não se fale do assunto, que os fascistas se calem, é coisa natural que no fundo não nos desagrada. Suas palavras não servem para nada, não devemos esperar deles tentativas risíveis de justificação. Mas que dizer do silêncio do mundo civilizado, do silêncio da cultura, de nosso próprio silêncio, diante de nossos filhos, diante dos amigos que voltam de longos anos de exílio em países distantes? Isso não se deve apenas ao cansaço, à debilitação dos anos, ao comportamento normal de "primeiro viver, depois filosofar". Não se deve à covardia. Vive em nós uma instância mais profunda, mais digna, que em muitas circunstâncias nos aconselha a calar sobre os campos de concentração ou pelo menos atenuar, censurar suas imagens, ainda tão vivas em nossa memória.

É a vergonha. Somos homens, pertencemos à mesma família humana a que pertenceram nossos carrascos. Diante da enormidade

A assimetria e a vida

de sua culpa, também nós nos sentimos cidadãos de Sodoma e Gomorra; não conseguimos nos sentir alheios à acusação que algum juiz extraterrestre proferiria contra a humanidade inteira, com base em nosso próprio testemunho.

Somos filhos da Europa onde fica Auschwitz: vivemos no século em que a ciência foi vergada e gerou o código racial e as câmaras de gás. Quem pode ter certeza de estar imune à infecção?

Ainda há o que dizer: coisas dolorosas e duras que não parecerão novas a quem tiver lido *Les armes de la nuit* [As armas da noite].* É vaidade chamar de gloriosa a morte das inúmeras vítimas dos campos de extermínio. Não era gloriosa: era uma morte inerme e nua, ignominiosa e imunda. Tampouco é honrosa a escravidão; houve quem soubesse suportá-la incólume, exceção que deve ser vista com reverente assombro; mas essa é uma condição essencialmente ignóbil, fonte de degradação quase irresistível e de naufrágio moral.

É bom que essas coisas sejam ditas, pois são verdadeiras. Mas fique claro que não significa irmanar vítimas e assassinos: isso não atenua; ao contrário, agrava mil vezes a culpa de fascistas e nazistas. Estes demonstraram para todos os séculos vindouros as insuspeitadas reservas de ferocidade e loucura que jazem latentes no homem depois de milênios de vida civilizada, e essa é uma obra demoníaca. Trabalharam com tenacidade para criar sua gigantesca máquina geradora de morte e corrupção: não seria imaginável um crime maior. Construíram insolentemente seu reino com os instrumentos do ódio, da violência e da mentira: a ruína deles é uma advertência.

Torino, XXXI, n.4, abr. 1955, número especial dedicado ao aniversário de dez anos da Libertação, p.53-4; uma versão mais curta em *L'Eco dell'educazione ebraica*, número especial para o aniversário de dez anos da Libertação, abr. 1955, p.4.

---

* Obra de Jean Bruller, escrita em 1945 sob o pseudônimo de Vercors, nome por ele usado durante seu período de luta como resistente. O livro foi inspirado pelo que sentiu ao ver o retorno dos deportados. (N. T.)

Monumento a Auschwitz

Dentro de um período relativamente breve, levando-se em conta a grandeza da obra, dentro de dois anos, talvez antes, será erguido um monumento em Auschwitz, no exato lugar em que se assistiu à execução da maior matança da história humana. Na segunda etapa da concorrência, ocorrida recentemente para a escolha do projeto, saíram vencedores com méritos idênticos um grupo de artistas poloneses e dois grupos de arquitetos e escultores italianos: da colaboração deles brotou o projeto executivo, exposto ao público em Roma, na Galleria Nazionale di Arte Moderna desde o dia 1º de julho. É bom deixar claro: não "será erguido" em sentido estrito, pois em boa parte ficará no nível do chão ou abaixo dele; não será um monumento no sentido comum da palavra, pois não ocupará menos de trinta hectares de terreno; e não será em Auschwitz, centro, ou seja, não será na cidadezinha polonesa de Oswiecim, mas em Birkenau.

Consideramos que para poucos o nome Auschwitz soa como novidade. Nesse campo foram matriculados cerca de 400 mil prisioneiros, dos quais sobreviveram poucos milhares; quase 4 milhões de outros inocentes foram engolidos pelas instalações de extermínio construídas pelos nazistas em Birkenau, a dois quilômetros de Auschwitz. Não se tratava de inimigos políticos: na

7

maioria, eram famílias inteiras de judeus, com crianças, velhos e mulheres, retirados dos guetos ou diretamente de suas casas; muitas vezes, com poucas horas de aviso prévio, com a ordem de levar consigo "tudo o que seja preciso para uma longa viagem", e o conselho oficioso de não esquecerem o ouro, o dinheiro e os objetos preciosos de que dispusessem. Tudo o que levassem consigo (tudo: até sapatos, roupas, óculos) lhes era retirado quando o trem entrava no campo. De cada leva que chegava, um décimo em média era transferido para os campos de trabalho forçado; nove décimos (nos quais se incluíam todas as crianças, os velhos, os inválidos e a maior parte das mulheres) eram eliminados com um gás tóxico originariamente destinado a livrar de ratos os porões dos navios. Os corpos eram cremados em instalações colossais, expressamente construídas pela honesta empresa Topf e Filhos de Erfurt, à qual haviam sido encomendados fornos capazes de incinerar 24 mil cadáveres por dia. Quando da libertação, foram encontradas em Auschwitz sete toneladas de cabelos femininos.

Esses são os fatos: funestos, imundos e substancialmente incompreensíveis. Por que e como ocorreram? Irão se repetir?

Não creio que essas perguntas possam ter resposta exaustiva, nem hoje nem no futuro; e isso talvez seja bom. Se houvesse resposta para essas perguntas, significaria que os fatos de Auschwitz caberiam no tecido das obras do homem: que eles tiveram um motivo, portanto um germe de justificação. Em certa medida, temos a possibilidade de entrar na pele do ladrão, do assassino: ao contrário, não é possível entrar na pele do demente. Também é impossível refazer o caminho dos grandes responsáveis: suas ações, suas palavras permanecem cercadas de trevas para nós, não podemos reconstituir seu devir, não podemos dizer "do ponto de vista deles...". É próprio do homem agir com vista a um fim: a matança de Auschwitz, que destruiu uma tradição e uma civilização, não trouxe proveito a ninguém.

Sob esse aspecto (e só esse!), é altamente instrutiva a leitura do diário de Höss, que foi comandante de Auschwitz. O livro, cuja

A assimetria e a vida

edição italiana está no prelo, é um documento arrepiante: o autor não é um sádico sanguinário nem um fanático cheio de ódio, mas um homem vazio, um idiota tranquilo e diligente, que se empenha em desenvolver com o máximo cuidado as iniciativas bestiais que lhe são confiadas, e nessa obediência parece satisfazer plenamente todas as suas dúvidas ou inquietações.

Parece-me que só desse modo, ou seja, como loucura de poucos, com o consentimento estúpido e covarde de muitos, é que os fatos de Auschwitz podem ser interpretados. De fato, mesmo abstraindo qualquer juízo moral e limitando-nos ao plano da "política realista", precisamos constatar que tentativas como as hitleristas, executadas em Auschwitz e meticulosamente projetadas para toda a Nova Europa, foram erros colossais. Há em todos os lugares, em todos os países, uma capacidade de indignação, uma concordância de opiniões diante de semelhantes atrocidades, que o nazismo não levou em conta e à qual o povo alemão deve, sem a menor dúvida, o estado de quarentena em que ainda se encontra. De acordo com a razão, o restabelecimento de campos de concentração não deveria nos ameaçar.

Mas é imprudente basear previsões na razão. Jemolo* observava há não muito tempo, nestas mesmas colunas, como é inútil atribuir aos adversários planos de longo alcance e uma argúcia diabólica: é como dizer que a estupidez e a desrazão são forças historicamente operantes; infelizmente, a experiência demonstrou isso e não para de demonstrar. Um segundo Hitler pode nascer, talvez já tenha nascido; é preciso levar isso em conta. Auschwitz, portanto, pode repetir-se. Todas as técnicas, depois de encontradas, vivem de vida própria, em estado de potência, à espera da oportunidade que as leve de novo ao ato. Em quinze anos, as técnicas da destruição e da propaganda progrediram: destruir um milhão de vidas humanas apertando um botão é mais fácil hoje do que

---

* Arturo Carlo Jemolo (1891-81), jurista e historiador italiano. (N. T.)

ontem; perverter a memória, a consciência e o julgamento de 200 milhões de pessoas é mais fácil a cada ano.

Não é suficiente. A matança nazista tem a marca da loucura, mas também outra. É a marca do desumano, da solidariedade humana negada, proibida, rompida; da exploração escravagista; da despudorada instauração do direito do mais forte, impingido sob a insígnia da ordem. É a marca do abuso do poder, a marca do fascismo. É a realização de um sonho demencial, em que um manda, ninguém mais pensa, todos andam sempre em fila, todos obedecem até a morte, todos dizem sempre sim.

Por isso é bom, é importante que nesta nossa época de entusiasmos fáceis e canseira profunda seja erguido um monumento em Auschwitz: e deve ser uma obra ao mesmo tempo nova e perene, que possa falar hoje e amanhã e entre séculos, com linguagem clara, a quem quer que o visite. Não importa que seja "bonito": não importa se chegar às raias do retórico, se incidir nele. Não deve ser utilizado para fins partidários: deve ser um monumento-advertência que a humanidade dedica a si mesma, para que sirva de testemunho, para que repita uma mensagem não nova na história, mas esquecida com demasiada frequência: que o homem é e deve ser sagrado para o homem, em qualquer lugar e sempre.

La Stampa, 18 jul. 1959.

"Arbeit Macht Frei"

Como todos sabem, essas eram as palavras escritas sobre o portão de entrada do campo de concentração de Auschwitz. Seu significado literal é "o trabalho liberta"; seu significado profundo é bem menos claro, só pode causar perplexidade e presta-se a algumas considerações.

O campo de concentração de Auschwitz foi criado razoavelmente tarde; foi concebido desde o início como campo de extermínio, não como campo de trabalho. Transformou-se em campo de trabalho só por volta de 1943 e apenas parcialmente e de modo acessório; portanto, creio que se deve excluir a possibilidade de que essa frase, na mente de quem a ditou, tenha sido entendida em seu sentido direto e com seu óbvio valor proverbial-moral.

É mais provável que tivesse significado irônico, que brotasse daquela veia humorística pesada, arrogante, sinistra, cujo segredo só os alemães têm e que só em alemão tem nome. Traduzida em linguagem explícita, ao que parece, ela deveria soar mais ou menos assim: "O trabalho é humilhação e sofrimento, e não compete a nós, *Herrenvolk*, povo de senhores e heróis, mas a vós, inimigos do Terceiro Reich. A liberdade que vos espera é a morte."

Na realidade, e apesar de algumas aparências contrárias, o desconhecimento e o desprezo do valor moral do trabalho eram e são essenciais ao mito fascista em todas as suas formas. Por trás de todo militarismo, colonialismo, corporativismo está a vontade clara, por parte de uma classe, de desfrutar do trabalho alheio e, ao mesmo tempo, negar-lhe qualquer valor humano. Essa vontade já se mostra clara no aspecto antioperário que o fascismo italiano assumiu desde os primeiros anos e foi se afirmando com precisão cada vez maior na evolução do fascismo em sua versão alemã, até as maciças deportações para a Alemanha de trabalhadores provenientes de todos os países ocupados, mas atingiu o coroamento e também a redução ao absurdo no universo do campo de concentração.

Ao mesmo fim tende a exaltação da violência, esta também essencial ao fascismo: o cassetete, que logo assume valor simbólico, é o instrumento com que são incitados ao trabalho os animais de carga e tração.

O caráter experimental dos campos de concentração hoje é evidente e provoca intenso horror retrospectivo. Hoje sabemos que os campos de concentração alemães, tanto os de trabalho quanto os de extermínio, não eram, digamos, um subproduto de condições nacionais de emergência (a revolução nazista antes, a guerra depois); não eram uma triste necessidade transitória, mas sim os primeiros e precoces rebentos da Nova Ordem. Na Nova Ordem, algumas raças humanas (judeus, ciganos) seriam extintas; outras, como os eslavos em geral e os russos em especial, seriam subjugadas e submetidas a um regime de degradação biológica precisamente estudado, para transformar seus indivíduos em bons animais de trabalho, analfabetos, sem qualquer iniciativa, incapazes de se rebelar e de criticar.

Portanto, os campos de concentração foram, substancialmente, "instalações-piloto", antecipações do futuro destinado à Europa nos planos nazistas. À luz dessas considerações, frases como a de Auschwitz, "O trabalho liberta", ou como a de Buchenwald, "A cada um, o seu", assumem um significado preciso e sinistro. São antecipações das novas tábuas da Lei ditada pelo patrão ao escravo e válida só para este último.

A assimetria e a vida

Se o fascismo tivesse prevalecido, a Europa inteira estaria transformada num complexo sistema de campos de trabalho forçado e de extermínio, e tais palavras, cinicamente edificantes, seriam lidas na porta de entrada de todas as fábricas e de todos os canteiros de obras.

Triangolo Rosso, Aned, nov. 1959.

O tempo das suásticas

A Exposição da Deportação, que foi inaugurada em Turim modestamente (pode-se dizer), alcançou inesperado sucesso. Durante todos os dias em que esteve aberta, em todas as horas, uma multidão densa e comovida estacionou diante daquelas terríveis imagens; a data do fechamento precisou ser adiada por duas vezes. Também surpreendente foi a acolhida do público turinês às duas palestras sucessivas, destinadas aos jovens, que ocorreram nas instalações da Unione Culturale no Palazzo Carignano: um público denso, atento, pensativo. Esses dois resultados, em si positivos e dignos de atenção aprofundada, contêm em germe uma crítica: talvez tenha demorado demais; talvez tenhamos desperdiçado anos, tenhamos calado quando estava na hora de falar e frustrado uma expectativa.

Mas também contêm um ensinamento (na verdade, não novo; aliás, a história dos costumes é uma série de redescobertas): nesta nossa época ensurdecedora do papel, cheia de propaganda aberta e de sugestões ocultas, de retórica maquinal, de conchavos, de escândalos e de cansaço, a voz da verdade, em vez de se perder, conquista um novo timbre, ressalta mais nítida. Parece bom demais para ser verdade, mas é assim: a ampla desvalorização da palavra, escrita e falada, não é definitiva, não é geral, algo se salvou. Por

Primo Levi

mais estranho que pareça, ainda hoje quem diz a verdade encontra atenção e credibilidade.

Há motivo para se alegrar; mas essa manifestação de confiança comporta, impõe a todos um exame de consciência. Nessa questão espinhosa do modo de transmitir a nossos filhos um patrimônio moral e sentimental que consideramos importante, será que nós também não erramos? Provavelmente sim, erramos. Pecamos por omissão e por ação. Calando-nos, cometemos o pecado da preguiça e de falta de confiança na virtude da palavra; e, quando falamos, muitas vezes pecamos ao adotarmos e aceitarmos uma linguagem que não era nossa. Sabemos disso, a Resistência teve inimigos e ainda tem, e estes, como é natural, fazem de tudo para que se fale o mínimo possível de Resistência. Mas desconfio de que essa mordaça também é desenvolvida, de maneira mais ou menos consciente, com meios mais sutis, ou seja, embalsamando a Resistência antecipadamente, relegando-a com deferência ao nobre castelo da História Pátria.

Ora, temo que nós também tenhamos contribuído para esse processo de embalsamamento. Para descrever e transmitir os fatos de ontem, com muita frequência adotamos uma linguagem retórica, hagiográfica, portanto vaga. Atribuir-se à Resistência a denominação de "Segundo *Risorgimento*" é algo que pode ser defendido ou recusado com ótimos argumentos: mas eu me pergunto se é oportuno acentuar esse aspecto ou se não é melhor insistir no fato de que a Resistência continua, ou pelo menos deveria continuar, porque seus objetivos só foram atingidos em parte. Na realidade, desse modo acaba-se por afirmar uma continuidade ideal entre os fatos de 1848, 1860, 1918 e 1945, em detrimento da continuidade bem mais preocupante e evidente entre 1945 e hoje: a cesura do vintênio fascista acaba perdendo relevo.

Em conclusão, creio que, se quisermos que nossos filhos sintam essas coisas, portanto se sintam nossos filhos, precisaremos falar um pouco menos de glória e vitória, heroísmo e solo sagrado, e um pouco mais daquela vida dura, arriscada e ingrata, da estafa

A assimetria e a vida

diária, dos dias de esperança e de desespero, daqueles nossos companheiros mortos aceitando o dever em silêncio, da participação do povo (mas não todo o povo), dos erros cometidos e dos evitados, da experiência conspirativa e militar conquistada a duras penas, através de desacertos cujo preço eram vidas humanas, do trabalhoso (e não espontâneo e nem sempre perfeito) acordo entre formações de partidos diferentes.

Só assim os jovens poderão sentir nossa história mais recente como um tecido de acontecimentos humanos, e não como mais uma matéria aborrecida que se acrescenta às muitas outras nos programas ministeriais.

Il giornale dei genitori, II, n. 1, 15 jan. 1960.

Prefácio à edição alemã de É isto um homem?

[...] E assim terminamos: estou contente, satisfeito com o resultado, grato ao senhor e ao mesmo tempo um pouco triste. Entenda, é o único livro que escrevi, e agora que acabamos de transplantá-lo para o alemão sinto-me como pai de um filho que cresceu e vai embora, e já não pode mais cuidar dele.

Mas não é só isso. O senhor talvez já tenha percebido que para mim o campo de concentração, bem como o fato de ter escrito sobre ele, foi uma aventura importante, que me modificou profundamente, me deu maturidade e uma razão de viver. Talvez seja presunção: mas eis que hoje, eu, n° 174517, por seu intermédio posso falar aos alemães, lembrar-lhes o que fizeram e dizer-lhes "estou vivo e gostaria de entendê-los para julgá-los".

Não acredito que a vida do homem tenha necessariamente uma finalidade definida; mas, quando penso em minha vida e nos objetivos que até agora me impus, reconheço um único, bem preciso e consciente, que é exatamente este, de dar testemunho, de fazer o povo alemão ouvir minha voz, de "responder" ao SS da cinta para hérnia, ao *Kapo* que limpou a mão no meu ombro, ao dr. Pannwitz, àqueles que enfocaram o Último e aos herdeiros deles.

Primo Levi

Estou certo de que o senhor não me interpretou mal. Nunca senti ódio do povo alemão e, se tivesse sentido, estaria curado agora, depois de conhecê-lo. Não compreendo, não suporto que se julgue uma pessoa não por aquilo que ela é, mas pelo grupo a que lhe ocorre pertencer. Sei, aliás, desde que aprendi a conhecer Thomas Mann, desde que aprendi um pouco de alemão (e o aprendi no campo de concentração!), que na Alemanha há algo de valor, que a Alemanha, hoje adormecida, está prenhe, é um viveiro, é ao mesmo tempo um perigo e uma esperança para a Europa.

Mas não posso dizer que entendo os alemães: ora, algo que não se pode entender constitui um vazio doloroso, uma ferroada, um aguilhão permanente que exige ser satisfeito. Espero que este livro ecoe de algum modo na Alemanha: não só por ambição, mas também porque a natureza desse eco talvez me permita entender melhor os alemães, aplacar esse aguilhão.

Prefácio à edição alemã de *É isto um homem?*, publicada pela Editora Fischer em 1961.

Prefácio à edição escolar de A trégua

Nasci em Turim, em 1919, de uma família moderadamente abastada de judeus piemonteses. Existem muitas maneiras diferentes de ser judeu: desde a plena observância das regras religiosas e das tradições até a indiferença total e à aceitação do modo de pensar e de viver da maioria. Para mim, ser judeu significava algo vago, não propriamente um problema: significava ter consciência tranquila da antiquíssima história do meu povo, uma espécie de incredulidade benévola em relação à religião, forte tendência ao mundo dos livros e das discussões abstratas. Em todo o restante, não me sentia diferente de meus amigos e colegas cristãos e ficava à vontade em companhia deles.

Na adolescência, desejei seguir vários caminhos: dos 12 aos 14 anos, tornar-me linguista; dos 14 aos 17, ser astrônomo. Aos 18 anos me matriculei na Universidade para fazer o curso e obter o diploma de Química. Nunca pensaria em me tornar escritor, se não tivesse sido levado a isso por uma longa cadeia de acontecimentos. Como é fácil perceber pelo meu ano de nascimento, cresci e estudei no período fascista: não entendia plenamente o sentido opressivo do fascismo, mas sentia vaga irritação e aversão contra os aspectos mais vulgares e ilógicos da autodenominada cultura fascista. Em 1938, foram proclamadas as leis raciais na

Itália. Não eram medidas graves como as da Alemanha, que estavam envolvendo numa rede mortal a minoria judia, ao lado dos outros "inimigos do Estado": no entanto, separavam os judeus do restante da população e reacendiam em nossa memória as tristes recordações dos guetos, desaparecidos apenas noventa anos antes. Seguiram-se leis absurdas, iníquas e vexatórias; os jornais, todos os dias, estavam cheios de mentiras e ofensas. Era inverter a verdade, colocá-la de ponta-cabeça de um modo ridículo e cruel: os judeus não só eram "desde sempre" os inimigos do povo e do Estado, como também os negadores da justiça e da moral, destruidores da ciência e da arte, traças que, com seu trabalho intenso e oculto, minam as bases do edifício social, culpados do conflito então iminente. Essa insistente campanha de calúnia, porém, funcionou como reagente na consciência dos italianos, adormecidos por quinze anos de fascismo: valeu para criar uma linha de demarcação bem nítida entre quem acreditava e obedecia e quem negava fé e obediência, bem como para abrir os olhos de todos (não só dos judeus) para a verdadeira natureza do fascismo e do nazismo.

Quando o fascismo caiu, no verão de 1943, senti alegria e entusiasmo por aquilo que me parecia um ato espontâneo de justiça da história, mas não estava nada preparado para o duro período de luta que se seguiu e que não podia deixar de seguir-se; eu me sentia indeciso, inexperiente, e a perspectiva do combate me assustava. Também subi a montanha e me uni a um grupo de *partisans* do movimento "Justiça e Liberdade": um grupo em formação, ainda desarmado e muito pobre; poucas semanas depois topamos com uma forte operação de captura da milícia fascista. Muitos conseguiram fugir: eu e alguns outros fomos capturados. Interrogado, admiti ser judeu, porque esperava que os fascistas se limitariam a me trancafiar num campo de concentração da Itália ou numa prisão; em vez disso, em fevereiro de 1944 fui entregue aos alemães.

Naqueles anos, cair nas mãos dos alemães significava um destino terrível para qualquer judeu. O ódio aos judeus, latente durante séculos na Alemanha e em toda a Europa Oriental,

A assimetria e a vida

encontrara em Hitler seu profeta e arauto; e Hitler encontrara, em milhões de alemães, um exército de colaboradores obedientes e aplicados. Já fazia anos que os judeus tinham sido expulsos da vida do país e obrigados a passar fome, a ficar encerrados em novos guetos, ao trabalho forçado para as indústrias de guerra: mas, por volta de 1943, em segredo, tivera início a execução de um programa inaudito, tão horrendo que, mesmo nos documentos oficiais, era indicado apenas com alusões sinistras: "tratamento apropriado", "solução final do problema judeu". Esse programa era simples e horripilante: todos os judeus tinham de ser destruídos. Todos, sem exceção: até os velhos, os doentes, as crianças; todos os milhões de judeus que, com a sucessão das invasões na Europa, estavam então nas mãos dos nazistas: judeus alemães, poloneses, franceses, holandeses, russos, italianos, húngaros, gregos, iugoslavos. Mas matar em silêncio milhões de pessoas, ainda que indefesas, não é coisa fácil: e então eis que é mobilizada a famosa habilidade técnica e organizacional alemã. Foram erguidas construções especiais, novas máquinas jamais concebidas antes: verdadeiras fábricas da morte, capazes de exterminar milhares de criaturas humanas em uma hora, usando gases tóxicos, como se faz com ratos em porões de navios, e de incinerar os cadáveres. O maior desses centros de destruição chamava-se Auschwitz: a Auschwitz chegavam todos os dias três, cinco, dez trens lotados de prisioneiros, de todos os cantos da Europa; poucas horas depois da chegada, a obra de extermínio estava realizada. Pouquíssimos se salvavam do fim imediato: apenas os homens e as mulheres mais jovens e mais fortes, que os alemães enviavam para campos de trabalho. Mas mesmo nesses campos a morte estava sempre à espreita: morte por fome ou frio, ou pelas doenças provocadas pela fome, pelo frio e pelo cansaço; além disso, todos os que fossem julgados incapazes de trabalhar eram imediatamente enviados para os centros de extermínio.

Os alemães me deportaram exatamente para Auschwitz. Fui considerado apto aos trabalhos pesados e enviado para o campo

Primo Levi

de trabalho de Buna-Monowitz: todos os prisioneiros daquele campo trabalhavam numa fábrica enorme de produtos químicos. Vivi em Buna um ano, durante o qual morreram três quartos de meus companheiros, imediatamente substituídos por levas de novos prisioneiros destinados, por sua vez, à morte. Sobrevivi graças à combinação de acasos raros: nunca fiquei doente, recebi comida de um operário italiano "livre", nos últimos meses pude me prevalecer de minha qualidade de químico e trabalhar num laboratório da fábrica imensa, em vez de ficar na lama e na neve: além disso, sabia um pouco de alemão e me esforcei por aprender essa língua o melhor e mais depressa possível, porque tinha entendido como ela era necessária a quem quisesse orientar-se no mundo complicado e desapiedado do campo de concentração.

O centro de Auschwitz foi libertado pelas tropas soviéticas em janeiro de 1945, mas nossa esperança de um rápido retorno à Itália seria frustrada. Por razões que não ficaram claras, talvez apenas como consequência da extrema desordem que a guerra deixara atrás de si em toda a Europa, especialmente na Rússia, nossa repatriação só ocorreu em outubro e foi feita por um percurso longuíssimo, imprevisível e absurdo, atravessando Polônia, Ucrânia, Bielorrússia, Romênia, Hungria e Áustria.

De volta à Itália, precisei apressar-me a encontrar trabalho, para me sustentar e à minha família: mas a incomum experiência que a sorte me reservara, o mundo infernal de Auschwitz, a milagrosa salvação, as palavras e os rostos dos companheiros desaparecidos ou sobreviventes, a liberdade reencontrada, a extenuante e extraordinária viagem de volta, tudo aquilo me atormentava imperiosamente. Sentia necessidade de contar tais coisas: parecia-me importante que elas não ficassem dentro de mim, como um pesadelo, mas fossem conhecidas, não só por meus amigos, mas por todos, pelo maior público possível. Assim que pude, comecei a escrever, com pressa e, ao mesmo tempo, com método, quase obcecado pelo medo de que uma única de minhas lembranças pudesse ser esquecida. Assim nasceu meu primeiro livro, *É isto*

A assimetria e a vida

um homem?, que descreve o ano de prisão em Auschwitz: foi escrito sem esforços e sem problemas, com satisfação e alívio profundos, e com a impressão de que aquelas coisas "se escreviam sozinhas", encontravam de algum modo um caminho direto de minha memória ao papel.

É isto um homem? teve sucesso, mas não a ponto de me fazer ter a sensação de ser "escritor" de pleno direito. Depois de dizer o que devia dizer, voltei à minha profissão de químico: já não sentia aquela necessidade, aquela premência de contar que haviam me obrigado a tomar da pena. No entanto, aquela experiência nova, tão alheia ao mundo de meu trabalho cotidiano, a experiência de escrever, de criar a partir do nada, de procurar e encontrar a palavra adequada, de construir um período equilibrado e expressivo, fora intensa e feliz demais para que eu não desejasse experimentar novamente. Ainda tinha muitas coisas para narrar: não mais coisas terríveis, fatais e necessárias, mas aventuras alegres e tristes, países sem fim e estranhos, malandragens de meus inúmeros companheiros de viagem, o vórtice multicolorido e fascinante da Europa do pós-guerra, ébria de liberdade e, ao mesmo tempo, inquieta no terror de uma nova guerra.

São esses os assuntos de *A trégua*, o livro sobre a longa viagem de volta. Acredito ser fácil perceber que ele foi escrito por um homem diferente: não só quinze anos mais velho, como também mais pacato e tranquilo, mais atento à tessitura da frase, mais consciente: em suma, mais escritor em todos os sentidos, bons e não tão bons, do termo. No entanto, escritor é algo que não consigo considerar-me, nem hoje: estou satisfeito com essa minha condição dupla e consciente de suas vantagens. Ela me permite escrever só quando quero e não me obriga a escrever para viver; sob outro aspecto, minha atividade diária me ensinou (e continua ensinando) muitas coisas de que todo escritor precisa. Educou-me para a concretude e para a precisão, para o hábito de "pesar" cada palavra com a meticulosidade de quem faz uma análise quantitativa; sobretudo, acostumou-me àquele estado de espírito que

Primo Levi

comumente é chamado de objetividade: vale dizer, ao reconhecimento da dignidade intrínseca não só das pessoas, mas também das coisas, à sua verdade, que devemos reconhecer e não distorcer, se não quisermos cair no genérico, no vazio e no falso.

La tregua, coleção *Letture per la scuola media*, Turim, Einaudi, 1965, p.5-10.

A resistência nos campos de concentração

É difícil perceber o significado e o peso de um fato histórico durante seu desenrolar ou poucos anos depois de sua conclusão: exatamente quando os rastros estão mais frescos, as feridas mais doloridas, quando são mais numerosas e acaloradas as vozes das testemunhas e dos sobreviventes é que se torna árduo, quase impossível, proceder com a necessária objetividade ao trabalho paciente e aprofundado de reconstrução histórica. Para que o quadro se defina e as deformações e os erros sejam eliminados é preciso tempo, mesmo nesta nossa época, em que o ritmo da história parece acelerar-se a cada ano.

Só nos últimos anos o triste fenômeno da carnificina e da escravidão modernamente restaurada nos campos de concentração está encontrando a devida perspectiva histórica na consciência coletiva da Europa e do mundo. Só agora é possível avaliar sua importância e dimensionar sua ameaça, compreender qual teria sido o destino da nossa civilização se o hitlerismo tivesse prevalecido. Caso essa hipótese nada absurda tivesse se realizado, viveríamos num mundo monstruoso, um mundo bipartido, de senhores e escravos: de senhores acima de qualquer lei, de escravos destituídos de qualquer direito, submetidos a toda espécie de arbítrio, condenados a uma existência de trabalho extenuante, ignorância, reclusão e fome.

De fato, a condição do prisioneiro no moderno campo de concentração reproduz (será que podemos ousar escrever "reproduzia"?) a condição do escravo, piorada e agravada. Escravo é aquele que o senhor pretende transformar em pessoa abjeta, que se sabe e que se sente abjeta: uma pessoa que não só perdeu a liberdade, como também a esqueceu, já não sente necessidade dela e já quase nem a deseja. Geralmente consegue; e então, à opressão material se sobrepõe uma vitória mais triste, a vitória da opressão total, na carne e no espírito, da demolição do homem como tal.

O fato de nessa situação desumana, em meio a um amontoado humano discrepante e incoeso, esgotado pelo cansaço e pelos massacres periódicos, também ter brotado a semente da resistência europeia ao fascismo é extremamente importante e novo, digno de um estudo atento, que esclareça seus limites e significado. A resistência nos campos de concentração, como a que ocorreu nos guetos poloneses, deve ser incluída no rol das maiores vitórias do espírito sobre a carne, das façanhas mais heroicas da história humana, que são as mais desesperadas, aquelas em que se luta sem nenhum respaldo, em que nenhuma esperança de vitória sustenta os combatentes e renova suas forças.

Não só a fome constante, o cansaço e o consequente estado de esgotamento físico tornavam extremamente difícil a organização de alguma resistência nos campos de concentração, como também havia outros obstáculos igualmente graves.

Era impossível ou muito perigoso comunicar-se com o exterior: não só manter contatos com os centros de resistência constituídos em qualquer lugar, nos países ocupados pelos alemães, como também apenas receber notícias de fora ou mandá-las. Naturalmente não havia armas, tampouco dinheiro ou jeito de obtê-los. Existia em cada campo uma seção da terrível Gestapo, mascarada com o nome de "Seção Política" ou "Departamento do Trabalho": esta se valia dos serviços de um bom número de espiões, escolhidos entre os próprios prisioneiros, de modo que

A assimetria e a vida

qualquer palavra, qualquer ensaio de organização de defesa podia acarretar denúncias e represálias coletivas de extrema severidade. Esse clima de suspeita, desconfiança recíproca, envenenava qualquer tentativa de relação humana e contribuía para enfraquecer qualquer desejo de oposição. Por fim, a população dos campos era extremamente heterogênea: não por acaso o esforço constante dos comandos SS incumbidos dos campos de concentração era de manter uma permanente babel de línguas e nacionalidades. Não só isso: deve-se lembrar que os campos continham prisioneiros pertencentes a três categorias principais (para não falar das muitas minorias): políticos, judeus e criminosos comuns.

Estes últimos, os chamados "verdes" por causa da cor da marca que tinham, eram na maioria criminosos alemães inveterados, reincidentes, que tinham sido tirados das prisões com a oferta de posições privilegiadas nos campos de concentração: apesar de turbulentos e indisciplinados, mostravam ser úteis instrumentos de opressão, de corrupção e de espionagem nas mãos das SS, sendo os inimigos mais diretos dos prisioneiros políticos e dos judeus. É significativo o fato de que, depois da derrota de Stalingrado, numerosos "verdes" foram soltos em massa dos campos e arregimentados nos destacamentos de combatentes das SS. Como a direção interna era entregue aos próprios prisioneiros, em muitos campos se assistiu a uma luta secreta pelo poder entre os "verdes" e os "vermelhos" (ou seja, os políticos): armados estes últimos de sua experiência conspirativa e do decidido ânimo antinazista, armados os verdes de suas melhores condições físicas e do apoio da SS. Somente nos campos onde os "verdes" levaram a pior foi possível instaurar estruturas de autodefesa ou de oposição por parte das outras duas categorias.

Contudo, a despeito de todas essas circunstâncias adversas, em quase todos os campos de maior dimensão chegou-se à resistência. O feito foi facilitado nos campos onde os políticos eram mais numerosos e mais organizados: são típicos os casos de Mauthausen e Buchenwald, onde se chegou a constituir poderosas

Primo Levi

comissões clandestinas de defesa em que estavam representados os principais partidos e nacionalidades do campo.

Não teria sido realista propor tarefas impossíveis ou prematuras, como a resistência armada ou a libertação do campo a partir de dentro: a ação das comissões tinha em mira objetivos mais imediatos e concretos. Homens de absoluta confiança foram colocados em postos-chave da administração do campo: enfermaria, departamento do trabalho, secretaria, provisões. Assim, tornou-se possível conter, ou pelo menos controlar, o massacre dos elementos politicamente mais úteis, salvar paraquedistas aliados, eliminar muitos espiões e colaboradores, levar a cabo cautelosas ações de sabotagem nas oficinas e nos canteiros de obras, especialmente nas fábricas de armas, ouvir e divulgar notícias sobre os *fronts* por meio de aparelhos de rádio montados em segredo, manter contatos com outros campos; por fim – e essa talvez tenha sido a obra de utilidade e benefício mais imediatos para os companheiros de prisão –, foi possível eliminar ou atenuar as graves injustiças e os furtos na distribuição das rações de alimentos: fator fundamental de sobrevivência.

Também não se deve subestimar o fator moral: a percepção, a intuição de que do lado de cá do arame farpado ainda sobrevivia algo de amigo, um poder misterioso e indefinido, mas diferente do poder nacional-socialista e contrário a ele, foi de extraordinária ajuda para todos os prisioneiros e contribuiu para manter neles a vontade de viver.

Em muitos casos chegou-se à preparação de verdadeira resistência ativa, que deveria entrar em ação com a aproximação do *front* e bloquear eventuais tentativas alemãs de aniquilar os campos com os prisioneiros, ou de deportar estes últimos em bloco para o interior. Em Buchenwald e Mauthausen foram construídas armas rudimentares, com explosivos subtraídos dos canteiros de obra; no entanto, em meio à desagregação geral que em todo lugar acompanhou a retirada alemã, raramente esses esquadrões de emergência tiveram ocasião de agir.

A assimetria e a vida

Foram diferentes as coisas nos campos mais propriamente designados pelo nome (cunhado pelos próprios alemães) de *Vernichtungslager*, campos de aniquilamento: Auschwitz-Birkenau, Treblinka, Maidanek, Sobibor. Nesses lugares de horror só se entrava para morrer: o tempo médio de sobrevivência não ultrapassava três meses. Sua população, continuamente renovada, era constituída sobretudo por judeus, que chegavam já esgotados por meses ou anos de gueto, fome, fugas desesperadas, existência precária à margem do convívio humano. Tratava-se, na maioria das vezes, de famílias inteiras, com mulheres, crianças, velhos, doentes: quatro quintos de cada trem, poucas horas depois da chegada, após uma seleção sumária, acabavam diretamente nas instalações de extermínio em massa. Entravam no campo apenas os homens e as mulheres mais jovens, considerados aptos ao trabalho; mas, depois de algumas semanas, o cansaço, a fome, as doenças, as surras vergavam até mesmo as fibras mais fortes e determinadas a resistir.

É compreensível que para essa humanidade miserável a vontade de resistir só assumisse a forma de tentativas individuais e esporádicas, principalmente por iniciativa de jovens ligados a organizações sionistas. Mas mesmo nos campos da morte a estrutura interna desejada pelos alemães, baseada na corrupção e na colaboração de funcionários-prisioneiros "escolhidos", tornou-se, paradoxalmente, veículo e matriz de resistência. Misturados aos oprimidos e aos muitos instrumentos dóceis e abjetos de opressão, homens de coragem sobre-humana agiram na sombra: por vezes conseguiram barrar e travar a máquina de morte alemã; conseguiram, principalmente, salvar a dignidade humana nos campos de concentração. Acumularam e ocultaram material documental, às vezes até fotografias tiradas com extrema audácia diante dos olhos dos SS, diários, listas de nomes, cópias de documentos de arquivo, que deveriam servir (como de fato serviram) para transmitir à posteridade uma imagem autêntica do mundo do campo de concentração.

Primo Levi

O mais importante episódio de rebelião ativa contra o poder nazista nos campos de extermínio é a insurreição do *Sonderkommando* de Auschwitz-Birkenau, em outubro de 1944: episódio trágico e sinistro, cujos detalhes precisos nunca ficarão conhecidos porque todos os protagonistas foram exterminados. Por trás do nome pouco claro de *Sonderkommando* ("Esquadrão Especial") escondia-se uma instituição monstruosa: o grupo de prisioneiros que trabalhava nas câmaras de gás e nos fornos crematórios. Era constituído por novecentos a mil jovens robustos, de várias nacionalidades, aos quais se apresentava a alternativa de servir nas instalações da morte ou de morrer: seu trabalho horrendo era recompensado com um tratamento de exceção (comida em abundância, fumo, álcool, boas roupas e bons sapatos), mas todos sabiam, e eles mesmos sabiam, que dentro de dois a três meses seriam mortos, por sua vez, e substituídos por novos homens.

Quando a deportação dos 100 mil judeus húngaros terminou, espalhou-se pelo campo a notícia de que as matanças sistemáticas teriam sido suspensas. Os homens do *Sonderkommando* entenderam que aquilo significava seu fim imediato: certamente os alemães não deixariam vivas testemunhas como eles. A revolta, que deveria ter sido combinada com os *partisans* poloneses das florestas dos arredores, acabou explodindo prematuramente, provocada pela necessidade, quando os alemães, com um pretexto, separaram e mataram os primeiros 160 homens do *Kommando*. Os outros então atacaram a guarnição SS com audácia desesperada, armados com uma única metralhadora, poucos revólveres e granadas rudimentares fabricadas com garrafas de vidro; um dos quatro fornos crematórios foi incendiado e explodiu. Um pedaço da cerca de arame farpado, percorrido por uma corrente de alta tensão, foi derrubado: somente algumas dezenas de insurgentes conseguiram sair vivos do campo, refugiaram-se numa fazenda polonesa, foram denunciados, recapturados e mortos.

Nessa luta desesperada às portas dos fornos crematórios, só uma dezena de SS perdeu a vida; no entanto, a insurreição, que

A assimetria e a vida

logo chegou ao conhecimento de todos os campos do distrito de Auschwitz, constituiu um acontecimento de enorme importância. Tinha tornado manifesta uma lacuna, uma fenda no férreo edifício do campo de concentração; tinha demonstrado que os alemães não eram invencíveis. Para os próprios alemães deve ter soado como um sinal de alarme, porque poucos dias depois o comando do campo tratou de desmantelar e explodir as fábricas da morte de Auschwitz, que sozinhas tinham engolido mais vidas humanas do que todos os outros campos de concentração juntos: talvez na absurda esperança de destruir qualquer testemunho do maior crime já cometido em toda a já sangrenta história do gênero humano.

Il telefono della Resistenza, número único editado pelo Comitato per le Celebrazioni dei Ventennale della Resistenza nella Stipel (1945-65), Turim, Ilte, 1965 (depois em "Quaderni del Centro Studi sulla deportazione e l'internamento", n.3, Associazione Nazionale Ex Internati, Roma, 1966).

Prefácio a O canto do povo judeu massacrado,* de Y. Katzenelson

Diante do "cantar" de Yitzhak Katzenelson o leitor só pode se deter, emocionado e reverente. Não é comparável a nenhuma outra obra na história de todas as literaturas: é a voz de alguém que vai morrer, alguém entre centenas de milhares de outros, atrozmente consciente de seu destino individual e do destino de seu povo. Não do destino distante, mas do iminente: Katzenelson escreve e canta em meio à matança, a morte alemã gira em torno dele, já realizou mais da metade do massacre, mas a medida ainda não foi atingida, não há trégua, não há folga; está para golpear mais e mais, até o último velho e a última criança, até o fim de tudo.

O fato de o morituro cantar e revelar-se poeta, nessas condições e nesse estado de ânimo, é algo que nos causa estremecimentos de execração e exaltação ao mesmo tempo. Essas são poesias necessárias, se é que houve outras do tipo: com isso pretendo dizer que se com frequência, diante de um texto, nos perguntamos se as coisas escritas deveriam ou não ter sido escritas, poderiam ou não ter sido escritas de outro modo, neste caso desaparece qualquer dúvida.

---

* Obra de Yitzhak Katzenelson (1886-1944), escritor judeu-bielor-russo. O título em italiano é *Il canto del popolo ebraico massacrato*. (N. T.)

Primo Levi

Acima do horror que toda vez nos assalta diante desses testemunhos afinal conhecidos, não conseguimos reprimir um gesto de espanto e admiração diante da pureza e da força dessa voz. É a voz de um universo cultural desconhecido na Itália desde sempre e hoje desaparecido: a voz de um povo que se pranteia. Os versos em que a angústia de Katzenelson se mostra mais pungente e concreta são exatamente aqueles em que ele revive o mundo cultural do judaísmo do Leste: "O sol, erguendo-se sobre os *shtetlekh* da Lituânia e da Polônia, não encontrará mais/ um velho judeu radiante, absorto a recitar um salmo à janela.../ O mercado está morto.../ Nunca mais um judeu ali levará sua alegria, sua vida, seu espírito". Essa cultura, cujo instrumento secular é a língua iídiche, é francamente popular: seu filão oral sempre foi mais vivo do que o escrito e sempre alimentou este último. Para ela confluía uma extraordinária sensibilidade musical, cujas raízes estavam nas festas de aldeia descritas por Babel e pintadas por Chagall, e que deu ensejo às mais ilustres escolas modernas de instrumentistas; para ela confluía uma tradição teatral pujantemente vital que depois foi truncada, golpe após golpe, pelas matanças de Hitler. Uma literatura variada e viva, rica de espiritualidade, de uma triste comicidade própria e de uma vontade humilde e forte de viver, imortalizada por aquela pequena obra-prima que é a história de *Tevye, o leiteiro*, de Shalom Aleichem.

Katzenelson, assim como a maioria dos escritores, músicos e teatrólogos iídiches, também é poeta popular: mas brota e se nutre de um povo que é único na Europa e no mundo, um povo para o qual a cultura (sua cultura particular) não é privilégio de uma classe ou de uma casta, mas é de todos, e em que o Livro substituiu a Natureza como fonte por excelência da intuição mística, filosófica ou poética. Por isso não surpreende encontrar no lamento desesperado e às vezes rústico de Katzenelson o eco de palavras eternas, a continuidade e a herança legítimas de Ezequiel, Isaías, Jeremias e Jó; também não surpreende que ele mesmo tenha

A assimetria e a vida

orgulho e consciência disso: "[...] em todo judeu grita um Jeremias, um Jó desesperado".

Exatamente por essa herança bíblica aceita e proclamada, parece-me que a melhor poesia dessa coletânea é a intitulada "Aos céus": aqui quem fala é Jó, um Jó moderno mais verdadeiro e pleno do que o antigo, mortalmente ferido em suas coisas mais queridas, na família e na fé, privado agora (por quê? por quê?) de ambas. Mas para as perguntas eternas do Jó antigo ergueram-se vozes em resposta, as vozes prudentes e tímidas dos "consoladores molestos", a voz soberana do Senhor: às perguntas do Jó moderno ninguém responde, nenhuma voz sai do turbilhão. Não há mais um Deus no ventre dos céus "nulos e vazios", que assistem impassíveis à execução do massacre insensato, ao fim do povo criador de Deus.

De Y. Katzenelson, *Il canto del popolo ebraico massacrato*, org. F. Beltrami Segré e M. Novitich, Turim, Beit Lohamei Haghetaot, 1966 (depois Milão, Cdec, 1977, p.5-6).

Nota à versão dramatúrgica de
É isto um homem?

Quem escreveu que "até os livros têm sua própria sina" conhecia bem o assunto: é só puxar um bocadinho pela memória que logo desfilam diante de nós itinerários estranhos e imprevisíveis. Há livros que nasceram ilustres e foram amados por décadas e agora se reduzem ao interesse exclusivo de poucos especialistas; livros tão cheios de profecias, sátiras ou ameaças que, recusados pelos primeiros leitores, foram depois degradados, talvez por séculos, à leitura infantil; outros, desabrochados antes da hora, incompreensíveis para os críticos da época, hoje são populares e famosos; outros, por fim, abarrotados de incalculável carga explosiva, ainda são herméticos, mas de fora é possível ouvir um sinistro tique-taque, como de uma bomba-relógio.

Não sei (nenhum escritor nunca pode saber) quanto vale meu *É isto um homem?* e qual das sinas acima o espera no futuro próximo e distante; mas parece-me possível afirmar que, até hoje, teve uma história curiosa e instrutiva.

O livro trata do campo de Auschwitz e nasceu em Auschwitz. O campo de concentração não era um lugar onde fosse fácil elaborar as experiências pessoais, muito menos registrá-las por escrito; na verdade, qualquer forma de posse pessoal ali era proibida, aliás, impensável: com mais razão, a posse de um lápis e de uma folha de papel era impossível, e de qualquer modo teria representado um perigo extremo, uma audácia absurda, além de inútil. No entanto, para muitos de nós a esperança de sobreviver se identificava com outra esperança mais precisa: não a de viver *e* contar, mas a de viver *para* contar. É o sonho dos sobreviventes de todos os tempos, do forte e do covarde, do poeta e do simples, de Ulisses e do Ruzante. Mas era também uma necessidade mais profunda e refletida, mais forte quanto mais dura era a experiência por transmitir: a mesma necessidade que impeliu os combatentes do gueto de Varsóvia a dedicar uma parte de suas últimas e desesperadas energias a escrever o *drama* que viviam e a confiá-lo a um esconderijo seguro para que se tornasse história; como de fato se tornou história, e não teria sido assim sem essa diligência sobre-humana. Estava claro para cada um de nós que as coisas que tínhamos visto precisavam ser contadas, não deviam ser esquecidas. Se no campo de concentração isso era impossível, para os pouquíssimos aos quais a sorte concedeu a sobrevivência, porém, tornou-se possível escrever, aliás, comunicar-se com o mundo. Cada um de nós, sobreviventes, assim que voltou para casa, transformou-se num narrador incansável, irrefreável, maníaco. Não contávamos todos as mesmas coisas, porque cada um tinha vivenciado a prisão a seu modo: mas ninguém sabia falar de outra coisa nem tolerava que se falasse de outra coisa. Eu também comecei a contar antes mesmo de me saciar de comida e ainda não acabei. Tinha me tornado parecido com o velho marinheiro da balada de Coleridge, que agarra pelo peito, na rua, os convidados a caminho da festa, para obrigá--los a ouvir sua história sinistra de malefícios e fantasmas. Repeti minhas histórias dezenas de vezes em poucos dias a amigos, inimigos e estranhos; depois percebi que a narrativa ia se cristalizando numa forma definida, constante: para escrevê-la só faltavam papel, pena e tempo. O tempo, hoje tão escasso, cresceu em torno de mim como que por encanto: escrevia à noite, no trem, no refeitório da fábrica, na própria fábrica, em meio ao estrépito dos motores. Escrevia com pressa, sem hesitações e sem ordem; não tinha

A assimetria e a vida

consciência de que escrevia um livro, não tinha consciência de minha intervenção, estava a mil milhas de qualquer inquietação literária e tinha a impressão de que aquelas coisas se escreviam sozinhas. Em poucos meses o trabalho estava pronto; impelido pela urgência das lembranças, escrevi os dezessete capítulos quase exatamente ao contrário, quero dizer, a partir do último. Depois escrevi o prefácio e por fim acrescentei como epígrafe uma poesia que dançava na minha cabeça já em Auschwitz, que eu escrevi poucos dias depois do retorno.

Apresentei o manuscrito a duas editoras, que o recusaram com os vagos pretextos de costume. É possível que tivessem razão, pelo menos sob o aspecto comercial: o momento ainda não era oportuno, o público ainda não estava em condições de entender e dimensionar a qualidade e a importância do fenômeno campo de concentração. Na verdade, uma terceira editora (De Silva de Turim, na época sob a direção de Antonicelli) aceitou e publicou o livro, mas este encalhou no terceiro milhar e, com ele, a editora e minhas tênues esperanças de carreira literária.

A crítica recebera o livro muito bem, mas depois de um ano *É isto um homem?* estava esquecido. Continuavam falando dele em Turim, num ambiente restrito de leitores mais sensíveis ou pessoalmente afetados. Passaram-se dez anos: o público leu *As armas da noite* de Vercors, *O flagelo da suástica* de Russell, os dois livros de Rousset, *É fácil dizer fome* de Caleffi, *A espécie humana* de Antelme, *A selva dos mortos* de Wiechert.* Começou-se a falar de campos de

---

* Os títulos foram traduzidos para maior facilidade de leitura, mas alguns deles não parecem ter sido publicados em português. Por ordem de citação, as edições mais acessíveis: Vercors, pseudônimo de Jean Bruller (1902-91) [*Les armes de la nuit*, Seuil, 1997]; Lord Russell of Liverpool (1885-1981) [*The Scourge of the Swastika* (Cassell, 1954), Skyhorse Publishing Inc., 2008; *O flagelo da suástica*, edit. Europa América, 1962, trad. Coelho de Fraga]; David Rousset (1912-1997) [*L'univers concentrationnaire*, Éditions du Pavois, 1946/1988; *Les jours de notre mort*, Éditions du Pavois, 1947, Hachette, col. Pluriel, 2005];

Primo Levi

concentração com mais ênfase e de um ângulo mais amplo, como objeto de história, não mais como crônica apaixonada. Em 1957, a Einaudi concordou em reimprimir o livro, e a partir de então ele começou a ter, digamos, vida própria: Em 1959, surgiram a edição inglesa e a norte-americana; em 1961, a francesa e a alemã; em 1962, a tradução finlandesa; em 1963, a holandesa. Entrementes, em 1962 eu começara a escrever *A trégua*, continuação de *É isto um homem?* e diário de minha complicada viagem de repatriação. Quando *A trégua* mal tinha nascido, recebi uma carta. Uma rádio canadense me comunicava que havia feito uma adaptação radiofônica de *É isto um homem?* e me pedia conselhos sobre alguns detalhes: pouco depois, recebi o *script* e a fita gravada. Acho que nunca tinha recebido um presente tão grato: não só se tratava de um ótimo trabalho, como também de uma autêntica revelação para mim. Os autores do *script*, distantes no tempo e no espaço, não tendo vivido minha experiência, haviam extraído do livro tudo o que eu havia encerrado nele e mais alguma coisa: uma "meditação" falada, de alto nível técnico e dramático, além de meticulosamente fiel à realidade dos fatos. Tinham entendido bem a importância da falta de comunicação no campo, exacerbada pela ausência de uma língua comum e, com coragem, basearam seu trabalho nesse tema, o tema da Torre de Babel, da confusão das línguas:

[...] Temos confiança em que, mesmo para o ouvinte que só fala inglês, esse uso de outras línguas não constituirá obstáculo à compreensão: [...] mas, mesmo quando (o sentido) não é evidente de imediato, quando por um momento hesitamos confusos diante de uma frase estrangeira e incompreensível, exatamente nesse momento

---

Piero Caleffi (1901-1978) [*Si fa presto a dire fame*, Editore Ugo Mursia, 1968]; Robert Antelme (1917-1990) [*L'Espèce humaine*, La Cité Universelle, 1947, Éditions Gallimard, 1957/1978, *A espécie humana*, Record, 2013, trad. Maria de Fátima Oliva do Coutto]; Ersnt Wiechert (1887-1950) [*Der Totenwald*, Rascher Verlag, Zurich, 1946]. (N. T.)

A assimetria e a vida

penetramos fundo na experiência do autor, porque esse isolamento é parte fundamental de seu sofrimento, e o sofrimento, o dele e o de todos os prisioneiros, decorria do propósito deliberado de expulsá--los da comunidade humana, de apagar a identidade deles, de fazê-los deixar de ser homens e passar a ser coisas.

A proposta, seu resultado e até o meio radiofônico, novo para mim, deixaram-me entusiasmado: poucos meses depois propus à RAI uma adaptação italiana do livro, que eu escrevera, não retraduzindo a adaptação canadense, mas desenvolvendo os episódios que me pareciam mais adequados e conservando, dentro dos limites do razoável, a técnica do diálogo multilíngue que me parecia fundamental.

Foi do amigo Pieralberto Marché a ideia de que seria possível fazer uma adaptação teatral do livro. No início me opus à proposta: achava que *É isto um homem?* já havia mudado demais de roupagens, sido cozido em muitos molhos, e eu tinha medo de cansar o público. Também tinha medo do próprio teatro: conhecia pouquíssimo o teatro, tanto como espectador quanto como leitor, para me dispor àquela empreitada. O público que lê e mesmo o que ouve rádio está distante, escondido, anônimo: o público teatral está lá olhando para você, à espreita, julgando.

Mas, por outro lado, tratava-se novamente de contar: aliás, dessa vez, era para contar de maneira mais imediata, fazer reviver, infligir a um público diferente e maior nossa experiência, a nossa e a dos companheiros desaparecidos. Era ver, medir a reação desse público: testá-lo. Por isso, apesar das dúvidas, dos riscos evidentes e de certa sensação de intimidade violada, concordei em levar o campo de concentração ao palco e voltei a trabalhar com Marché.

Procuramos dizer tudo e também não exagerar. O material que tínhamos já era perturbador demais: era preciso decantá-lo, canalizá-lo, extrair dele um significado civilizado e universal, guiar o espectador para uma conclusão, um julgamento, sem gritá-lo em seus ouvidos, sem apresentá-lo já pré-fabricado. Assim, por exemplo, a SS do campo nunca aparece em cena; buscamos mostrar os episódios e os aspectos secundários da vida no campo, os momentos de alívio, reflexão, sonho, folga, e procuramos conservar a dimensão humana original de cada personagem, ainda que exaurida pelo conflito permanente com o ambiente selvagem e desumano do campo.

Nota à versão dramatúrgica de *Se questo è un uomo*, Turim, Einaudi, 1966, p.5-8.

Prefácio a Auschwitz, *de L. Poliakov*

Hoje, quase um quarto de século depois da libertação dos campos de concentração, ainda não se consegue ler sua história com ânimo desapaixonado. Cada ano que passa contribui para definir e dilatar as proporções históricas do fenômeno: agora está claro para a consciência da maioria que os campos de extermínio do Terceiro Reich, responsáveis pela extinção de uma civilização e por uma soma incalculável de dor e morte, constituem, ao lado das armas nucleares, o cerne escuro da história contemporânea.

Tudo, ou quase tudo, já se sabe sobre o "essencial", sobre os pormenores, até os mais ocultos, da organização dos campos de concentração, pois não foi suficiente o cuidado com que os nazistas derrotados procuraram destruir vestígios. No entanto, bem pouco se sabe do "porquê": continuam enigmáticas as razões e as causas, próximas ou distantes, de ter surgido neste continente civilizado uma gigantesca fábrica de morte e de ela ter funcionado com atroz eficiência até o colapso alemão. Ainda não se extinguiu a surpresa das tropas aliadas, as primeiras que penetraram incrédulas e chocadas naquele mundo infernal: as explicações propostas por historiadores, sociólogos e psicólogos podem ser argutas e engenhosas, mas nenhuma satisfaz realmente.

Não é uma crítica à diligência e à documentação de Poliakov (ambas inquestionáveis) observar que sua obra, apresentada aqui por nós, não soluciona o enigma: o próprio autor, no capítulo "Auschwitz e a Alemanha", implicitamente o admite, e, de resto, nenhum ensaio, nenhum tratado poderia solucioná-lo, porque o que ocorreu em Auschwitz é algo que não se pode compreender, aliás, talvez não se *deva* compreender. Explico: "compreender" uma intenção ou um comportamento humano significa (inclusive etimologicamente) contê-lo em nós, conter em nós seu autor, pôr-nos em seu lugar, identificar-nos com ele. Ora, também por isso a leitura destas páginas nos consterna: nunca conseguiremos, nenhum ser humano normal conseguirá identificar-se, nem que por um único momento, com asquerosos exemplares humanos (Himmler, Goering, Goebbels, Eichmann, Höss e muitos outros) aqui abundantemente citados. Ficamos consternados e, ao mesmo tempo, aliviados: porque é bom, é desejável, que as palavras destes últimos e, infelizmente, também suas obras, não sejam compreensíveis. Não devem ser compreendidas: são palavras e obras extra-humanas, aliás, anti-humanas, sem precedentes históricos, mal e mal comparáveis aos episódios mais cruéis da luta biológica pela existência. A esta pode ser comparada a guerra; mas Auschwitz não tem nada que ver com a guerra, não é um episódio dela, não é uma de suas formas extremas. A guerra é um fato perverso de sempre: é deplorável, mas está em nós, é um arquétipo, está em germe no crime de Caim, em todo conflito entre indivíduos. É o prolongamento da raiva: e quem não conhece a raiva, quem não a sentiu em si, talvez reprimida, talvez curtida e fruída?

Mas em Auschwitz não há raiva: Auschwitz não está em nós, não é um arquétipo, está fora do homem. Os autores de Auschwitz, que aqui nos são apresentados, não estão dominados pela ira nem pelo delírio: são diligentes, tranquilos, comuns e banais; as discussões, as declarações e testemunhos deles, mesmo póstumos, são frios e vazios. Não podemos entendê-los: o esforço de entendê-los, de remontar à sua fonte, parece inútil e estéril. Esperemos que não

A assimetria e a vida

apareça cedo demais aquele que seja capaz de comentar, explicar por quê, no centro da nossa Europa e em nosso século, o mandamento "Não matarás" foi posto de cabeça para baixo.

No entanto, todo ser civilizado é obrigado a saber que Auschwitz existiu e o que foi ali perpetrado: se compreender é impossível, conhecer é preciso. Nesse sentido, mostra-se necessária a vasta obra histórica de Poliakov, em especial essa coletânea de documentos, que constitui sua síntese. Auschwitz está fora de nós, mas em torno de nós, está no ar. A peste acabou, mas a infecção grassa: seria tolo negar. Neste livro estão descritos seus sinais: desconhecimento da solidariedade humana, indiferença obtusa ou cínica à dor alheia, abdicação do intelecto e do senso moral diante do princípio de autoridade e, principalmente, na raiz de tudo, uma maré de covardia, uma covardia abissal, mascarada de virtude guerreira, de amor à pátria e de fidelidade a uma ideia: não é possível ler sem desconsolada surpresa as abjetas palavras subservientes aqui citadas, de Stark, o físico, prêmio Nobel; de Heidegger, o filósofo, mestre de Sartre; de Faulhaber, o cardeal, suprema autoridade católica da Alemanha.

A peste acabou, mas Bormann e o dr. Mengele vivem sossegados na América do Sul; mas os tribunais austríacos e alemães multiplicam escandalosas absolvições e semiabsolvições; mas Globke (p.32) goza de digna pensão depois ter sido secretário de Adenauer por longos anos; mas a deportação e a tortura reapareceram na Argélia, na Rússia stalinista e em outros lugares; mas no Vietnã todo um povo está ameaçado de destruição.

Enquanto isso estiver acontecendo ao nosso redor, a leitura destas páginas amargas é um dever de todos. Elas despertam perplexidade, desespero e furor retrospectivo, mas são um alimento vital para quem se propõe a vigiar a consciência do seu país e a sua própria.

De L. Poliakov, *Auschwitz*, Roma, Ventro, 1968, p.9-11.

Aos jovens. Prefácio a É isto um homem?

Quando este livro foi escrito, em 1946, ninguém sabia muita coisa sobre os campos de concentração. Não se sabia que só em Auschwitz tinham sido exterminados com meticulosidade científica milhões de homens, mulheres e crianças, e que tinham sido "utilizados" não só seus pertences e suas roupas, mas também seus ossos, dentes e até cabelos (foram encontradas sete toneladas de cabelos quando da libertação do campo); também não se sabia que as vítimas de todo o sistema concentracionário somavam 9 milhões ou 10 milhões; sobretudo, ignorava-se que a Alemanha nazista e, com ela, todos os países ocupados (entre os quais a Itália) eram uma única e monstruosa rede de campos de escravos. Um mapa da Europa de então dá vertigem: só na Alemanha, os campos de concentração propriamente ditos (ou seja, as antecâmaras da morte, conforme descritas neste livro) eram centenas, e a estes devem ser acrescentados milhares de campos pertencentes a outras categorias: pensemos que só os presos militares italianos eram cerca de 600 mil. Segundo uma avaliação de Shirer (*História do Terceiro Reich*), os trabalhadores forçados na Alemanha, em 1944, eram no mínimo 9 milhões.

Das páginas desse livro também se infere a íntima relação que ligava a indústria pesada alemã à administração dos campos de

Primo Levi

concentração: não por acaso foi escolhida como sede exatamente a zona de Auschwitz para os enormes estabelecimentos da Buna. Tratava-se de um retorno à economia faraônica e, ao mesmo tempo, de inteligente decisão planificadora: era evidentemente oportuno que as grandes obras e os campos de escravos estivessem lado a lado.

Os campos, portanto, não eram um fenômeno secundário e acessório: a indústria bélica alemã baseava-se neles; constituíam uma instituição fundamental da Europa fascistizada, e entre as autoridades nazistas não era mistério que o sistema teria sido conservado e até ampliado e aperfeiçoado em caso de vitória do Eixo. Projetava-se abertamente uma Ordem Nova em bases "aristocráticas": de um lado uma classe dominante constituída pelo Povo dos Senhores (ou seja, pelos próprios alemães) e, de outro, um infindável rebanho de escravos, do Atlântico aos Urais, trabalhando e obedecendo. Teria sido a realização plena do fascismo: a consagração do privilégio, a instauração definitiva da não igualdade e da não liberdade.

Ora, o fascismo não venceu: foi varrido, na Itália e na Alemanha, pela guerra que ele mesmo desejara. Os dois países ressurgiram renovados das ruínas e deram início a uma laboriosa reconstrução: com horror incrédulo, o mundo tomou conhecimento da existência das "fábricas de cadáveres" de Auschwitz, Dachau, Mauthausen, Buchenwald, e também lhe deu conforto o pensamento de que os campos de concentração estavam mortos, de que se tratava de um monstro pertencente ao passado, de uma convulsão trágica, mas única, culpa de um homem apenas, de Hitler, e Hitler estava morto, e seu império sangrento tinha desmoronado com ele.

Passou-se um quarto de século e hoje olhamos ao redor e vemos com preocupação que talvez aquele alívio tenha sido prematuro. Não, hoje em nenhum lugar existem câmaras de gás nem fornos crematórios, mas há campos de concentração na Grécia, na União Soviética, no Vietnã, no Brasil. Em quase todos os países, existem prisões, instituições para menores, hospitais

A assimetria e a vida

psiquiátricos onde, como em Auschwitz, o ser humano perde nome e rosto, dignidade e esperança. Acima de tudo, o fascismo não morreu: consolidado em alguns países, esperando cautelosamente a desforra em outros, não parou de prometer ao mundo uma Ordem Nova. Nunca renegou os campos de concentração nazistas, embora muitas vezes ouse pôr em dúvida sua realidade. Livros como este, hoje, já não podem ser lidos com a mesma serenidade com que se estudam os testemunhos da história passada: como bem escreveu Brecht, "o útero que pariu esse monstro ainda é fértil".

Exatamente por isso e por não acreditar que o respeito devido aos jovens inclua o silêncio sobre os erros de nossa geração, aceitei com prazer organizar uma edição escolar de *É isto um homem?*. Ficarei feliz se souber que um único dos novos leitores terá entendido como é arriscado o caminho que parte do fanatismo nacionalista e da renúncia à razão.

De *Se questo è un uomo*, coleção *Letture per la scuola media*, Turim, Einaudi, 1973, p.5-7.

"Um passado que acreditávamos não mais voltar"

Se há 29 anos, na libertação dos campos de concentração, alguém predissesse que o mundo livre, pelo qual estávamos para ser reabsorvidos, viria a ser menos do que perfeito, não teríamos acreditado. Acharíamos um absurdo, uma hipótese tão idiota que não poderia ser levada em consideração.

Era um sonho ingênuo, mas todos o tivemos: nossa experiência nos teria parecido sem o menor sentido, portanto ainda mais cruel, a morte de nossos companheiros teria parecido mais injusta se pudéssemos prever que aquele fascismo que havíamos combatido, que nos reduzira a escravos, que nos marcara como gado, estava derrotado, mas não morto, e se transplantaria de país em país. Nossa condição de prisioneiros sem prazo, condenados sem processo a uma existência de fome, surras, frio, cansaço e, no fim, à morte por gás como os ratos, era em si tão injusta que, pensávamos, teria sido mais do que suficiente para desqualificar o nazifascismo aos olhos de todos, para demonstrar sua iniquidade, assim como os teoremas demonstram a verdade da geometria: aliás, para fazê-lo desaparecer por gerações, talvez para sempre.

Só quem não quisesse ver não veria: os testemunhos eram tão abundantes e eloquentes que qualquer ser pensante deveria perceber que aquilo que foi chamado de universo concentracionário,

Primo Levi

na Alemanha nazista e nos países ocupados e aliados, não era de modo algum um fenômeno secundário e acessório, mas a própria essência do fascismo, seu coroamento, sua realização última e definitiva. Mesmo com o risco de repetir coisas descritas várias vezes e hoje comprovadas por uma quantidade impressionante de documentos, considero conveniente lembrar quais foram a natureza e a extensão do fenômeno campo de concentração.

Os primeiros campos, uns cinquenta, são instituídos já em 1933, logo depois de o nazismo subir ao poder: trata-se de casernas ou fábricas abandonadas, onde são apressadamente encarcerados os adversários políticos do nazismo. Estes são submetidos a um regime de torturas desumanas, segundo o arbítrio dos comandantes: o objetivo no momento é apenas espalhar o terror e deixar acéfalo cada partido ou movimento que tente se opor ao novo regime. Mas logo prevalece a ordem: dos primeiros campos de concentração "rudimentares" só sobrevivem Dachau e Oranienburg, e em 1934 já são instituições destinadas a durar, que acolhem vários milhares de prisioneiros. Os atos de bestialidade individual vão sendo substituídos por um regime friamente organizado de repressão e extermínio coletivo.

Em 1936-7 começa a proliferação: os comandantes, todos pertencentes à SS, fizeram escola, e vários núcleos de prisioneiros são deportados para diversas regiões da Alemanha e depois da Áustria, onde, segundo um plano bem definido, eles mesmos se cercam de um novo arame farpado; nascem Buchenwald, Ravensbrück, Mauthausen e muitos outros.

Em 1939, no começo da guerra, há cerca de cem campos de concentração: mas, com a fulminante ocupação da Polônia, o Terceiro Reich vê que tem nas mãos, segundo expressão de Eichmann, "as fontes biológicas do judaísmo", e um segundo objetivo vai sendo delineado para os campos de concentração; rapidamente são fundados Maidanek, Treblinka, depois Auschwitz, e estes são algo novo, nunca visto na história da humanidade. Já não são uma versão cruel do cárcere onde se impõe sofrimento e morte ao

A assimetria e a vida

inimigo político, mas fábricas invertidas, onde entram todos os dias trens superlotados de seres humanos e de onde saem apenas as cinzas de seus corpos, seus cabelos, o ouro de seus dentes. Depois de várias experiências, foi encontrado o método mais "rentável", e o comandante Höss se vangloria disso em suas memórias: são as câmaras de gás, nas quais mais de mil humanos por vez, antes mesmo de ser registrados, são mortos com ácido cianídrico; são os fornos crematórios, em que seus cadáveres são incinerados. Só Auschwitz pode destruir 10 mil vidas por dia, chegando a mais de 30 mil quando necessário.

Mas a guerra não dá sinais de estar chegando ao fim, devora homens em todos os *fronts*, e a mão de obra necessária ao esforço bélico da Alemanha é cada vez mais escassa. Começa a delinear-se um conflito entre a SS, que insiste com fanatismo cego no prosseguimento das matanças, e as indústrias, que precisam de operários. Chega-se a um acordo: os mais fortes de cada trem, homens e mulheres, trabalharão até a exaustão, os outros (os menos robustos, os velhos, as crianças) vão "pela chaminé". É esse o terceiro objetivo ao qual podem servir os campos de concentração, sendo ao mesmo tempo um modelo para a Ordem Nova que nazistas e fascistas querem impor à Europa. É uma Ordem Nova em bases "aristocráticas": de um lado o Povo dos Senhores, ou seja, a classe dominante, planejando e mandando, e do outro um infinito rebanho de escravos, do Atlântico aos Urais, trabalhando e obedecendo.

Teria sido a realização plena do fascismo, de sua ordem, sua hierarquia: a consagração do privilégio, da não igualdade, da não liberdade. Não acredito que hoje existam câmaras de gás e fornos crematórios em nenhum lugar do mundo, mas não é possível ler sem preocupação que o primeiro cuidado dos coronéis na Grécia e dos generais no Chile foi a criação de grandes campos de concentração, em Yaros, em Dawson: e hoje, em quase todos os países, existem prisões, instituições para menores, hospitais, onde — assim como em Auschwitz — o ser humano frequentemente perde nome e rosto, dignidade e esperança.

Primo Levi

A experiência de então, exatamente por causa de sua brutalidade, nos transformou em acusadores, em vez de juízes: mas para nós é motivo de constante meditação e horror ver as sementes do fascismo germinar até nos países (não nos povos) aos quais o mundo deve a derrota do nazifascismo. Na União Soviética, ainda há campos de trabalho de que se sai humilhado e destruído. Retornaram os bombardeios indiscriminados no Vietnã; pratica-se a tortura em todos os países da América do Sul onde há governos convenientemente apoiados pelos Estados Unidos.

Cada época tem seu fascismo: seus sinais premonitórios são notados onde quer que a concentração de poder negue ao cidadão a possibilidade e a capacidade de expressar e realizar sua vontade. A isso se chega de muitos modos, não necessariamente com o terror da intimidação policial, mas também negando ou distorcendo informações, corrompendo a justiça, paralisando a educação, divulgando de muitas maneiras sutis a saudade de um mundo no qual a ordem reinava soberana e a segurança dos poucos privilegiados se baseava no trabalho forçado e no silêncio forçado da maioria.

Corriere della Sera, 8 maio 1974.

Prefácio a A noite dos girondinos,*
de J. Presser

Topei com essa narrativa por acaso, há vários anos; eu a li e reli muitas vezes, e ela nunca me saiu da cabeça. Talvez valha a pena procurar saber por quê: as razões pelas quais nos afeiçoamos a um livro podem ser muitas, algumas decifráveis e racionais, outras obscuras e profundas.

Não acredito que se trate do *modo como essa história é narrada*. É narrada de modo desigual, com perícia em algumas páginas, em outras com certa exibição de intelectualismo, com um fazer literário um tanto carregado de manhas e artifícios. Contudo, é claramente verídica, ponto por ponto, episódio por episódio (o que é confirmado por numerosas outras fontes, e quem foi a Auschwitz conheceu os "passageiros" sobreviventes do trem de Westerbork), tanto que, apesar de seu desenvolvimento romanesco, assume o caráter de documento; mas sua importância não decorre apenas disso.

Essa obra breve está entre as poucas que representam com dignidade literária o judaísmo europeu ocidental. Enquanto existe

---

* Obra de Jacques Presser ou Jacob Presser (1899-1970), escritor holandês. O título original é *De Nacht der Girondijnen*; em italiano, *La notte dei Girondini*. (N. T.)

Primo Levi

uma literatura abundante e gloriosa sobre o judaísmo oriental, asquenazita e iídiche, o ramo ocidental, profundamente integrado nas culturas burguesas alemã, francesa, holandesa e italiana, contribuiu generosamente com elas, mas raras vezes teve representação própria. É um judaísmo condicionado pela dispersão, portanto pouco unitário; está tão entrelaçado com a cultura do país hospedeiro que, como se sabe, não possui língua própria. Foi iluminista com o Iluminismo, romântico com o Romantismo, liberal, socialista, burguês, nacionalista; no entanto, através de todas as metamorfoses decorrentes do tempo e do lugar, conservou algumas linhas que o caracterizam, e este livro as reproduz.

O judeu ocidental, dividido e disputado entre os polos da fidelidade e da assimilação, está em perene crise de identidade, do que provêm as neuroses, sua adaptabilidade e sua argúcia, também perenes. No Ocidente é rara ou está ausente a figura do judeu contente com seu judaísmo, a quem basta o judaísmo (o imortal leiteiro Tevye, de Shalom Aleichem).

Esta é uma narrativa sobre a crise de identidade: o protagonista a sente com tal intensidade que se percebe dividido em dois. Vivem nele o "eu" Jacques, assimilado, ligado à terra da Holanda, mas não ao povo holandês, o intelectual versátil e decadente, imaturo do ponto de vista sentimental, suspeito do ponto de vista político e moralmente nulo; e o "eu" Jacob, resgatado do passado pela obra e pelo exemplo do "rabino" Hirsch, que haure força de sua raiz judaica até então ignorada ou negada e se sacrifica para salvar do nada aquele Livro no qual Jacques não crê. A quantos judeus da Europa não aconteceu o mesmo? A quantos não ocorreu, na necessidade, reconhecer um sustentáculo e um arcabouço moral exatamente naquela cultura judaica que nos anos de trégua parecera envelhecida e superada? Hirsch diz a Jacques: o arame farpado é um fio que amarra, e amarra firme. Não pretendo afirmar que o retorno à origem é o único caminho de salvação: mas certamente é um deles.

Outro motivo que confere peso a essa narrativa é sua ausência de preconceitos. Em algumas páginas impiedosas, parece até que o autor de fato comunga aquele "ódio judaico por si mesmo" (outro aspecto da crise de identidade) que o pai Henriques atribui ao filho e à mulher e que deu origem aos muitos judeus antissemitas do Ocidente europeu, por exemplo Weininger aqui citado e admirado por Georg Cohn. Ser lembrado de que em Westerbork existia e agia um homem como Cohn é algo que arde como ferida e merece um comentário. Tais indivíduos existiram e sem dúvida ainda existem entre nós em estado virtual; em condições normais não são reconhecíveis (Cohn também queria tornar-se banqueiro), mas as perseguições desapiedadas os revela e os traz à luz e ao poder. É ingênuo, absurdo e historicamente falso acreditar que um sistema demoníaco, como era o nacional-socialismo, santifica suas vítimas: ao contrário, ele as degrada e emporcalha, assimila-as a si, e isso ocorre com mais intensidade quanto mais disponíveis elas estiverem, quanto mais cândidas e desprovidas de ossatura política ou moral elas forem. Cohn é detestável, é monstruoso, deve ser punido, mas sua culpa é reflexo de outra culpa bem mais grave e geral.

Não por acaso exatamente nestes últimos anos, na Itália e no exterior, foram publicados livros como *Menschen in Auschwitz* [As pessoas em Auschwitz] de H. Langbein (não traduzido até agora em italiano) e *No mundo das trevas* de Gitta Sereny:* muitos sinais parecem indicar que chegou o momento de explorar o espaço que separa as vítimas dos carrascos e de fazer isso com mão mais leve e espírito menos revolto do que se fez, por exemplo, em alguns filmes recentes, bem conhecidos. Apenas uma retórica maniqueísta pode afirmar que esse espaço está vazio; não, está semeado de figuras torpes, miseráveis ou patéticas (às vezes com as três qualidades juntas), que é indispensável conhecermos se quisermos

---

* Hermann Langbein (1912-95), *Menschen in Auschwitz*, Europa Verlag, 1972; Gitta Sereny (1921-2012), *Into that Darkness*, McGraw-Hill; 1ª ed. 1974; *No mundo das trevas*, Âncora Editora, 2000. (N. T.)

conhecer a espécie humana, se quisermos saber defender nossa alma em caso de se repetir uma experiência semelhante.

Existe um contágio do mal: quem é *não homem* desumaniza os outros, cada crime se irradia, se transplanta em torno de si mesmo, corrompe as consciências e se cerca de cúmplices subtraído ao campo adversário por meio do medo ou da sedução (como Suasso). É típico dos regimes criminosos, como o nazismo, fragilizar e desorientar nossa capacidade de julgamento. É culpado quem delata sob tortura? Ou quem mata para não ser morto? Ou o soldado do *front* russo que não sabe desertar? Onde traçaremos a linha que corta em dois o espaço vazio de que eu falava e separa o fraco do infame? Cohn é julgável?

Pois bem, o sentido do livro é que Cohn é julgável. Seu discurso sobre a "embarcação que faz água" é capcioso; assim como sua afirmação (quantas vezes a ouvimos!): "Se eu não fizesse isso, outro pior do que eu faria". *Devemos* nos recusar a isso, sempre é possível, em todo caso talvez seguindo o caminho da senhorita Wolfson. Quem não se recusa (mas é preciso recusar-se desde o princípio, não pôr a mão na engrenagem) acaba cedendo à sedução de passar para o outro lado: ali, na melhor das hipóteses, encontrará uma gratificação enganosa e uma salvação destruidora.

Cohn é culpado, mas com atenuante. A consciência generalizada de que diante da violência não se cede, mas se resiste, é de hoje, é do depois, não é daquele momento. O imperativo da resistência amadureceu com a resistência e a tragédia planetária da Segunda Guerra Mundial; antes, ela era precioso patrimônio de poucos. Nem hoje é de todos, mas hoje quem quiser pode entender, e acho que este livro pode ajudar.

Não é verdade que quem se afeiçoa a um livro ou a uma pessoa deixa de ver seus defeitos. Este livro os tem, e talvez graves; o estilo é incerto, oscila entre a comoção e a brincadeira; muitas vezes se tem a impressão de que Presser não é imune ao barroquismo literário de seu *alter ego* Henriques e à sua mania de sair-se com citações até na hora da morte; às vezes, diante do martírio de

A assimetria e a vida

certas situações, encontra-se prazer onde seria de esperar pudor e silêncio. Em suma, é um livro discutível e talvez ultrajante, mas é bom que haja ultrajes, porque eles provocam discussão e esclarecem as consciências.

De J. Presser, *La notte dei Girondini*, Milão, Adelphi, 1976, p.11-5.

Cinema e suásticas

Precisamos mesmo vê-los todos, antes de tomar posição? Quero dizer, todos os filmes em cujos cartazes aparece uma mulher nua tendo ao fundo a suástica? Acho que não; de resto, esse fenômeno não dá sinais de esgotamento. É uma trajetória clássica: parte-se de uma contrafação cultural hábil, de um produto de nível mediano, como era *O porteiro da noite*, sobem-se alguns degraus com o artesanato equívoco de *Madame Kitty*, depois se escancaram as portas para as submarcas, para as falanges dos filmes nazipornôs.

Dos produtores cinematográficos, como se sabe, não se pode esperar muito. Na grande maioria não passam de mercantilistas míopes: ficam contentes com um sucesso a cada três ou quatro anos, pagam as dívidas (quando dá certo) e não se preocupam com mais nada. Muitos deles vivem só de filmes pornográficos; é triste, mas não há muito que fazer. O negócio é seguro: não é difícil fazê--los, são baratos e rendem muito, porque têm público cativo, constituído por tímidos, inibidos e frustrados jovens e velhos.

No curto prazo não se pode fazer nada: invocar a censura significa recorrer a juízes ineptos e corruptos, e ressuscitar um mecanismo perigoso. Censura já existe, mas só poda filmes inteligentes, ainda que às vezes discutíveis: os filmes obscenos, desde que sejam idiotas, são perfeitamente aceitáveis para ela.

Primo Levi

O que fazer? O melhor seria o boicote por parte do público: uma boa educação sexual dada nas escolas deveria produzir algum resultado, mas será preciso toda uma geração. Por enquanto só podemos nos conformar.

Mas, por favor, senhores produtores, deixem em paz os campos de concentração femininos. Não são assunto para vocês nem para seus clientes mais fiéis: estes se contentam com pouco, querem mulheres objeto como imagem, já que não podem tê-las em carne e osso, mas o contexto não lhes importa. Os mais exigentes talvez queiram assistir, gratuitamente ou quase, ao espetáculo da virgem torturada, mas o fato de o vilão ser nazista, em vez de sarraceno, ou filisteu, ou cartaginês, para eles é um detalhe menor: dá tudo na mesma, contanto que esteja presente a substância.

Não, os campos de concentração femininos não são indispensáveis: vocês podem deixá-los em paz sem prejuízo. De resto, não são um tema adequado aos seus diretores bovinos. Como bem disse Giuliana Tedeschi, que esteve lá: não eram teatrinho *sexy*; havia sofrimento, sim, mas em silêncio, e as mulheres não eram bonitas e não despertavam desejos; ao contrário, despertavam uma compaixão infinita, como os animais indefesos.

Quanto aos SS, na maioria não eram monstros, nem garanhões idiotas, nem almofadinhas pervertidos: eram funcionários do Estado, mais rigidamente zelosos do que brutais, substancialmente insensíveis ao horror cotidiano em que viviam e ao qual pareciam se acostumar depressa, até porque, aceitando vigiar os campos de concentração, evitavam ser mandados "cobrir-se de glória" no *front* russo. Em suma, não eram feras elegantes e estilizadas, mas homúnculos banais e covardes. Se aceitaram aquele triste ofício também deviam ser mutilados mentais, inibidos e grosseiros como seus clientes. Muitas vezes achei que eles iriam gostar dessas suas pornossuásticas.

La Stampa, 13 fev. 1977.

Os alemães e Kappler

Com Herbert Kappler aninhado e seguro no coração da República Federal Alemã e com Vito Lattanzio também agarrado e seguro numa cadeira do Parlamento, qualquer uma, não importa qual, é lícito acreditar que tudo se acalmou e que a poeira que se levantou, ou foi deliberadamente levantada, esteja destinada a baixar. Nessa altura, às muitas considerações feitas sobre a fuga do Hospital Militar,* gostaria de acrescentar uma e ligá-la a certa lembrança minha.

No campo de concentração de Auschwitz os judeus eram a grande maioria: dependendo do período, de 90% a 95%. Ao lado

---

* Herbert Kappler (1907-78) era chefe dos serviços de segurança em Roma durante a guerra, quando cometeu inúmeros crimes, massacres, perseguições e deportações de judeus. Com a vitória dos aliados, Kappler foi preso em 1945 e entregue às autoridades italianas em 1947, que o condenaram à prisão perpétua. Em 1976, com câncer terminal, foi transferido para o Hospital Militar (Celio) em Roma, de onde sua segunda mulher, Anneliese Kappler, o retirou em 1977, escondido numa grande mala (ele pesava 47 quilos na época), fugindo para a Alemanha Ocidental. A Itália não conseguiu sua extradição. Em consequência desse episódio, Vito Lattanzio (1926-2010) foi obrigado a pedir demissão do cargo de ministro da Defesa. (N. T.)

Primo Levi

dos judeus, e teoricamente submetidos à mesma disciplina e ao mesmo regime, também havia "arianos" definidos como criminosos comuns (usavam como distintivo um triângulo verde) e arianos definidos como prisioneiros políticos (triângulos vermelhos); estes últimos eram quase todos alemães ou austríacos. Todos os verdes e os vermelhos de língua alemã recebiam cargos razoavelmente modestos: na verdade, nenhum deles tinha o destino dos judeus e dos prisioneiros que falavam outras línguas. Lembro um único alemão vermelho que não tinha encargos: era um social-democrata, um homenzinho franzino e na verdade não muito esperto; já não sei que cargo lhe foi oferecido, e ele teve a coragem e a dignidade de recusar; mas era o único. É provável que não se tratasse de uma ordem vinda de Berlim; devia ser uma iniciativa local e discricionária, tomada como que por instinto pelos dirigentes do campo de concentração, mas substancialmente em sintonia com o espírito do país de então: o sangue alemão, que se manifestava na língua, precisava ser privilegiado. Era tão forte esse instinto que até os prisioneiros judeus, desde que fossem de língua alemã, às vezes tinham vida mais fácil, ou seja, tinham um pouco menos de probabilidade de morrer. Perante o fato de alguém pertencer ao povo alemão, comprovado pela língua, todo o resto passava para segundo plano, até mesmo a qualidade de criminoso e a de adversário político.

Esse era o espírito da Alemanha de então. Seria tolice deixar de admitir que em ambas as Alemanhas de hoje muitas coisas mudaram: mas as primeiras reações da opinião popular e da imprensa alemãs (da República Federal da Alemanha: sobre as da República Democrática não sabemos nada) levam a acreditar que esse espírito não mudou. A guerra perdida, os milhões de mortos, a divisão do país, a ocupação, a fome e o gelo de 1945 e 1946 parecem ter ensinado aos alemães que a aventura da direita radical não compensa, e de fato não existe equivalente alemão do MSI;* não parecem ter-lhes ensinado, ou não a todos, que um alemão é um ser

---

* Movimento Sociale Italiano, partido de direita fundado em 1946. (N. T.)

A assimetria e a vida

humano que não vale nem mais nem menos que qualquer outro ser humano.

A indignação diante da recusa de perdão a Kappler em novembro passado e o júbilo desavergonhado com sua "repatriação" em 15 de agosto eram gerais demais para referir-se ao Kappler nazista, ao Kappler doente, ao Kappler SS: referiam-se claramente ao Kappler alemão. Não era sua permanência numa prisão que desagradava a opinião pública, mas sim sua permanência numa prisão italiana. Certo número de criminosos de guerra alemães ainda está preso em cárceres alemães: não tenho medo de errar se prognosticar que, se um deles fugisse (mas é difícil isso acontecer: eles são melhores carcereiros do que nós), o fato seria julgado pela opinião alemã com muito menos indulgência, e o Lattanzio local cairia em poucas horas.

Não foi a Alemanha neonazista que aplaudiu a façanha da senhora Anneliese: foi a Alemanha conformista e legalista, aquela mesma que não era nazista, mas ofereceu ao nazismo um colo tépido, fértil e aconchegante. Tal como um reagente, e para além das cautelosas manifestações oficiais, o caso Kappler revelou como ainda são profundos os laços do sangue e do solo para o povo alemão.

"Ha Keillah", III, n. 1, out. 1977.

Mulheres para abatedouro

David Rousset, quando cunhou a hoje famosa expressão "universo concentracionário", sabia o que estava fazendo: de fato, tratava-se de um universo, infindo e múltiplo, ainda hoje não totalmente explorado; este livro vem preencher uma lacuna (pelo menos na Itália), que é a da deportação feminina, compondo uma tríade significativa com *Il mondo dei vinti* [O mundo dos vencidos] de Nuto Revelli e *Compagne* [Companheiras] de Bianca Guidetti Serra,* também constituídos por testemunhos não desfigurados. Nos três livros fazem-se ouvir as vozes submissas e solenes de quem agiu e suportou com incrível força, de quem calou pudicamente durante décadas, de quem não pôde falar.

A estrutura do livro** é complexa: são duas as autoras, Lidia Beccaria Rolfi e Anna Maria Bruzzone; é de Lidia, que teve a experiência da deportação, o primeiro testemunho, também o mais longo e mais orgânico, e a ele se seguem os de outras quatro

---

* Nuto Revelli (1919-2004), *Il mondo dei vinti*, Einaudi 1977/2005; Bianca Guidetti Serra (1919-2014), *Compagne*, Einaudi, 1977. (N. T.)

** A referência é feita ao livro *Le donne di Ravensbrück* [As mulheres de Ravensbrück], 1973 (há outra edição de 2003). (N. T.)

Primo Levi

deportadas políticas italianas. Anna Maria Bruzzone, além de ter feito o trabalho editorial, assina a densa e tensa introdução.

Todas essas testemunhas foram deportadas para Ravensbrück, como, aliás, a maioria das "políticas" de todos os países ocupados pelos nazistas: na verdade, Ravensbrück fora criada para isso. Criada do nada; cidade artificial que não se encontra, nem se encontrava então, em nenhum atlas: era fruto de um planejamento monstruoso, o único campo de concentração povoado exclusivamente por mulheres, que desde o início eram "alugadas" pela SS para as indústrias de guerra e fábricas dos arredores, como se fossem animais domésticos: na p. 16 relata-se com detalhes uma alucinante contabilidade do rendimento de um ser humano obrigado a trabalhar até morrer de exaustão; rende ele (segundo fontes da SS) 1631 marcos em média, devendo-se acrescentar "a receita da utilização dos ossos e das cinzas".

A semelhança com os animais domésticos não é casual, como não é casual o fato de as mulheres deportadas terem sido deliberadamente menos bem tratadas do que os homens. Na ideologia nazista, a igualdade mulher-homem era ridicularizada como decadente e burguesa: é instrutivo, nesse aspecto, um livrinho que acredito não ser possível encontrar hoje: *Educazione alla morte* de Ziemer,* publicado em Londres (mas em italiano) no ano de 1944, tendo o subtítulo *Como criar um nazista*: ele contém um resumo lúcido de como eram criados e educados, respectivamente, os meninos e as meninas na Alemanha de Hitler.

A primeira incumbência do homem alemão era combater e morrer pela pátria, e o da mulher alemã era tornar suave o repouso do guerreiro e procriar novas gerações de combatentes. A mulher

---

* Em português, esse livro de Gregor Ziemer (1899-1982) foi publicado em 1942 pela Editora Calvino, com o título *Educando para a morte*. O texto original, *Education for death*, é datado de 1941 e inspirou um curta-metragem de Disney. É possível encontrá-lo numa edição da Octagon Books, de 1972. (N. T.)

A assimetria e a vida

estrangeira, sobretudo se considerada inimiga ou "de raça inferior", não tem outra utilidade senão, justamente, a de animal de trabalho; quando seu rendimento cai ou termina, há o crematório, e suas cinzas, misturadas ao produto das fossas negras do campo de concentração, são distribuídas para as empresas agrícolas.

Todas as testemunhas preferiram o longo silêncio. Lidia fala disso explicitamente na última página de seu depoimento: hesitava contar, sua experiência era desumana demais para ser aceita por um ouvinte normal, ela temia que não acreditassem, sentia em torno de si a "muralha" da incompreensão ou da piedade fácil. Professora primária de 18 anos num vale da região de Cuneo, educada na escola da retórica fascista, logo entende a tragédia do *front* da Albânia e da Rússia, e depois do armistício torna-se, naturalmente, *partisan*.

Depois do trauma da prisão, do complexo carcerário Le Nuove e do vagão hermeticamente fechado, a mocinha provinciana, sem experiência política, sem companheiras solidárias e sem conhecimentos de línguas, é despejada na cidadela de Ravensbrück, e "tem a impressão de que caiu em outro planeta": ainda não teve tempo e maneira de perceber que justamente esse horrendo estranhamento é o objetivo final da cidade concentracionária, "concebida, estudada e estruturada de propósito para violentar a pessoa, humilhá-la, destruí-la, transformá-la em bicho".

Mas ela é jovem, inteligente e dotada de miraculosa vontade de resistir, entender, deslindar os porquês. Aprende um pouco de francês, orienta-se e consegue dar o grande passo: de subproletária, de *Schmutzstück* ("pedaço de porcaria", como são indicadas na língua crua do campo as mulheres no limite, destinadas ao colapso rápido pela fome, pela humilhação e pelos maus-tratos), ela passa a "proletária", ou seja, a operária na fábrica da Siemens.

É o primeiro passo para a salvação; o segundo, definitivo, é o encontro com Monique, personagem admirável: uma "política" francesa esperta, lúcida e dura, que se encarrega da "educação política e social" da jovem italiana, que a *constrói*, que a obriga a estudar,

Primo Levi

a exercitar o cérebro, que lhe explica "por que se lavar… faz parte da Resistência no Campo": Monique transforma a vítima em combatente, atenta e consciente, capaz de registrar dentro de si os horrores em meio aos quais vive, de perceber uma lógica naquilo, a lógica paranoica do lucro acima de tudo, da exploração sem freio, do ser humano reduzido a instrumento. Creio que, nesse tema, nenhum leitor jamais poderá esquecer as páginas atrozes sobre as crianças que nasciam em Ravensbrück (p.48ss.) e a professora de Val Varaita tornou-se a historiadora de Ravensbrück. *R. foi sua universidade.*

Os outros testemunhos são mais breves e pessoais. Como é comum a todos os sobreviventes, cada uma vivenciou o campo de concentração de modo diferente. Bianca Paganini, jovem antifascista de La Spezia, com raízes católicas, mesmo recusando com tenacidade qualquer concessão, percebe (significativamente) os sinais da piedade nas mulheres desesperadas que a cercam, e ela mesma sente piedade pelas presas políticas alemãs. Sua fé, que a sustentou nos primeiros tempos, desmorona em grande parte diante dos montes de cadáveres: "[…] foi difícil voltar a crer: pouco por vez, mas consegui".

Livia Borsi, nascida em 1902, socialista "de nascença" (é filha de um estivador do porto de Gênova, analfabeto mas esclarecido), é sustentada antes, durante e depois da prisão por uma energia nata, quase selvagem, que lhe permite inserir-se na vida selvagem do campo de concentração e sobreviver. Suporta tudo, quase com naturalidade: em suas palavras não há vestígio de autocomiseração, como se haurisse forças de uma experiência atávica de luta. É generosa e extrovertida, chora e canta, sofre e ajuda quem sofre mais do que ela, "inventa" a sabotagem ao trabalho dos alemães, em nenhum momento chega perto do colapso e da rendição.

O último testemunho, a duas vozes, das irmãs Baroncini, talvez seja o mais comovente: a família toda é deportada, pai, mãe e três filhas, e nas palavras ingênuas e corajosas das duas únicas sobreviventes aflora a dor mais atroz, que é a dor sentida dia a dia pelos familiares que morrem diante de nós, dor inatingível por qualquer possível socorro.

Este livro chega a tempo de confirmar como é canalha e mentirosa a operação comercial que inunda todas as telas sob a aluvião dos filmes nazipornôs e como esses filmes, mesmo os menos grosseiros, refletem pouco aquela que foi a verdadeira condição feminina nos campos de concentração. Não, as deportadas não eram objetos sexuais: eram, no melhor dos casos, animais esfalfados pelo trabalho e, no pior, efêmeros "pedaços de porcaria". Isso é confirmado pelas pouquíssimas que tiveram força, inteligência e sorte para poderem dar seu testemunho.

La Stampa, 10 mar. 1978.

Para que a SS não retorne

A violência que hoje respiramos no ambiente não deve nos fazer esquecer a violência de passado recente, a que devastou a Europa sob a sinistra insígnia da caveira e dos SS rúnicos: porque violência gera violência, e não existe violência boa contraposta a uma violência ruim. Acredito que não será possível compreender plenamente os fatos ocorridos nos últimos meses na Alemanha (e na Itália!) se ignorarmos que, só em 1977, ocorreram pelo menos trinta encontros de ex-integrantes dos corpos da SS: não só em todos os cantos da República Federal Alemã, mas também na França, exatamente nos lugares que foram ensanguentados por suas façanhas; e também na Itália, em 28 de maio, na comuna de Varna, perto de Bressanone.

Trata-se de notícias divulgadas pelo órgão da HIAG, ou seja, da Cooperativa de Auxílio Mútuo: fachada caridosa por trás da qual se escondem os ex-SS, devidamente organizados em associações armadas. Porque existe uma HIAG na Alemanha do *Berufsverbot*,* na Alemanha do bem-estar social, e parece que nin-

---

* *Berufsverbot* é a proibição do exercício de certas profissões por parte de indivíduos visados. No pré-guerra, esse tipo de proibição atingia os judeus e oponentes políticos do regime nazista; medida semelhante

Primo Levi

guém, ou pouquíssima gente, vê nisso motivo de crítica: ainda que exatamente a HIAG tenha dado origem a profanações dos cemitérios judaicos, a suásticas ameaçadoras nos muros, a atentados a instituições democráticas; e não só na Alemanha.

Não parece que o governo alemão esteja se dando conta do potencial subversivo representado por essa presença renovada do veneno nazista no corpo do país: tanto por contágio direto de formações terroristas recrutadas entre as novas levas quanto pela radicalização de grupos que se declaram nominalmente de esquerda.

Diante dessa situação intolerável, as organizações antifascistas da Europa lançaram em Bruxelas um apelo ao qual aderiram 84 associações de ex-deportados, *partisans*, resistentes e vítimas da SS em 21 países (entre os quais se contam Israel e os países do bloco do Leste), para pedir a dissolução das associações de veteranos da SS, nos termos da Constituição da RFA.

Uma comissão internacional especial, na qual a Itália é representada pela Associação Nacional de ex-Deportados para os campos de extermínio nazistas (ANED), decidiu convocar para o dia 22 de abril uma grande manifestação em Colônia, da qual também participarão, naturalmente, milhares de antifascistas alemães: na verdade, essa iniciativa (a primeira que reunirá em território alemão todos os antifascistas da Europa) não pretende assumir caráter de enfrentamento: ao contrário, pretende reconhecer os méritos da parcela do povo alemão que, em meio às trevas nazistas, soube manter a fé no ideal democrático, pagando essa sua convicção com um pesado tributo de sangue.

Mas se propõe, sim, a lembrar ao atual governo alemão as promessas feitas várias vezes por todos os chanceleres e por todos os presidentes da RFA, de que nunca mais e de forma nenhuma o

---

foi tomada em 1972 por um decreto de Willy Brandt, que alijava extremistas políticos de cargos em repartições públicas e do magistério. (N. T.)

nazismo renasceria em território alemão, convidando os governantes a uma ação política e legislativa concreta.

Os antifascistas não estão pedindo punições aos veteranos da SS individualmente, mas exigem que suas associações sejam eliminadas da vida do país, não tenham mais voz, não possam mais perverter as novas gerações com suas "mensagens". Nenhum europeu esqueceu que os massacres de Marzabotto, Boves, Lidice, Oradour, Fosse Ardeatine foram perpetrados pela SS, nem que à SS era confiada a administração dos campos de trabalho forçado, dos quais elas extraíam lucros fabulosos, e dos campos de extermínio com suas abomináveis instalações e com seus milhões de mortos. Os SS sobreviventes precisam parar de se gabar desses seus feitos.

La Stampa, 20 abr. 1978.

Começou com a Noite dos Cristais

É provável que poucos jovens saibam, por leitura ou por ouvir falar, o que aconteceu na Alemanha há exatamente quarenta anos. Hitler, depois de subir ao poder em janeiro de 1933, não perdeu tempo para caracterizar-se e definir seu regime: depois de dois meses já existia Dachau, o primogênito dos campos de concentração, que seria seguido por muitos outros, destinados a eliminar e aterrorizar os adversários políticos do nazismo; depois de oito meses já se iniciara a exclusão dos judeus do funcionalismo público e da vida cultural do país.

O nazismo, como todo poder absoluto, precisava de um antipoder, de um anti-Estado, para lhe atribuir a culpa de todos os problemas, presentes e passados, reais e supostos, de que os alemães padeciam; os judeus, indefesos e percebidos como "outros" por muitos, eram o antiestado ideal, o foco para o qual se podia direcionar a exaltação nacionalista e maniqueísta que a propaganda nazista mantinha viva no país.

Em setembro de 1935 foram promulgadas as Leis de Nuremberg, que definiam com minúcia maníaca quem devia ser considerado judeu, quem meio judeu, quem um quarto de judeu, e a "Lei para a defesa do sangue e da honra alemã". Segue-se uma enxurrada de abusos legais, alguns cruéis, outros de caráter abertamente

79

derrisório, aptos a expressar a tese oficial do nazismo: os judeus são um tenebroso poder universal, a encarnação de Satanás, mas aqui na Alemanha, em nossas mãos, são ridículos e impotentes. A partir dos 6 anos devem portar uma estrela amarela no peito. Só podem sentar-se em bancos de jardim onde esteja escrito *nur fur Juden*; todos os homens devem chamar-se Israel, e todas as mulheres, Sara; as vacas dos judeus não podem cruzar com o touro da comunidade. Em abril de 1938 é feito o censo dos bens dos judeus; em junho, das empresas comerciais de sua propriedade; é o prólogo para sua total exclusão da vida econômica.

Nos jovens alemães é incutido um ódio visceral, uma repugnância física, contra o judeu, destruidor do mundo e da ordem, culpado de todas as culpas. Os judeus alemães, na grande maioria, sentem-se profundamente alemães e reagem a essa propaganda maciça fechando-se em digna abstenção: reduzem-se a uma vida marginal, feita de miséria, tristeza e medo. Já ocorreram muitos atos terroristas, óbvia consequência e interpretação da propaganda de ódio, mas trata-se de fatos esporádicos: os nazistas precisam de um pretexto para passarem das iniciativas individuais ao terror organizado, e o pretexto logo é encontrado.

Em outubro de 1938, cerca de 10 mil judeus de nacionalidade polonesa são brutalmente expulsos da Alemanha: homens, mulheres e crianças são obrigados a acampar na terra de ninguém, em condições miseráveis, esperando que a Polônia os aceite. O filho de um dos exilados, Herschel Grynszpan, já faz algum tempo que encontrou refúgio em Paris. Tem apenas 17 anos, é um místico exaltado: sente-se com a missão de se vingar, e em 7 de novembro mata o primeiro alemão que encontra, um conselheiro da embaixada alemã em Paris. É o gesto que os nazistas estavam esperando, a confirmação da tese da "conspiração internacional judaica" contra a Alemanha, e a resposta é imediata. O cenário e o roteiro estão prontos faz algum tempo, só falta dar início à representação.

Na noite de 9 para 10 de novembro explode o *pogrom* em toda a Alemanha. São depredados e saqueados 7500 armazéns e lojas

A assimetria e a vida

pertencentes a judeus, 815 são completamente destruídos; 195 sinagogas têm o mesmo destino; 36 judeus são mortos, 20 mil presos, escolhidos entre os mais abastados. Nas primeiras horas os agressores estão fardados, mas depois são mandados às pressas para casa a fim de se vestirem à paisana: entenderam mal as instruções, a indignação precisa brotar do povo, ser "espontânea".

A polícia, por toda parte, fica olhando: os bombeiros só intervêm quando as chamas ameaçam prédios ou propriedades "arianas". Funcionários locais improvisam variações sobre o tema. Em Krumbach, perto de Augsburg, as judias são arrastadas à sinagoga e obrigadas a tirar da arca os rolos da Lei e a pisoteá-los: precisam cometer o sacrilégio cantando, e quem se recusa morre.

Em Saarbrücken os judeus são obrigados a levar palha ao templo, espalhar gasolina sobre ela e atear fogo. Alguns "indignados" extrapolam a programação e se entregam ao saque de residências particulares, então a polícia intervém, mas a magistratura mandará todos para casa com penas irrisórias. Não ocorre o mesmo com os mais fervorosos (ou brutos) que estupraram mulheres judias: esses são expulsos do partido e severamente punidos, mas não pela violência cometida contra suas vítimas, e sim por se terem contaminado ao transgredir a sagrada lei do sangue.

Por vários dias ainda se alastra a destruição: no fim da "semana dos cristais" as ruas de todas as cidades estão cobertas pelos estilhaços das vitrines destruídas. Só esse prejuízo, dos cristais das vitrines, equivale a 5 milhões de marcos e é coberto por seguro. Os prejuízos serão pagos? A solução encontrada por Goering é simples: as seguradoras pagarão aos judeus, mas o Estado intervirá e confiscará tudo.

Para terminar, a União das Comunidades Israelitas é multada em 1 bilhão de marcos. É a mesma trama imunda de violência, zombaria e trapaça que reencontraremos cinco anos depois, em Roma, com o macabro blefe dos cinquenta quilos de ouro que os judeus precisarão entregar a Kappler para evitar a deportação: mas poucos dias depois é desencadeada a caçada humana (a homens, mulheres, inválidos e crianças), e mais de mil judeus romanos são deportados para os campos da morte.

Shirer, que foi testemunha dessa irrupção de barbárie, talvez tivesse razão ao ver nela "os prenúncios de um fatal enfraquecimento que no fim deveria arrastar o ditador, seu regime e sua nação à ruína extrema", e a identificar o primeiro sinal da megalomania de Hitler, doença que nunca deixa de atacar todos, grandes ou pequenos, que exerçam o poder sem controle.

A "noite dos cristais" abriu os olhos de muitos, em especial de Chamberlain, primeiro-ministro inglês, que afinal, porém tarde demais, se convenceu de que Hitler não era um cavalheiro com o qual fosse possível fazer pactos. Infelizmente não abriu os olhos de todos, nem na Alemanha nem na Itália: se isso tivesse ocorrido, o mundo inteiro teria sido poupado dos horrores da Segunda Guerra Mundial e talvez vivêssemos hoje numa sociedade melhor.

La Stampa, 9 nov. 1978.

Jean Améry, o filósofo suicida

O atroz episódio do "Templo do povo", suicídio coletivo de novecentos adeptos de uma seita místico-satânica, ainda é incompreensível e talvez o seja para sempre, se é que "compreender" significa buscar os motivos. De resto, toda ação humana contém um núcleo duro de incompreensibilidade: não fosse assim, teríamos condições de prever o que nosso próximo fará, mas isso não acontece, e talvez seja bom que não aconteça. Especialmente difícil é compreender as razões de um suicídio, uma vez que, em geral, nem o próprio suicida tem consciência do porquê, ou então apresenta a si mesmo e aos outros motivações voluntária ou involuntariamente alteradas.

A notícia das mortes de Georgetown foi divulgada pelos jornais ao mesmo tempo que outra bem menos clamorosa: o suicídio de um filósofo misantropo e solitário, Jean Améry, nesse caso bem compreensível e cheio de ensinamentos. Não era esse o seu nome de nascimento: trata-se de um pseudônimo, ou melhor, de um novo nome que o jovem estudioso austríaco Hans Mayer escolheu para indicar que tinha sido obrigado a renunciar à sua individualidade nativa. Hans tinha antepassados cristãos e judeus, mas era judeu o suficiente para ser definido como tal pelas Leis de Nuremberg. No entanto, era completamente assimilado: em sua

Primo Levi

casa festejava-se o Natal, e a memória que ele tinha do pai, morto na Primeira Guerra Mundial, não era a de um judicioso judeu barbudo, mas de um oficial do exército imperial austríaco com farda de Kaiserjäger tirolês.

Os nazistas invadem a Áustria: Hans se refugia na Bélgica e vira Jean, mas em 1940 a maré hitlerista também submerge a Bélgica, e Jean, intelectual tímido e introvertido, mas cônscio de sua dignidade, entra para a resistência belga. Não milita durante muito tempo. Logo cai nas mãos da Gestapo e lhe pedem que revele os nomes de companheiros e dirigentes, caso contrário é a tortura. Ele não é herói; se os conhecesse, diria, mas não os conhece. Suas mãos são unidas e amarradas nas costas, e o suspendem pelos pulsos a um moitão. Depois de poucos segundos os braços se luxam e ficam virados para cima, verticais atrás das costas. Os algozes insistem, recrudescem a tortura usando açoites no corpo dependurado, mas Jean não sabe nada, não pode se refugiar na traição. Cura-se, mas, sendo "legalmente" judeu, é despachado para Auschwitz-Monowitz, onde vive mais dezoito meses de terror.

Libertado em 1945, volta para a Bélgica e lá se estabelece, mas já não tem pátria e é oprimido pelo passado. Escreve ensaios amargos e frios, com títulos como "De quantas pátrias o homem precisa?", "Da necessidade e da impossibilidade de ser judeu", "A tortura", "Os limites do espírito". Esse último é uma meditação aflita e desesperada sobre "de que serve" ser intelectual no campo de concentração. De pouco servia, segundo Améry, aliás era nocivo: o intelectual tendia a não se acostumar, a não aceitar aquela realidade impossível, mesmo sem ter forças (que, ao contrário, tinham os dotados de alguma fé) para se opor ativa ou intimamente. São páginas que lemos com uma dor quase física, como testemunhos de um naufrágio adiado por décadas, até a conclusão estoica.

Em outro lugar Améry deixou escrito: "'Escuta, Israel' não me interessa: só 'Escuta, Mundo', só essa advertência eu poderia proferir com cólera apaixonada". Mas também: "Enquanto judeu, vou

A assimetria e a vida

pelo mundo como um doente afetado por uma daquelas doenças que não causam grandes sofrimentos, mas levam seguramente à morte". Por fim, de modo lapidar:

> Quem foi torturado continua torturado [...] Quem sofreu o tormento nunca mais poderá ambientar-se no mundo, a abominação do aniquilamento nunca se extingue. A confiança na humanidade, comprometida já na primeira bofetada no rosto, demolida depois pela tortura, nunca mais é reconquistada.

Não, não surpreende o fim de Jean Améry, e é triste perceber que a tortura, desaparecida durante séculos na Europa, reapareceu neste século e está ganhando terreno em muitos países; dizem que "por uma boa causa", como se do sofrimento deliberadamente infligido pudesse nascer alguma coisa boa. É insuportável imaginar que, enquanto a tortura a que Améry foi submetido pesou sobre ele até a morte, aliás, foi para ele uma morte interminável, seus torturadores, com toda probabilidade, estão instalados em algum cargo ou gozando de uma aposentadoria; e, se fossem interrogados (mas quem os interroga?), responderiam, como de costume e sem peso na consciência, que só cumpriram ordens.

La Stampa, 7 dez. 1978.

Mas nós estávamos lá

Portanto, a operação teve sucesso: não bastou a conversa fiada de Darquier de Pellepoix no *Express* de novembro passado, não bastou conceder aos assassinos de outrora espaço e voz em revistas respeitáveis, para poderem pregar impunemente a verdade deles, dizendo que os milhões de mortos dos campos de concentração nunca morreram, que o Holocausto é fábula, que em Auschwitz só piolhos foram mortos com gás. Nada disso bastou, claro que o momento é propício, e de sua cátedra universitária o professor Robert Faurisson vem tranquilizar o mundo: não, o fascismo e o nazismo foram denegridos, conspurcados, difamados. Chega de falar de Auschwitz, aquilo era pura encenação: fala-se da mentira de Auschwitz. Os judeus são espertos, sempre foram espertos, tão espertos que, para caluniar os nazistas inocentes, forjaram uma matança que nunca existiu; construíram eles mesmos, posteriormente, as câmaras de gás dos campos de concentração e os fornos crematórios.

Não sei quem é o professor Faurisson. Pode ser até que seja só louco, há alguns mesmo em cátedras; é mais provável, porém, outra hipótese: a de que ele seja um dos responsáveis de então, como Darquier, ou que seja filho, amigo ou apoiador dos responsáveis, esforçando-se por exorcizar um passado que, apesar

Primo Levi

da atual indulgência, lhes pesa. Conhecemos bem certos mecanismos mentais: a culpa é atenazante, ou pelo menos incômoda; em tempos já distantes, na Itália e na França chegava a ser perigosa. Começa-se por negá-la em juízo; passa-se a negá-la durante décadas, em público, depois em particular, depois para si mesmo: pronto, o feitiço funcionou, o preto virou branco, o torto virou direito, os mortos não morreram, não existe assassino, já não há culpa, aliás, nunca houve. Não só eu não cometi o feito, como também o próprio feito não subsiste.

Não, professor, o caminho não é esse. Mortos houve, inclusive mulheres e crianças; dezenas de milhares na Itália e na França, milhões na Polônia e na União Soviética: não é tão fácil tirá-las do meio. Não terá muito trabalho para documentar-se, se realmente pretender documentar-se. Interrogue os sobreviventes, que existem também na França, ouça deles o que significou ver companheiros morrendo, um a um, sentir-se morrer dia a dia durante um, dois anos, viver sem esperança à sombra das chaminés dos crematórios, voltar (quem voltou) e encontrar a família destruída. O caminho para limpar-se da culpa não é esse, professor: mesmo para quem fala da cátedra, os fatos continuam sendo adversários tenazes. Se o senhor nega a matança realizada por seus amigos da época, vai precisar explicar por que os 17 milhões de judeus de 1939 estavam reduzidos a 11 milhões em 1945. Vai precisar desmentir centenas de milhares de viúvas e órfãos. Vai precisar desmentir cada um de nós, sobreviventes. Venha, professor, discutir com cada um de nós: vai achar mais difícil do que pregar balelas a alunos desinformados. Desinformados todos a ponto de aceitá-las? Nenhum deles levantou a mão para protestar? E o que fizeram as autoridades escolares e judiciais na França? Toleraram que o senhor, negando os mortos, os matasse pela segunda vez?

Corriere della Sera, 3 jan. 1979.

Campo de concentração às portas da Itália

Está para sair, pela editora Mondadori, um livro repleto de vergonha e dor. O autor é o triestino Ferruccio Fölkel, e o título é *La risiera di San Sabba: Trieste e il Litorale Adriatico durante l'occupazione nazista* [A beneficiadora de arroz de San Sabba: Trieste e o litoral do Adriático durante a ocupação nazista]. Nessa beneficiadora de arroz, ou seja, num velho estabelecimento outrora destinado à piladura e à secagem de arroz, alojou-se no outono de 1943 um destacamento de oficiais e suboficiais altamente especializados da SS; tinham se tornado exímios no ofício do assassinato coletivo e secreto, primeiro nos centros alemães onde se praticava a eutanásia em deficientes mentais, depois nos campos de concentração poloneses de extermínio total.

Entre eles, por exemplo, estava aquele Franz Stangl, responsável pessoal e confesso por 600 mil mortes, cujo arrepiante depoimento se lê no livro de Gitta Sereny, *No mundo das trevas*.* Tinham ultimado com sucesso sua missão na Europa Oriental, mas na costa do Adriático, recém-ocupada, havia bom trabalho para eles: um número crescente de *partisans* istrianos, eslovenos e croatas, bem como alguns milhares de judeus. De resto, a presença deles na

---

* Título original: *In quelle tenebre* (Adelphi, 1975).

mãe pátria alemã não era apreciada, por se tratar de um punhado de intrigantes corruptos e desleais, e sobretudo por serem depositários de um segredo que, na hipótese cada vez mais provável de derrota militar, poderia tornar-se incômodo para muitos dirigentes nazistas já prontos para se oferecer aos anglo-americanos como mercenários antissoviéticos numa esperada subversão das alianças: o segredo das câmaras de gás e dos crematórios de Sobibor, Treblinka e Auschwitz.

No entanto, numa zona periférica como era justamente a "Adriatisches Kustenland", ou seja, o litoral adriático anexado ao Reich, e com a bem testada técnica de difundir o terror, mas mantendo secretos os detalhes mais sinistros, a obra deles ainda podia revelar-se preciosa. Por isso, com a colaboração de auxiliares ucranianos e também italianos, um dos depósitos da beneficiadora de arroz foi transformado em câmara de gás, e o secadouro em crematório. Esse pequeno campo de extermínio italiano, rudimentar mas feroz, funcionou por mais de um ano e ceifou a vida de um número de vítimas impossível de precisar: provavelmente em torno de 5 mil.

Não é a primeira vez que se fala daquela beneficiadora de arroz, mas falou-se timidamente. Graças à diligência de um magistrado, em 1976 foi instaurado em Trieste um processo contra os responsáveis, e o recurso se sucedeu nos primeiros meses de 1978, mas essa ação judicial foi inconclusiva (e como poderia ser diferente, uma vez que era preciso julgar fatos ocorridos havia mais de trinta anos?) e se desenrolou em quase total silêncio: o mesmo silêncio que encobrira a matança.

Por que esse silêncio então e agora? Os motivos são muitos e estão interligados. Pelas precauções tomadas pelos nazistas, que em San Sabba também, antes de fugirem, destruíram as instalações de morte coletiva, esforçando-se para torná-las irreconhecíveis. Porque as vítimas da beneficiadora de arroz foram na maioria *partisans* eslavos, e os combatentes de Tito não eram bem-vistos pelos anglo-americanos administradores temporários de Trieste e, durante muitos anos, depois da dissidência de Tito, nem pelos

A assimetria e a vida

soviéticos e pelos comunistas italianos. Porque os funcionários fascistas da localidade não foram alheios às atividades da beneficiadora de arroz.

Mas, unificando todos esses motivos de silêncio, deve-se acrescentar um mais geral, que é o sentimento de culpa de toda uma geração. A culpa é atenazante e raramente induz à expiação. Quem sente seu peso tende a livrar-se dele de várias maneiras: esquecendo, negando, falsificando, mentindo para os outros e para si mesmo. É oportuno que este livro, fruto de uma investigação pessoal do autor, seja lido hoje: pode funcionar como antídoto. Na verdade, nos últimos meses e com estranha simultaneidade, foram publicados outros "testemunhos". Irving, historiador inglês, propõe a tese demencial de que Hitler não só não foi mandante, como também não soube (até 1943) do Holocausto dos judeus da Europa: como se Hitler nunca tivesse lido o *Stürmer*, que a cada número incitava à matança purificadora.

Outras vozes chegam da França, defendendo uma tese estranha e nova. Em todos os processos até agora movidos (o de Nuremberg; o de Auschwitz que ocorreu em 1965 em Frankfurt; o de Eichmann em Jerusalém), os poucos culpados levados a julgamento se justificaram de maneiras bem conhecidas: não cometeram pessoalmente o ato; estavam sendo coagidos; estavam vinculados pelo juramento de fidelidade, pelo dever de soldado, pela lealdade aos comandantes; mas nunca ousaram negar a realidade dos extermínios em massa. No entanto, dois franceses tiveram essa audácia: talvez confiando no enfraquecimento da memória das pessoas depois de 35 anos, talvez esperando que, nesse ínterim, os sobreviventes e as testemunhas, poucos mas incômodos, saíssem de cena.

Sobre o primeiro não cabe falar muito. Louis Darquier de Pellepoix, outrora comissário encarregado das questões judaicas junto ao governo de Vichy, e como tal responsável pessoal pela deportação de 70 mil judeus, agora tem quase 85 anos e apresenta considerável grau de senilidade. Entrevistado (mas por quê, por

Primo Levi

quê, colegas jornalistas franceses, vocês aceitam prestar-se a essas operações ambíguas?) pelo *Express*, nega tudo: as fotos dos cadáveres amontoados são montagens, as estatísticas dos milhões de mortos foram forjadas pelos judeus, sempre ávidos de publicidade e comiseração; deportações houve, mas ele não sabia para onde e com que resultado; em Auschwitz havia câmaras de gás, sim, mas serviam apenas para matar piolhos e, além disso (note-se a coerência!), foram construídas depois do fim da guerra. Não é difícil, e é caridoso, identificar em Darquier o caso típico de quem, acostumado a mentir publicamente, acaba mentindo também em particular, até para si mesmo, e construindo uma verdade conveniente que lhe permita viver em paz.

O caso Faurisson é menos claro. Robert Faurisson tem 50 anos e leciona literatura francesa na Universidade de Lyon 2, mas há dezoito anos cultiva uma mania inocente: pôs na cabeça que vai demonstrar que nunca existiram câmaras de gás nos campos de concentração nazistas. É o objetivo de sua vida e, para atingi-lo, pôs em jogo (ou está pondo em jogo) a carreira acadêmica; de fato, o reitor, preocupado com suas afirmações aberrantes e com as reações que elas provocavam nos estudantes, depois de hesitar um pouco suspendeu-o temporariamente, dissuadindo-o de pôr os pés na Universidade.

Mas Faurisson não se rende: bombardeia o jornal *Le Monde* com cartas, protesta porque elas não são publicadas, acusa o reitor de montar uma perseguição contra ele e de lhe negar uma promoção a que teria direito há anos. Em 12 de dezembro passado escreveu outra vez ao *Le Monde* com prepotência e em tom de ultimato, dizendo que está à espera de

> um debate *público* sobre um assunto que vem sendo manifestamente evitado: o das "câmaras de gás". Peço ao jornal *Le Monde* (que há quatro anos insto nesse sentido) que publique finalmente minhas duas páginas sobre *La rumeur d'Auschwitz*. Chegou a hora. Os tempos estão maduros.

A assimetria e a vida

Nessa altura, ficaria claro a qualquer um que se trata de um homem frustrado, afetado por uma monomania que chega às raias da paranoia: mas o *Le Monde*, em 29 de dezembro, publica as duas páginas, prometendo uma refutação (que de fato é publicada no dia seguinte), antecedidas por este curioso comentário: "[...] por mais que pareça aberrante, a tese de M. Faurisson causou alguma perplexidade, sobretudo nas jovens gerações, pouco dispostas a aceitar sem crítica ideias consagradas". As argumentações de Faurisson são as seguintes: não havia câmaras de gás em Oranienburg, Buchenwald, Bergen-Belsen, Dachau etc.; *portanto*, não havia câmaras de gás em lugar nenhum. As câmaras descritas por Höss, comandante de Auschwitz, não são dignas de crédito porque Höss depôs perante "os aparatos judiciários polonês e soviético" (não é verdade: Höss já tinha deposto perante uma comissão anglo-americana). As câmaras de Auschwitz tinham uma superfície de 210 metros quadrados: como podiam caber mais de 2 mil pessoas? Cabiam, sim, selvagemente apinhadas: cabiam mesmo; eu não entrei nas câmaras de gás (quem entrou não saiu para contar), mas, à espera de uma seleção justamente para a morte por gás, fui amontoado com 250 companheiros num local de sete metros por quatro, fato que narrei em *É isto um homem?*.

O veneno usado nas câmaras não poderia ser eliminado rapidamente e teria matado os "alemães" (assim se expressou Faurisson, interpelado pela rádio Lugano) encarregados da retirada dos cadáveres. Nos dezoito anos dedicados ao estudo do problema, Faurisson nunca se deu conta de que aqueles encarregados não eram alemães, mas outros prisioneiros, com cuja integridade os alemães pouco se preocupavam; de resto, o veneno, ácido cianídrico, nas condições em que era usado tornava-se extremamente volátil (sua ebulição ocorre aos 26 °C: nas câmaras, superlotadas de seres humanos, a temperatura ficava em torno de 37 °C); além disso, existiam ventiladores eficientes, documentados (além do que dizem as testemunhas) por encomendas e notas fiscais.

Faurisson não tem culpas pessoais: quem está por trás dele, incentivando suas fixações? Por que o *Le Monde* o publica, depois que o reitor de sua universidade o suspendeu, expressando dúvidas sobre seu equilíbrio mental? Talvez justamente para espalhar "perplexidade" entre os jovens? Se for assim, com certeza terá sucesso: pela própria enormidade, o genocídio induz à incredulidade, ao recalque e à negação. Por trás dessas tentativas de "redimensionamento", talvez não se esconda apenas a busca de sensacionalismo jornalístico, mas a outra alma da França, aquela que mandou Dreyfus para a Guiana, aceitou Hitler e seguiu Pétain.

La Stampa, 19 jan. 1979.

Para que não se repitam os holocaustos de ontem (matanças nazistas, multidões e TV)

Não me foi possível ver por inteiro a minissérie *Holocausto*: vi só algumas partes, assim mesmo antes da dublagem. Assisti à projeção com desconfiança, a mesma que todas as testemunhas daquele tempo sentem diante das muitas tentativas, recentes e menos recentes, de "usar" a experiência delas. Experiência que foi tão singular, tão fora da medida humana, que pode constituir uma perigosa tentação para muitos autores à procura de matéria-prima para a produção de literatura ou de espetáculo, ou, pior, para a transformação numa exibição de horrores: são coisas nossas, íntimas, e não nos sentimos bem quando as vemos violadas.

Também tive dificuldade de me livrar de minhas reações específicas diante de várias ingenuidades e aproximações: *lá* não era assim, as roupas listradas não eram limpas, mas imundas, o apinhamento era pavoroso sempre, a qualquer momento do dia e da noite, deixando pouco espaço para sentimentos e reflexões: as faces dos prisioneiros não eram tão bem barbeadas, nem eram tão bem nutridas as mulheres que faziam fila à espera da câmara de gás.

Bem, não são observações importantes: parece que a minissérie, ainda que nascida como um negócio com orçamento vertiginoso, dá mostras de substancial boa-fé, decência nas intenções e nos resultados, discreto respeito pela história e uma abordagem

Primo Levi

simples (simplificadora, podemos dizer) que às vezes a aproxima dos *Miseráveis* de Victor Hugo e lhe garante sucesso popular. Não se deve esperar dela sutilezas de sentimentos ou nuances psicológicas: não tinha a intenção de representá-las e não as representou.

É conhecido e já foi objeto de discussão entre os sociólogos o fabuloso sucesso de *Holocausto* nos países onde foi exibido: os primeiros são Estados Unidos, República Federal Alemã, França e Israel. Esse sucesso deve ser atribuído em parte a motivos óbvios e de caráter geral: a singularidade e a desumanidade da perseguição aos judeus, a enormidade de suas dimensões, sua estupidez brutal, seu fanatismo inútil; e, em parte, ao modo específico como cada país vivenciou em cada momento os fatos que a minissérie de televisão reproduz.

Os Estados Unidos hoje são o centro cultural do judaísmo, e a "operação" *Holocausto* foi concebida e desenvolvida segundo modelos tradicionais americanos e com uma linguagem televisiva até tipicamente americana demais. Israel é o herdeiro direto do judaísmo do Leste Europeu que escapou à matança, nasceu como redentor do exílio e da longa escravidão do povo judeu, e suas jovens gerações nutrem profundo sentimento de vergonha e incredulidade em relação à facilidade com que tal matança foi perpetrada. A França é um caso à parte, um país dividido hoje como então: dividido entre a frustração da guerra perdida e da obediência à Alemanha, o orgulho pelas liberdades conquistadas com a Revolução e a persistente fermentação do nacionalismo tacanho e xenófobo que gerou o caso Dreyfus: não por acaso, exatamente da França chegam hoje os sinais mais alarmantes de uma nova onda antissemita.

Quanto à Alemanha, é evidente o choque que a minissérie deve ter provocado no país, onde ainda hoje vivem impunes e protegidos por uma vasta *omertà* milhares de burocratas assassinos de então, bem como centenas de milhares de cidadãos submissos às leis (às de hoje e às de outrora!) que salvaram a alma negando obstinadamente que sabiam e entendiam o que acontecia ao seu

A assimetria e a vida

redor e calando com a mesma obstinação, inclusive para os próprios filhos, o que por acaso tinham sabido ou entendido. É provável que, se exibida na Alemanha há quinze anos, e não hoje, essa minissérie tivesse colidido contra a espessa parede de surdez voluntária atrás da qual se protege a geração dos responsáveis por aqueles fatos, e seu sucesso tivesse sido bem menor.

É difícil prever as repercussões que *Holocausto* terá neste nosso país, onde, se fosse pela intenção dos fascistas, a caça ao judeu não deveria ter sido menos encarniçada que na Alemanha aliada, mas foi em grande parte frustrada pela sensibilidade humana dos italianos, pela indiferença política da época e pelo descrédito em que o fascismo já tinha caído.

Para comentar o interesse multiforme, às vezes polêmico, mas profundo em toda parte, que a minissérie televisiva *Holocausto* despertou, são obrigatórias duas observações. Em primeiro lugar: o antissemitismo é um fato antigo e complexo, com raízes bárbaras ou mesmo pré-humanas (existe notoriamente um racismo zoológico, próprio aos animais sociais); mas é periodicamente ressuscitado por um cálculo cínico, segundo o qual, nos momentos de instabilidade e sofrimento político, é útil encontrar ou inventar um bode expiatório para atribuir todos os problemas passados, presentes e futuros e descarregar as tensões agressivas e vingadoras do povo: os judeus, dispersos e indefesos, apresentavam-se depois da diáspora como vítimas ideais e assim foram tratados em muitos países e em todos os séculos. A Alemanha de Weimar era instável e vivia um momento de sofrimento político; precisava de um bode expiatório: mas a Itália de hoje também é instável e vive um momento de sofrimento político.

Em segundo lugar: em todos os países, o programa foi visto por dezenas de milhões de pessoas; não *apesar de* ser uma história, uma ação romanceada, mas *porque* é uma história. Sobre o tema do genocídio hitlerista foram publicadas centenas de livros e projetadas centenas de documentários, mas nenhum deles atingiu um número de leitores e espectadores correspondente a 1% do número de espectadores de *Holocausto*. Esses dois fatores associados — a forma romanesca e a transmissão pela televisão — mostraram plenamente que têm um gigantesco poder de penetração.

O fenômeno é positivo nesse caso específico, porque serviu para divulgar fatos silenciados durante tempo demais (atendendo a interesses) e para dar a conhecer uma tragédia inigualável até então — e esperemos que para sempre — na já sangrenta história da humanidade; com isso, deu novo peso às razões daqueles que, na Alemanha e em outros lugares, consideram injusto que os crimes dos nazistas venham a prescrever. É motivo de regozijo: mas não há como reprimir um calafrio quando se pensa no que poderia acontecer caso o tema escolhido fosse diferente ou oposto, num país onde a televisão fosse voz exclusiva do Estado, não submetida a controles democráticos nem acessível à crítica dos espectadores.

La Stampa, 20 maio 1979.

As imagens da minissérie Holocausto

Em princípio o que há é *show business*, "negócio do espetáculo", ou seja, a gigantesca máquina da indústria cultural americana. É uma indústria que não escapa às regras, às leis e aos costumes de qualquer outra indústria: implica previsões, pesquisas de mercado, planejamento de custos, amortizações, riscos e campanhas publicitárias bem dosadas, com vistas ao lucro. Como qualquer outra indústria, tira proveito das experiências anteriores, suas e alheias, e a experiência ensina que se obtém lucro maior com um judicioso equilíbrio entre inventividade e conservadorismo. Foi dessas premissas utilitaristas e sensatas que nasceu a operação *Holocausto*, tal como pouco tempo antes fora projetada a minissérie *Raízes* e, de resto, desde os primórdios do cinematógrafo, nasceram os colossais filmes bíblicos: trata-se de empreendimentos cínicos e ao mesmo tempo devotos, e a contradição não deve surpreender, uma vez que não há só um autor: são muitos os autores, e entre eles há, justamente, cínicos e devotos. Não me parece que caibam objeções sérias; desde Ésquilo, o espetáculo público se abeberou nas fontes que mais comovem o público, e elas são: crime, destino, dor humana, opressão, mortandade e restabelecimento da justiça.

A minissérie *Holocausto* nasceu assim, como um casamento por interesse, mas nem todos os casamentos por interesse acabam

Primo Levi

em fracasso. Não receio confessar que senti desconfiança e aborrecimento com os primeiros anúncios triunfais na imprensa. Temi que o cinismo fosse mais maciço e a piedade ficasse à margem; como se sabe, o tema das matanças hitleristas e dos campos de concentração, desde os primeiros anos após a Segunda Guerra Mundial, se prestara perfeitamente a argumentos de elaboração literária, e não só literária: era previsível e evidente que o sangue, o morticínio, o horror intrínseco dos fatos ocorridos na Europa durante aqueles anos atrairia uma miríade de escritores de segunda categoria em busca de temas de fácil desenvolvimento, e que haveria quem se apropriasse daquela colossal tragédia, retalhando-a, fazendo uma seleção arbitrária, para extrair fragmentos capazes de satisfazer a sede mórbida por coisas macabras e torpes que se acredita existir no mais profundo de cada leitor e espectador. Essa "utilização" dessacralizadora ocorreu pontualmente, e não só por obra de escritores ruins: basta lembrar, entre muitos, *Der Funke Leben* (em italiano *L'ultima scintilla*),* de Erich Maria Remarque, eloquente exemplo de como se constrói um romance substancialmente falso com base em acontecimentos verídicos, a ponto de lançar uma sombra de incredibilidade sobre tais acontecimentos que ele pretende descrever. O mesmo, ou quase, se pode dizer do filão sádico-pornográfico, cujo protótipo foi provavelmente o abominável *Casa di bambola* [Casa das bonecas], escrito por um ex-deportado; infelizmente, nenhuma lei do espírito humano prescreve que todos os que tenham vivido uma experiência, ainda que seja essa terrível e fundamental, contem com instrumentos espirituais que capacitem a entendê-la, julgá-la, entender seus limites e transmiti-la. *Casa di bambola* descreve um bordel num campo de concentração. Como acessório marginal, e não especialmente trágico, existiam bordéis em alguns campos de concentração: deles se alimentaram alguns bandos de corvos,

---

* Em português há uma edição com o título *A centelha da vida*, Europa-América, 1963, 1997, trad. José Saramago. (N. T.)

A assimetria e a vida

enchendo as telas de meio mundo com uma avalanche de filmes indecentes, segundo os quais todos os campos de concentração femininos, em vez de serem locais de sofrimento, morte e amadurecimento político, não passavam de teatros de sadismo refinado (e nem sempre refinado).

Minha desconfiança se atenuou quando fiquei sabendo dos índices de audiência da minissérie nos Estados Unidos, na França, em Israel, na Alemanha e na Áustria. Por si só, índice de audiência elevado não prova muita coisa: prova, no máximo, que o público se interessou pelo espetáculo, mas não diz nada sobre sua qualidade. Mas soube-se que, após o término de cada capítulo, os canais transmissores foram inundados por dezenas de milhares de telefonemas; que a transmissão deu ensejo a debates aprofundados (de um deles, que durou várias horas na Alemanha, participou o chanceler Helmut Schmidt); que nos Estados Unidos, apesar da distância geográfica e ideológica dos acontecimentos, foi publicado um guia-comentário destinado às escolas, com bibliografia acurada. Portanto, devia tratar-se de algo mais do que um simples entretenimento; o espectador, de algum modo e em algum nível, devia estar envolvido.

Então procurei assistir a *Holocausto* com olhar de espectador neutro, não envolvido, mas também não prevenido, "defendendo-me" na medida do possível de minhas reações de ex-deportado, e acho que consegui. Descontadas minhas emoções pessoais, que existiram, alijados e apagados os momentos de identificação violenta com alguns dos personagens, posso dizer que a minissérie é decente e quase inteiramente de bom nível; sobretudo, não abusa do material candente com o qual foi construída: os autores perceberam a medida certa e não cederam às solicitações do macabro, do torpe e do hediondo, embora o hediondo, notoriamente, "compense". É visível neles a preocupação de não cair no estereótipo, é a busca de conferir individualidade aos personagens. No entanto, é insuficiente ou inadequada a espessura histórica da trama, e aí o discurso se torna mais complicado.

Primo Levi

São longínquas e complexas as raízes do nazismo, do antissemitismo nazista e do antissemitismo popular paralelo, mas diferente, dos russos e dos poloneses (ao qual o filme alude com frequência): não é possível compreendê-las sem remontar à pregação dos filósofos alemães do século XIX, à história atormentada dos judeus na Europa desde a destruição do segundo templo, às doutrinas teológicas difundidas pelas Igrejas Católica, Ortodoxa e Protestante.

Não se pode entender Hitler sem saber nada sobre a ferida que a derrota de 1918 causou no orgulho alemão, sobre as subsequentes tentativas revolucionárias, sobre a desastrosa inflação de 1923, sobre as violências dos "Corpos Francos", sobre a vertiginosa instabilidade política da República de Weimar. Não pretendo dizer que tudo isso é suficiente para entender o hitlerismo, mas certamente é necessário, e a minissérie televisiva não alude a tais coisas: o espectador sai com a impressão de que o nazismo brotou do nada, obra demoníaca de fanáticos frios como Heydrich ou de facínoras sinistros com a suástica na manga, ou então foi fruto de alguma malvadeza intrínseca e vaga dos alemães. Ausência simétrica de motivações políticas e simplificação análoga parecem poder ser identificadas no episódio da revolta no gueto de Varsóvia: essa luta memorável e desesperada, que não será esquecida pelos séculos afora, que na minissérie televisiva atinge um nível de altíssima tensão, não era apenas uma tentativa heroica de reafirmar a dignidade do povo vítima; era o desenvolvimento de um sofrimento antigo e multíplice, ali voltavam à tona a virtude estoica dos defensores de Massada contra as poderosíssimas legiões de Tito, o ímpeto milenarista e messiânico do primeiro sionismo e a interpretação dos textos marxistas por parte do proletariado judeu de Varsóvia, duplamente oprimido, como proletariado e como judeu.

Por outro lado, não é justo pretender demais. A ferocidade e a incomensurabilidade do holocausto desejado pelos nazistas, traduzidas em muitas cenas com um realismo perturbador,

A assimetria e a vida

continham em si um enigma que nenhum historiador até agora decifrou, e isso explica o motivo da chuva de telefonemas nos canais de televisão dos países onde a minissérie foi transmitida até agora. Eram, na maioria, espectadores que perguntavam o "porquê", e esse é um porquê gigantesco e tão antigo quanto o gênero humano: é o porquê do mal no mundo, aquele que Jó pergunta inutilmente a Deus, ao qual se pode dar muitas respostas parciais: mas a resposta global, universal, capaz de aplacar o espírito, não é conhecida e talvez não exista. Pode-se explicar, e foi explicado por sociólogos, políticos e etologistas, por que as minorias são odiadas e perseguidas, e por que, especialmente, a minoria judia foi perseguida na Alemanha, mas não se pode explicar por que os nazistas se preocuparam em sair à caça até de velhos e moribundos, para transportá-los a Auschwitz atravessando meia Europa e lá reduzi-los a cinzas. Não se pode explicar por quê, na tragédia e no caos da guerra já perdida, os comboios de deportados tinham precedência aos transportes de tropas e munições. Sobretudo e para além de qualquer exemplo animalesco, ninguém até agora entendeu por que a vontade de eliminar o "adversário" era acompanhada pela vontade mais forte de fazê-los passar pelos mais atrozes sofrimentos imagináveis, de humilhá-lo, aviltá-lo, tratá-lo como besta imunda, aliás, como objeto inanimado. É realmente essa a característica sem-par da perseguição nazista, e parece-me que a minissérie televisiva se propôs a representá-la e substancialmente conseguiu.

Muito haveria para dizer sobre a formulação geral de *Holocausto* e sobre sua conformidade à verdade histórica. Talvez introduzidos de forma inconsciente, graças à poderosa vitalidade dos exemplos clássicos, ou talvez deliberadamente, é possível reconhecer elementos que parecem "citados" de origens ilustres. A revolta do gueto é uma página dos *Miseráveis*: não faltam as barricadas, nem Gavroche, nem a fuga pelo esgoto. O pequeno Peter, filho de Erik Dorf, quando vê o pai pela primeira vez com a farda da SS, chora

Primo Levi

e "espantado se encolhe ao pátrio aspecto"* como na *Ilíada* Astianax diante de Heitor, que volta armado do campo de batalha. A mulher de Erik, Marta, é implacável como Lady Macbeth ao incitar a ambição de seu ambíguo marido e a empurrá-lo de um crime a outro até o fim. Erik Dorf é o personagem central da trama, ou pelo menos o mais problemático e articulado, e a ele estão associadas duas ambições: a sua pessoal, de carreirista sem escrúpulos, consultor astuto e cruel e membro chantageável, mas temível, da elite nazista dividida por intrigas e invejas; e a ambição dos autores da minissérie televisiva, que se propuseram a modelá-lo como representação concreta, contraexemplar, emblemática, do homem alemão que, deslumbrado pelo mito nazista, perde a qualidade humana. Jovem advogado berlinense, frustrado, pobre e inseguro, Erik liga-se ao onipotente Heydrich: é fascinado por ele e mais ainda pelo poder que emana dele e que Erik quer compartilhar. Burocrata "confuso e inseguro", vive um conflito entre a educação moralista que recebeu e o fascínio pela autoridade ativa e passiva, mas rapidamente prevalece essa última, e Erik se torna um consultor fraudulento, aliás, "o" consultor da corte nazista. Depois da Noite dos Cristais, é ele que, lembrado de seus estudos de Direito, aconselha Heydrich a deixar que as seguradoras indenizem os judeus pelos enormes prejuízos, mas depois o governo "confiscará os pagamentos, pretextando que os judeus incitaram os tumultos e por isso não têm direito ao reembolso". Será dele a proposta de que os incêndios e destruições causados aos judeus sejam realizados por nazistas à paisana, e não fardados, porque precisam parecer espontâneos. Mais tarde, será ele também o inventor das conhecidíssimas perífrases com as quais se mascarava o extermínio, como "reassentamento" para dizer deportação, "solução final" para dizer

---

* Trata-se de um verso do canto VI da *Ilíada*. Levi cita uma tradução italiana de Vincenzo Monti. A tradução portuguesa aqui citada é de Manoel Odorico Mendes. (N. T.)

extermínio, "tratamento especial" para dizer morte pelo gás. Será sua a sugestão de usar Zyklon B nas câmaras de gás, ou seja, ácido cianídrico em vez de óxido de carbono. Também a ele é atribuída a esperança de conseguir convencer a opinião pública futura, por meio de astutos artifícios publicitários, de que nunca foi feito nenhum mal aos judeus. Arrasado pela derrocada militar da Alemanha e pela defecção de seus chefes, durante o interrogatório a que é submetido por um oficial americano Erik se matará engolindo um comprimido de veneno. Ao longo de toda essa carreira de poder imundo e de servidão íntima, Erik, otimamente interpretado por Michael Moriarty, exprime esporádicos sobressaltos de humanidade, que culminam justamente com o suicídio. Aceitável no plano dramático, a figura de Erik parece prejudicada por sua impossibilidade histórica: minha impressão é de que nele se repete o erro de quem tende a concentrar as responsabilidades do nazismo numa pessoa ou em várias, ou então no Diabo, deixando de lado as causas históricas e a ampla aprovação por parte do povo alemão. Está claro que a intenção foi fazer dele um símbolo dos muitíssimos Eriks que constituíram a ossatura daquela Alemanha, mas é de se temer que muitos espectadores, vendo-o na tela ao lado de personagens históricos únicos como Himmler e Eichmann, acreditem que ele também é histórico e único.

Um ônus simbólico paralelo pesa sobre a família Weiss: são os judeus assimilados por excelência. O dr. Weiss, judeu de origem polonesa, sente-se profundamente integrado na sociedade alemã; diante das primeiras escaramuças raciais, tende a subestimá-las, dizendo que "tudo passará"; a mulher confirma: a Alemanha por acaso não é o país de Beethoven e de Schiller? Pianista refinada, buscará ilusório refúgio na música, enquanto ao seu redor, de 1935 a 1939, se desencadeia a barbárie nazista. Não tentarão emigrar: de etapa em etapa, através de uma heroica participação na revolta do gueto de Varsóvia onde o médico foi relegado, por ser de origem polonesa, seu destino será a morte nas câmaras de gás de Auschwitz. Em Auschwitz também morrerá Karl, seu primogênito: foi mandado para lá como punição por ter tentado deixar testemunho do gueto de Theresienstadt "para a memória futura" dos horrores que ali ocorriam. Anna, a filha mais nova, é violentada e enlouquece, desaparecendo em Hadamar, um dos sinistros "hospitais" onde os deficientes mentais eram secretamente mortos com gases tóxicos.

O único sobrevivente da família é Rudi: atleta que, pela natureza e pela educação, tem propensão a devolver golpe com golpe. Rudi não tolera a ideia de se deixar sufocar pela rede de perseguição. Foge para a Tchecoslováquia, depois para a Ucrânia; entra para um grupo de *partisans* judeus e (mesmo com repugnância) aprende a matar. Capturado, é levado para o campo de concentração de Sobibor: com um grupo de militares soviéticos, explode a cerca e recobra a liberdade, na qual nunca deixara de ter esperanças, ao contrário de sua família. Aceitará com prazer a tarefa de acompanhar à Palestina, como imigrantes clandestinos e furando o bloqueio inglês, cerca de doze crianças judias de Salônica, sobreviventes dos campos de concentração.

Muito se discutiu e muito ainda se discutirá sobre a veracidade dos fatos representados por *Holocausto*. São discussões fora de lugar: os fatos fundamentais são rigorosamente verídicos, documentados por inúmeras provas históricas, entre as quais se destacam as admissões dos responsáveis que foram capturados pelos Aliados e levados a juízo depois do fim das hostilidades. De resto, boa parte dos diálogos, das reuniões mais ou menos secretas dos dirigentes nazistas, das ordens secretas ou públicas, das proclamações, dos detalhes biográficos, é extraída de documentos de origem alemã ou fielmente reconstruída com base neles. Os autores não precisaram recorrer à fantasia: a Noite dos Cristais, a eliminação dos deficientes mentais, Buchenwald, Theresienstadt, a horrenda vala comum de Babi Yar, as mulheres em fila, na expectativa inconsciente (às vezes não inconsciente!) da morte pelo gás, a insurreição sem esperança dos judeus de Varsóvia, a revolta sangrenta e vitoriosa de Sobibor, tudo isso existiu e ocorreu

A assimetria e a vida

conforme representado. São verdades históricas, contestáveis apenas pelos culpados que ainda sentem o peso delas sobre os ombros ou pelos loucos incapazes de olhar a realidade de frente; e, como existem culpados e loucos, elas às vezes são ridiculamente contestadas. Sobre esse assunto não cabe dizer muitas palavras: que nos expliquem que fim levaram os 6 milhões de judeus que já não estavam presentes depois de 1945 e a questão será definida. Não resta muito que dizer sobre as inevitáveis imprecisões e ingenuidades da minissérie, como a barba muito bem-feita dos insurgentes, os casacos limpíssimos de Auschwitz, os ambientes do gueto surpreendentemente espaçosos: isso não decorre tanto de negligência, e sim de uma confiança remanescente dos cineastas na humanidade daqueles tempos e daqueles lugares.

É previsível que na Itália também se discutirá a conveniência de transmitir "horrores como esses" à vasta audiência da televisão. Será bom lembrar a quem não sabe e a quem prefere esquecer que o Holocausto se estendeu à Itália, embora isso tenha ocorrido quando a guerra já chegava ao fim e a maioria do povo italiano tenha se mostrado imune ao veneno racista. Cerca de 8 mil judeus, dos 32 mil a 35 mil então existentes no território italiano, foram deportados e só voltaram trezentos ou quatrocentos. As varejaduras ocorriam por ordem dos ocupantes alemães, mas com frequência eram executadas pela polícia e pelas milícias fascistas, e nem sempre a contragosto, porque a cada judeu capturado correspondia um prêmio em dinheiro. Por que calar?

Falei dessa minissérie mostrando discordância em alguns pontos, procurando ressaltar qualidades e deficiências, sem tentar esconder o emaranhado de comoção, desconforto e respeito que ela provocou em mim. Gostaria de acrescentar uma observação. A República de Weimar, da qual brotou o nazismo, caracterizava-se pela instabilidade política, pela violência galopante e por uma difusa esperança de solução messiânica e irracional, de intervenção do Herói necessário, salvador da Alemanha, que Nietzsche prognosticara. Paralelamente, a doutrina nazista tinha inculcado

Primo Levi

nas consciências uma certeza também irracional e bem mais nefasta: a de que todos os males da Alemanha e do mundo provinham de uma única origem, de um Superinimigo encarnação do mal, que era o povo judeu. Destruído esse bode expiatório, a Alemanha triunfaria. Ora, o bode expiatório foi de fato exterminado no Holocausto europeu, mas junto com os 6 milhões de judeus assassinados tombaram numa guerra cruel pelo menos 50 milhões de outros homens, mulheres e crianças, e mais de 10 milhões deles pertenciam ao povo alemão.

Le immagini di "Olocausto": dalla realtà alla TV, "Speciale del 'Radio corriere TV'", org. Pier Giorgio Martinelli, Eri, maio 1979, p.2-5.

A Europa no inferno

Do alto dos quarenta anos que nos separam de agosto de 1939, o estado de espírito e o comportamento que tínhamos então só podem causar espanto, inclusive a nós mesmos. Por "nós" me refiro à minoria judaica da Itália, que naquele tempo fora artificiosamente dividida por todo o país por obra das leis raciais, e havia dois anos era alvo de ininterrupta campanha propagandística, sendo ofendida, relegada às margens da sociedade, caluniada, humilhada. Trata-se, naturalmente, de um espanto anti-histórico, daquela espécie de ilusão de ótica de quando o futuro se tornou passado e achamos que *já então*, quando ainda era futuro autêntico, ele deveria apresentar-se decifrável e dedutível como o próprio passado: trata-se, justamente, da sabedoria retrospectiva e do fenômeno em virtude do qual, depois que as coisas foram feitas, todos se sentem retroativamente previdentes e acusam os outros de não o terem sido.

Quando penso na cegueira voluntária que impediu (e ainda impede) os alemães de sondar até o fundo o abismo escuro do nazismo, vislumbro uma analogia paradoxal com a cegueira paralela de muitas comunidades judias europeias: tanto os autores quanto as vítimas recusaram a verdade.

Primo Levi

Os motivos da recusa com certeza não eram os mesmos. Os alemães preferiram fechar radicalmente os olhos para não se sentirem corresponsáveis pelas culpas nazistas: negaram com obstinação as evidências até o fim da guerra, e alguns deles ainda as negam. Os judeus ameaçados pela invasão nazista se recusaram, em grande parte, a levar o perigo em consideração por razões muito diferentes, e diferentes de um país para o outro. Se nos limitarmos à situação italiana da época, poderemos afirmar que a pouca seriedade com que o governo fascista aplicara as leis raciais foi funesta para muitos: certos acenos de transigência, a indulgência facilmente comprada, as cumplicidades, as corrupções, tudo isso levou a maioria dos judeus italianos a achar que se continuaria indefinidamente daquele jeito, afirmando e negando, proibindo e concedendo, numa atmosfera de permissividade que se acentuava à medida que o fascismo ia perdendo credibilidade. Também não se pode negar certa lógica a esse modo de ver e prever: não era ilógico esperar que a Itália fascista, claramente despreparada para uma guerra, viesse a se comportar como de fato se comportou depois a Espanha de Franco, com prudência ambígua.

Havia outros motivos para esse desconhecimento proposital. A maioria dos judeus italianos não possuía os meios nem a coragem que é preciso ter para emigrar, e, como ocorre com frequência, o sentimento de impotência daí derivado era recalcado, ou melhor, distorcido: "não posso" virava "não quero", como ocorria com a raposa de Fedro diante das uvas inacessíveis. Além disso, a integração com a maioria católica era profunda e secular, e se resolvera numa aceitação recíproca talvez única no mundo moderno. Por fim, as notícias sobre as atrocidades contra os judeus, já em curso na Alemanha (os acontecimentos da Noite dos Cristais foram divulgados pela própria imprensa fascista), eram censuradas e recalcadas exatamente por causa de seu horror intrínseco, como fazem muitos em relação a doenças incuráveis.

Na época, eu só tinha 20 anos e era moral e politicamente despreparado: não fui capaz de combater essa perigosa cegueira nem

A assimetria e a vida

em mim mesmo nem nos outros, amigos e parentes. A notícia do pacto Ribbentrop-Molotov e as outras que chegaram imediatamente depois, da entrada da Inglaterra e da França na guerra, bem como do fulminante avanço alemão na Polônia, provocaram um despertar brutal e doloroso; só então percebemos que bem depressa poderíamos deixar de ser espectadores e nos tornar protagonistas, como resistentes ou como vítimas, o que de fato ocorreu logo depois do armistício de 8 de setembro de 1943. Lembro muito bem minha reação, irracional e simbólica, à notícia da guerra divulgada pelo rádio. Minha família, com meu pai gravemente doente, estava de férias em Valle di Lanzo. Decidimos voltar para Turim, mas eu, em vez de esperar o lentíssimo ônibus, agarrei a bicicleta e me precipitei pelas curvas da descida íngreme, como quem tenta fugir diante do destino.

La Stampa, 27 ago. 1979.

Com Anne Frank falou a história

A estratégia, ao que parece, é sempre a mesma. No ano passado "alguém" desencavou na França um professorzinho mal informado, muito ambicioso e meio esquisito, e o incumbiu de nobre missão: demonstrar que as câmaras de gás de Auschwitz nunca existiram, ou melhor, existiam sim, mas serviam só para matar piolhos; que toda a impressionante documentação sobre o genocídio nazista, mapas e objetos, memoriais e museus, tudo é obra de falsários; que, por conseguinte, todos os testemunhos de acusação são mentirosos. O argumento-chave do professorzinho era singular: afirmou-se que havia câmaras de gás em Oranienburg e Dachau; não havia; portanto, não havia em lugar nenhum, e a matança é uma invenção dos judeus.

Lemos agora que um aposentado de Hamburgo, de 76 anos, evidentemente encorajado por "alguém", deu-se o trabalho de mover um processo contra os editores do diário de Anne Frank, contestando sua autenticidade porque alguns trechos do famoso caderno encontrado no esconderijo foram escritos com esferográfica, portanto acrescentados depois, uma vez que em 1944 não existia esferográfica. A estratégia, como eu dizia, é a mesma: encontrar uma rachadura, enfiar uma lâmina e forçar; nunca se sabe, pode ser que o edifício venha abaixo, por mais robusto que seja. Ora, é perfeitamente possível que tenha sido feito algum acréscimo ao diário: trata-se de práticas editoriais correntes, embora filologicamente incorretas. Na intenção de quem as faz, servem, por exemplo, para esclarecer um nexo, preencher uma lacuna, elucidar o fundo histórico de um episódio. Sem dúvida deve-se reprovar o fato de os acréscimos não serem indicados; se não por outra razão, no mínimo porque abrem as portas para ações como a do aposentado de Hamburgo.

É uma ação asquerosa. O diário de Anne Frank comoveu o mundo por demonstrar por si sua autenticidade. O falsário capaz de criar do nada um livro como esse não pode existir: deveria ser ao mesmo tempo um historiador de costumes, atento aos mínimos detalhes da vida cotidiana num lugar e num tempo pouco conhecidos, um psicólogo experiente na reconstituição de estados de alma no limite do imaginável, e um poeta com a alma cândida e volúvel de uma menina de 14 anos.

Para afirmar que aquelas páginas foram estrategicamente forjadas é preciso ser muito obtuso ou estar de má-fé; mas, ainda que os especialistas do tribunal de Hamburgo tivessem declarado falso todo o diário, a verdade histórica não mudaria; Anne não voltaria à vida, com ela não ressuscitariam os milhões de inocentes que o nazismo quis matar. Talvez não por acaso essa ação sórdida, que traz à memória a imagem evangélica do argueiro e da trave, veio à tona só depois da morte do pai de Anne (também ex-prisioneiro) com quem cruzei em Auschwitz durante uns poucos minutos logo depois da libertação: estava procurando as duas filhas desaparecidas.

Ler sobre esse empreendimento hoje é duplamente alarmante, após "alguém" não ter hesitado em acabar com outras vidas despreocupadas e inocentes em Bolonha, depois em Munique, depois em Paris. A dimensão é outra, pelo menos por ora, mas o estilo e os objetivos são sempre os mesmos, e é a mesma a ideologia monstruosa que o mundo não soube nem quis erradicar.

La Stampa, 7 out. 1980.

Caçadores de mentiras para negar o Holocausto

Em Torrance, perto de Los Angeles, foi fundado um "Institute for Historical Review", cujo objetivo estatutário é a revisão da história oficial da Segunda Guerra Mundial. Sobre essa finalidade nada haveria que objetar se dos estatutos não se inferisse que essa revisão é de mão única: está preocupada apenas em negar ou minimizar os crimes do nazismo. Não surpreende ler que em Torrance ocorreu um seminário do qual participou um especialista no ramo, aquele professor Faurisson que tentou obstinadamente dar o que falar no ano passado, ao afirmar que as câmaras de gás de Auschwitz não mataram ninguém, aliás, foram construídas depois da guerra com o objetivo de difamar o regime nazista. O Instituto de Torrance recentemente instituiu um prêmio de 50 mil dólares que será dado a quem provar *irrefutavelmente* que os nazistas eliminavam judeus nas câmaras de gás.

É notável que se institua um prêmio como esse simultaneamente ao processo pelos fatos de Varese e à bomba da rua Copernic em Paris. É como se alguém gritasse: "Não houve matança, mas gostaríamos que tivesse havido e continuasse", ou correlativamente "Não houve matança, mas agora a estamos fazendo da melhor maneira possível", esperando que se acredite. Um pouco de coerência, poxa: se gostam do massacre, por que negam que

Primo Levi

tenha ocorrido? E, se não gostam, por que o imitam e fazem sua apologia?

Não é arriscado prognosticar que esse prêmio provocador ficará nas gavetas do Instituto. Para iniciativas desse tipo não é preciso ter muita coragem nem muito dinheiro: basta contar com imensa insolência e má-fé. Não haveria risco nem em instituir um prêmio de 50 milhões de dólares para quem demonstrasse "irrefutavelmente" que entre 1939 e 1945 foi travada uma guerra cruenta neste planeta; a quem se apresentasse com testemunhos, documentos, convites para inspeções, reclamando o prêmio, bastaria responder com argumentos análogos aos que foram teimosamente defendidos pelo precursor Faurisson. Que as Linhas Maginot e Siegfried nunca existiram: suas ruínas ainda existentes foram fabricadas há alguns anos por empresas especializadas, com base em planos fornecidos por cenógrafos condescendentes, e o mesmo se pode dizer dos cemitérios de guerra. Que todas as fotografias de época são fotomontagens. Que todas as estatísticas sobre as vítimas são falsas, obra de propaganda terrorista ou interesseira: na guerra ninguém morreu porque não houve guerra. Que todos os diários e memoriais publicados em todos os países envolvidos no pretenso conflito são mentirosos ou obra de desequilibrados, ou foram extorquidos com tortura e chantagem, ou então pagos. Que as viúvas e os órfãos de guerra são cúmplices comprados ou não passam de paranoicos.

O que não pode ser desmentido por um Instituto? Ariosto, que era entendido nisso, recomendava ironicamente aos príncipes que conservassem a amizade com escritores, poetas e historiadores, porque são eles os fabricantes da verdade. Quem quiser conhecê-la não deve confiar em Homero, que foi corrompido pelo *establishment* grego com doações de palácios e casas de campo:

> *E se a verdade queres conhecer!*
> *Deves a história de todo inverter;*
> *Troia venceu, a Grécia foi vencida,*
> *Penélope era mulher de má vida.*

A assimetria e a vida

É essa a verdade histórica que o Instituto de Torrance teria restabelecido se tivesse existido naquele tempo, e que pretende restabelecer hoje.

La Stampa, 26 nov. 1980.

Ao visitante

A história da deportação e dos campos de extermínio, a história deste lugar não pode ser separada da história das tiranias fascistas na Europa: entre os primeiros incêndios das Câmaras do Trabalho na Itália em 1921, as fogueiras de livros nas praças da Alemanha em 1933 e a chama nefanda dos crematórios de Birkenau há um nexo ininterrupto. É velha sabedoria, e Heine, judeu e alemão, já advertira: quem queima livros acaba queimando gente, a violência é uma semente que não se extingue.

É triste, mas obrigatório lembrar aos outros e a nós mesmos: a primeira experiência europeia de asfixia do movimento operário e de sabotagem da democracia nasceu na Itália. Foi o fascismo, desencadeado pela crise do primeiro pós-guerra, pelo mito da "vitória mutilada", e alimentado por antigas misérias e culpas; e do fascismo nasce um delírio que se estenderá, o culto do homem providencial, o entusiasmo organizado e imposto, todas as decisões dependentes do arbítrio de uma só pessoa.

Mas nem todos os italianos foram fascistas: testemunhas disso somos nós, os italianos que morremos aqui. Na Itália, antes que em qualquer outro lugar, nasceu ao lado do fascismo outro fio nunca cortado, o antifascismo. Testemunhas disso, além de nós, são todos aqueles que combateram o fascismo e sofreram por

Primo Levi

causa do fascismo, os mártires operários de Turim de 1923, os presos, confinados e exilados, e nossos irmãos de todas as vertentes políticas que morreram por resistirem ao fascismo restaurado pelo invasor nacional-socialista.

Conosco também são testemunhas outros italianos, os que tombaram em todos os *fronts* da Segunda Guerra Mundial, combatendo a contragosto e desesperadamente um inimigo que não era inimigo deles e percebendo o engano tarde demais. Também eles são vítimas do fascismo: vítimas inconscientes. Nós não fomos inconscientes. Alguns de nós eram *partisans* e combatentes políticos: foram capturados e deportados nos últimos meses da guerra e morreram aqui, enquanto o Terceiro Reich cambaleava, morreram atormentados pelo pensamento da libertação tão próxima.

A maioria de nós era de judeus: judeus provenientes de todas as cidades italianas e também judeus estrangeiros, poloneses, húngaros, iugoslavos, tchecos, alemães, que na Itália fascista, forçada ao antissemitismo pelas leis raciais de Mussolini, haviam encontrado a benevolência e a gentil hospitalidade do povo italiano. Eram ricos e pobres, homens e mulheres, sadios e doentes.

Havia crianças entre nós, muitas, e havia velhos às portas da morte, mas todos fomos carregados como mercadoria em vagões, e nosso destino, o destino de quem transpunha os portões de Auschwitz, foi o mesmo para todos. Nunca, nem nos séculos mais trevosos, tinham sido exterminados seres humanos aos milhões, como insetos nocivos, mandados para a morte crianças e moribundos. Nós, filhos de cristãos e judeus (mas não gostamos dessas distinções) de um país que foi civilizado e voltou a ser civilizado depois da noite do fascismo, nós somos testemunhas disso, aqui. Neste lugar, onde nós, inocentes, fomos mortos, chegou-se ao fundo da barbárie. Visitante, observa os vestígios deste campo e medita: seja qual for o país de onde venhas, não és um estranho. Não permitas que tua viagem tenha sido inútil, que seja inútil nossa morte. Que para ti e para teus filhos as cinzas de Auschwitz sirvam de advertência: não permitas que o fruto horrendo do ódio,

A assimetria e a vida

cujos vestígios viste aqui, produza nova semente, nem amanhã nem nunca.

Texto publicado para a inauguração do Memorial em honra dos italianos mortos nos campos de extermínio nazistas. Fascículo editado pela Associação Nacional dos Ex-Deportados políticos para os campos de extermínio nazistas, abr. 1980.

Os temerários do Gueto

A Varsóvia de hoje não revela ao visitante apressado o profundo mal-estar que mina o país. É uma cidade moderna, alegrada pelo verde, com moradias decentes e funcionais, limpa, organizada, com belas avenidas percorridas por transportes públicos eficientes e por poucos automóveis (de fato, muitos cidadãos invejam o tráfego caótico de nossas cidades).

Mas é uma cidade artificial: a Varsóvia dos anos 1930 foi quase totalmente destruída; pelos bárbaros bombardeios aéreos com que os alemães iniciaram a invasão do país sem aviso prévio, em 1939, e depois, de maneira assustadora, durante a insurreição nacionalista de agosto de 1944. O tecido urbano dilacerado foi reconstruído em tempos de paz com a ajuda financeira dos soviéticos, que, no entanto, parados na outra margem do Vístula, tinham deixado para os alemães o serviço sujo de liquidar as Forças Armadas nacionais polonesas, de que eles pouco gostavam.

Nesta cidade nova há um lugar singular. No bairro de Muranow, ocupando um espaço modesto e tendo ao fundo um plano anônimo de casas populares, ergue-se o monumento aos heróis do Gueto: uma pirâmide truncada com ornamentações um tanto ingênuas e retóricas em alto-relevo; mas a retórica é parte integrante

Primo Levi

dos monumentos, não existe monumento que não pareça retórico depois de uma ou duas gerações.

No entanto, o estado de espírito do visitante muda de repente quando ele medita sobre os fatos que aquele monumento recorda. Na cidade tantas vezes destruída, Muranow foi mais que destruído: foi literalmente arrasado, transformado num deserto de pedras despedaçadas, entulho e tijolos.

Contra esse bairro investiu o gênio germânico da destruição porque lá era a sede do gueto e porque lá, há exatos quarenta anos, ocorreu um fato que deveria ter deixado o mundo atônito, se o mundo então tivesse sabido. Em abril de 1943, no primeiro dia da Páscoa judaica, um núcleo de judeus trancafiados no gueto declarou guerra à Grande Alemanha, começou uma revolta armada, venceu incrivelmente a primeira batalha e foi exterminado.

No mosaico das Resistências europeias, a luta do Gueto de Varsóvia ocupa um lugar único. Aqueles insurgentes não tinham nenhuma retaguarda, não esperavam ajuda nem da terra nem do céu, não tinham aliados: ao contrário, viviam havia anos em condições deploráveis. Da área restrita do gueto, cercada por um muro alto, todos os poloneses cristãos tinham sido obrigados a sair; em seu lugar haviam sido estabelecidos primeiramente os 140 mil judeus de Varsóvia, depois, aos poucos, os outros judeus provenientes de outras cidades; em janeiro de 1941 a superfície do gueto fora ainda mais reduzida, enquanto o número de habitantes ultrapassava meio milhão.

O apinhamento era medonho: de sete pessoas por aposento passou-se a dez, depois a quinze. As ruas estavam permanentemente lotadas por uma multidão desesperada, irrequieta, mas sobretudo faminta: as rações alimentares eram inferiores à metade do mínimo vital, mais baixas até do que as dos campos de concentração. Pular o muro era ação punida com fuzilamento, mas muitos, em especial as crianças, se arriscavam a morrer todos os dias, contrabandeando para o gueto alimento comprado no mercado negro, na parte cristã da cidade.

A assimetria e a vida

Contudo, naquela cidadela empestada pelo fedor dos cadáveres que todas as manhãs jaziam às centenas pelas ruas, infestada por ratos e por epidemias, aterrorizada pelas razias da SS, funcionavam escolas, bibliotecas, sinagogas, enfermarias, associações de socorro mútuo. Funcionavam também fábricas cujos produtos eram destinados às Forças Armadas alemãs: os operários, homens e mulheres, eram coagidos a cumprir horários extenuantes com pagamentos irrisórios, mas o trabalho também era ambicionado por ser o único modo de ficar a salvo (temporariamente!) das deportações "para o leste".

Os cartazes afixados nas esquinas falavam de campos de trabalho agrícola, mas logo se ficou sabendo que se tratava de campos de extermínio total, Treblinka e Belzec. Mas, a despeito das inspeções alemãs, das represálias e dos espiões, também funcionava um embrião de estrutura militar, constituída quase inteiramente por jovens sionistas.

Sua experiência de combate era quase nula, e o armamento risível: poucos revólveres, fuzis e metralhadoras, em parte obtidos pelas organizações da clandestinidade polonesa, em parte comprados a preços escorchantes no mercado negro, em parte arrancados dos alemães em temerários ataques-surpresa, em parte ainda fabricados peça a peça, com absurda paciência, nas oficinas--caserna que trabalhavam para os alemães.

Faltava-lhes, sobretudo, o que deu forças às outras Resistências, a esperança realista de vencer o inimigo e sobreviver, se não todos pelo menos alguns, para construir um mundo melhor. Mas os defensores do gueto não tinham nenhuma possibilidade de salvar-se e sabiam disso: só podiam escolher entre dois modos de morrer.

Em 18 de abril de 1943 soube-se que os alemães estavam preparando uma deportação em massa. No dia seguinte, cerca de mil milicianos da SS que entraram no gueto foram recebidos com tiros e barris incendiários, retirando-se desordenadamente. O comandante alemão foi substituído de imediato e, pelos relatórios de seu sucessor, o general Stroop, pode-se calcular o desnível moral entre os contendores: cada linha destila o desprezo *a priori* pelo desesperado heroísmo dos judeus.

O fato de estes saberem combater e naquelas condições é algo que supera a capacidade mental de Stroop, para quem os adversários não passam de "assassinos e bandidos". Stroop descreve sem nenhum frêmito de vergonha, em sua prosa de burocrata, os judeus que preferem se atirar das sacadas a se renderem, as mulheres que "usavam revólveres com as duas mãos": não conseguia entender que, enquanto seus homens lutavam por obediência cega às ordens recebidas, cada um de seus adversários tinha feito uma escolha individual sobre-humana.

O combate desigual arrastou-se por mais de um mês, para surpresa dos alemães, provocando ilimitado furor em Hitler e Goebbels. Em 16 de maio, Stroop declara que a "grande ação" está terminada, mas na realidade, escondidos entre as ruínas, aninhados em bueiros, porões, sótãos, uma centena de judeus lutou ainda esporadicamente até dezembro. Pouquíssimos defensores do gueto se salvaram e se uniram a grupos de *partisans*.

Com quarenta anos de distância, num mundo cada vez mais inquieto, não queremos que o sacrifício dos insurgentes do Gueto de Varsóvia seja esquecido. Eles demonstraram que, mesmo onde tudo está perdido, ao ser humano é concedida a possibilidade de salvar sua dignidade e, com ela, a das gerações vindouras.

La Stampa, 17 abr. 1983.

O faraó com suástica

Em 1943, eu já estava formado em Química e trabalhava em Milão. Morava numa espécie de comunidade (mas na época não se usava esse nome) de jovens judeus economicamente independentes, que tinham em comum fortes interesses intelectuais e uma aversão ao fascismo que era mais irônica do que violenta.

Fazia quatro anos que as leis raciais fascistas nos haviam expulsado do contexto da sociedade e éramos rotulados de biologicamente inferiores; não passava dia sem que os jornais e as revistas nos definissem como alheios à tradição do país, diferentes, nocivos, abjetos, inimigos.

Os judeus tinham sido alijados de todos os empregos estatais, do magistério, da administração, das Forças Armadas; os médicos e os advogados judeus não podiam ter clientes "arianos"; nenhum judeu podia possuir aparelho de rádio, contratar empregada cristã, administrar empresa industrial, ter terrenos, publicar livros.

A enfiada de calúnias e proibições, algumas cruéis, outras absurdas, todas amargas e lesivas, prolongava-se de mês em mês. Como se defender? Reunindo-nos, cultivando a amizade dos muitos arianos antifascistas ou não fascistas, esforçando-nos por rir e ignorar o futuro.

Primo Levi

Éramos todos de famílias burguesas; nenhum de nós tinha herdado a semente da resistência ativa e da revolta; nenhum de nós sabia manejar armas. À luz da sabedoria retrospectiva, éramos inconscientes, ineptos e mal informados: assim era, aliás, a enorme maioria dos italianos.

Eu mesmo fico espantado quando lembro que, em agosto de 1943, mês tão cheio de tragédias, tiramos férias nas montanhas sem grandes preocupações com o futuro. Sobre esse futuro não acreditávamos poder exercer nenhuma influência; em relação à Itália fascista sentíamos uma sombra de ressentimento indolente, de desforra: a Itália nos expulsara? Pois bem, que corresse ao encontro de seu destino, fosse ele qual fosse, mas sem nós.

De resto, tínhamos falado com amigos antifascistas mais velhos e experientes do que nós, e eles tinham nos tranquilizado. Caramba, Badoglio não era nenhum imprevidente, havia um monte de divisões blindadas em Brennero, e nas outras passagens, mesmo que a Itália tivesse pedido o armistício aos Aliados, os alemães não poderiam entrar, e os que já estavam na Itália teriam ficado atravancados. Nada de medo, havia uma paz em separado, e os Aliados chegariam aos Alpes num piscar de olhos. Partimos de Milão durante um violento bombardeio, e para passar as férias com a consciência tranquila dos fatalistas. Em 8 de setembro já tínhamos voltado para a cidade. A notícia do armistício nos encheu de tola alegria: pronto, era a paz, e com a paz o retorno a leis justas, à igualdade, à fraternidade; nem Hitler, diante da enorme brecha que se abrira em seu *front* sul, poderia aguentar por muito tempo.

A guerra, portanto, estava para acabar, e com a guerra acabariam o fascismo e o nazismo, a discriminação, a humilhação e a escravidão. Nosso estado de espírito era como o de nossos longínquos antepassados depois da fuga do Egito, depois que as águas do Mar Vermelho se fecharam sobre os carros de guerra do faraó. Alguns se apressaram a fazer projetos: poderíamos recomeçar os estudos interrompidos, aspirar a profissões que nos tinham sido negadas.

A assimetria e a vida

Alegria e projetos duraram pouco. As notícias se sucediam em ritmo frenético: o rei e Badoglio fugidos de Roma sem deixarem nenhuma ordem para as Forças Armadas; os militares italianos desarmados pelos alemães, postos às centenas de milhares em trens blindados e deportados para a Alemanha; Mussolini libertado com ridícula facilidade de sua prisão em Gran Sasso.

A Alemanha não estava morta nem moribunda: apenas três dias depois do armistício, a serpente verde-cinzenta das divisões nazistas tinha invadido as ruas de Milão e de Turim. A comédia estava acabada, a Itália era um país ocupado, assim como a Polônia, a Iugoslávia, a Noruega.

Durante os 45 dias do governo Badoglio, alguns de nós tivemos contatos políticos confusos com o Partito d'Azione [Partido de Ação], recém-saído da clandestinidade, mas faltara tempo para organizar uma rede de resistência política e militar. Sem ideias claras, saí de Milão, encontrei-me com minha família que se refugiara nas colinas turinesas, depois subi para Val d'Aosta com amigos.

A situação era desesperadora, e o espetáculo, inesquecível: parcelas das tropas italianas que tinham ocupado o sul da França refluíam em desordem para a Itália através de todas as passagens; poucos militares haviam podido ou desejado ficar com as armas, todos procuravam ansiosamente trajes civis. Evitavam as ferrovias e as estradas do fundo do vale, marchavam interminavelmente por trilhas do alto, de aldeia em aldeia, como rebanho sem pastor. Estavam cansados, com o moral baixo, com fome: pediam pão, leite, polenta e não queriam mais do que voltar para casa, nem que fosse percorrendo toda a extensão dos Alpes. Estavam fartos da farda que ainda vestiam: de que servia? De nada, só para fazê-los cair nas mãos dos alemães.

Passei algumas semanas indeciso. Contribuir com a luta contra os nazistas era um dever imperioso: eram meus inimigos, inimigos da humanidade, agora também inimigos da Itália, e a Itália, fascista ou não, continuava sendo meu país. Por outro lado, minha experiência conspirativa e militar era nula: não estava preparado

Primo Levi

para combater, atirar, matar, nunca tinha aprendido, eram coisas que estavam muito longe de tudo o que eu fizera ou pensara até então. Mas depois encontrei outros jovens, pouco mais experientes do que eu, porém mais decididos; tínhamos poucas armas, dinheiro nenhum e escassos contatos organizacionais, mesmo assim nos declaramos *partisans "in pectore"*. Armas encontraríamos, dinheiro também, e experiência se ganha na ação.

Em tempo de guerra, imperícia e imprudência custam caro. No vale, falava-se de nosso pequeno grupo muito mais do que merecíamos. Certamente os fascistas da República recém-nascida deviam ter nos superestimado, porque vieram trezentos deles nos pegar, ao passo que éramos apenas onze, e quase desarmados. Nem tentamos nos defender, e minha história de *partisan* acabou prematuramente num desfiladeiro sepultado pelas primeiras neves: dali fui levado como prisioneiro para Aosta, e de Aosta, identificado como judeu, para o campo de concentração de Auschwitz.

La Stampa, 9 set. 1983.

Prefácio a Uomini ad Auschwitz,* de H. Langbein

A literatura sobre campos de concentração nacional-socialistas pode ser dividida *grosso modo* em três categorias: diários ou memoriais de deportados, suas elaborações literárias, obras sociológicas e históricas. O livro aqui apresentado pertence a essa última categoria, mas se distingue nitidamente de todas as obras até agora publicadas sobre o assunto por seu extremo esforço de objetividade. O fato de ter sido escrito tardiamente (só em 1972) foi benéfico, pois lhe possibilitou um distanciamento e uma serenidade de julgamento que teriam sido impossíveis nos anos do imediato pós-guerra, quando, como é compreensível, prevalecem a surpresa, a indignação e o horror.

O título original, *Menschen in Auschwitz*, é expressivo e resume os pressupostos e a especificidade da obra, uma vez que em alemão *Mensch* é ser humano. É significativo o pormenor que o próprio autor expõe em sua introdução: o estímulo definitivo para a redação desse livro demoradamente meditado veio-lhe da comparação entre o enfermeiro Klehr de Auschwitz, autodenominado médico, "onipotente, terror do hospital" cujos horríveis delitos são

---

* O título original desse livro de Hermann Langbein é *Menschen in Auschwitz*, Europa Verlag, 1972. (N. T.)

131

mencionados no texto, e o Klehr envelhecido, detento grosseiro e ignorante, que Hermann Langbein encontrou por ocasião do grande processo de Auschwitz, concluído em Frankfurt em 1965. Então o desenho nebuloso ganha contornos precisos: Langbein, outrora combatente político em Viena e na Espanha, prisioneiro em Dachau, Auschwitz e Neuengamme (mas também ativo no campo de concentração, como integrante do "Grupo de Combate Auschwitz", organização secreta de autodefesa), comunista convicto que saiu do partido depois dos fatos da Hungria em 1956, decidirá enfrentar um problema que incute medo: não só descreverá Auschwitz, mas procurará esclarecer para si mesmo, para os contemporâneos e para as gerações futuras quais foram as fontes da barbárie hitlerista e como os alemães puderam dar-lhe apoio e segui-la até suas consequências mais extremas. Visto que Auschwitz é obra do homem, e não do demônio, moverá os infernos: sondará até o fundo o comportamento humano em Auschwitz, o das vítimas, o dos opressores e o de seus cúmplices, durante a existência do campo de concentração e depois.

O tema do livro, portanto, é Auschwitz, *anus mundi*, campo de concentração exemplar e completo, fruto da experiência acumulada em quase dez anos de terror hitlerista; e de fato esse livro, cujo autor se abeberou em recordações pessoais e em numerosíssimas outras fontes, contém tudo o que se poderia desejar saber sobre o campo de concentração: história e geografia, consistência numérica, sua complexa sociologia, instalações da morte, enfermarias, regras, exceções às regras, os poucos modos de sobreviver e os muitos de morrer, nomes dos comandantes; mas é o "observatório" especial de Langbein que torna essa obra única sob muitos aspectos, aumentando seu alcance e sua universalidade.

É um observatório tríplice. Langbein, homem corajoso e hábil, foi ao mesmo tempo membro do movimento clandestino de resistência dentro de Auschwitz e secretário do dr. Wirths, médico, um dos mais poderosos oficiais da SS encarregada do campo; a seguir, depois da libertação, teve acesso aos autos dos mais importantes processos contra pequenos e grandes funcionários, muitos dos quais conhecera antes, no exercício de suas respectivas funções. Por essas três vias, pôde obter imensa quantidade de dados e dedicou o resto da vida ao estudo do ser humano obrigado a viver em condições extremas. Assim vivem os prisioneiros dentro do arame farpado, mas assim também vivem os componentes da constelação dos algozes, os que chegaram, voluntariamente ou não, aos extremos limites do que um homem pode cometer ou sentir. Sobre eles Langbein se debruça, com severa curiosidade, não só para condená-los ou absolvê-los, mas num desesperado esforço para entender como se pode chegar a tanto. Talvez seja o único dos historiadores modernos que dedicou tanta atenção a esse tema. Sua conclusão é inquietante. Os grandes responsáveis também são *Menschen*; a matéria-prima que os constitui é a nossa, e para transformá-los em frios assassinos de milhões de outros *Menschen* não foi preciso muito trabalho nem uma autêntica coação: bastaram alguns anos de escola perversa e a propaganda do dr. Goebbels. Salvo exceções, não são monstros sádicos, são pessoas como nós, seduzidos pelo regime por serem medíocres, ignorantes ou ambiciosos. Poucos também são os nazistas fanáticos, pois o período que Langbein passa em Auschwitz, o "mais denso de acontecimentos", de 1942 a 1944, também é o período do declínio da estrela de Hitler diante das derrotas militares.

Langbein estuda a vida desses ministros da morte antes do início do "serviço", durante e depois, e daí resulta um quadro bem diferente do que foi construído pela propaganda do regime e do descrito pela historiografia folclórica do pós-guerra e dos filmes de vertente sadonazista. A SS do campo de concentração não era formada por super-homens leais ao juramento de fidelidade nem por feras fardadas, mas por sórdidos indivíduos insensíveis e corruptos que preferiam de longe a vigilância nos campos de concentração à "glória" da batalha, que estavam preocupados em enriquecer surrupiando coisas dos armazéns e cumpriam seu abominável ofício mais com indiferença obtusa do que com convicção

Primo Levi

ou prazer. O nacional-socialismo tinha atuado em profundidade, apagando neles, desde a juventude, os impulsos morais normais e dando-lhes em troca um poder de vida e morte para o qual não estavam preparados e que os embriagava. Tinham enveredado, conscientemente ou não, por um caminho arriscado, o caminho da deferência e do consentimento, que é sem retorno. O totalitarismo, todo totalitarismo, é uma estrada larga que leva para baixo; o alemão, como diz Langbein, era "um caminho do qual, passo após passo, se tornava cada vez mais difícil retornar, caminho que por fim levara a Auschwitz". E pouco depois:

> O ensinamento de Auschwitz é que já o primeiro passo, ou seja, adaptar-se a um tipo de sociedade que quer dominar totalmente os homens, é o mais perigoso. Quando um regime desses abraça a ideia de aniquilar "seres inferiores" — não é necessário que sejam judeus ou ciganos —, quem usa sua farda (que pode ter como divisas até símbolos diferentes das runas e das caveiras da SS) tornou-se seu instrumento.

Outro ensinamento — poderíamos acrescentar — é que julgar é preciso, mas difícil. A enormidade dos fatos que esse livro conta nos impele imperiosamente a tomar posição, tanto em relação aos grandes criminosos nazistas quanto a seus colaboradores, até a faixa cinzenta dos *Kapos* e dos prisioneiros honrados com algum posto. Ora, é próprio aos regimes despóticos restringir a liberdade de escolha dos indivíduos, tornando ambíguos seus atos e paralisando nossa faculdade de julgamento. A quem cabe a culpa do mal cometido (ou que se permitiu que fosse cometido)? Ao indivíduo que se deixou convencer ou ao regime que o convenceu? A ambos, claro: mas em que medida é algo que deve ser julgado com extrema cautela e caso a caso; e isso exatamente porque nós não somos totalitários, e as rotulagens genéricas, de que os regimes totalitários tanto gostam, é coisa que nos repugna. Esse livro é uma vasta antologia de casos humanos complexos, e está repleto

A assimetria e a vida

de convites (um, justificado, feito a mim) para recusar generalizações fáceis: em Auschwitz, nem todos os "criminosos" marcados com o triângulo verde se comportaram como criminosos; nem todos os "políticos" se comportaram como prisioneiros políticos e nem todos os alemães confiavam na vitória alemã. Não por acaso o livro começa com a citação: "Só quem ficou ali encerrado pode saber o que foi Auschwitz. Ninguém mais". Mas Langbein, interrogador atento e compreensivo dos muitos casos de consciência, transforma-se em rigoroso e tenaz acusador diante das culpas comprovadas e é crítico severo dos pretextos e das mentiras que os culpados alegaram em defesa própria.

De H. Langbein, *Uomini ad Auschwitz*, Milão, Murala, 1984, p.5-7.

Por que rever essas imagens

Em muitas ocasiões nós, sobreviventes dos campos de concentração nazistas, percebemos como é pequena a utilidade das palavras para descrever nossa experiência. Elas não funcionam bem por uma questão de "má recepção", porque vivemos na civilização da imagem gravada, multiplicada e teletransmitida, e o público, em especial o jovem, está cada vez menos propenso a fruir a informação escrita; mas não funcionam bem também por um motivo diferente, por "má transmissão". Em todas as nossas narrativas, verbais ou escritas, são frequentes expressões como "indescritível", "inexprimível", "as palavras não bastam para...", "seria preciso uma nova linguagem para...". Essa de fato era nossa sensação de todos os dias quando estávamos lá: se voltássemos para casa e quiséssemos contar, faltariam palavras: a linguagem de todos os dias é adequada para descrever as coisas de todos os dias, mas aqui é outro mundo, aqui seria necessária uma linguagem "do outro mundo", uma linguagem nascida aqui.

Com esta exposição tentamos adotar a linguagem da imagem, conscientes de sua força. Como todos podem ver, trata-se de fotografias estudadas, mas não retocadas, não "artísticas"; retratam os campos de concentração, em especial Auschwitz, Birkenau e a sinistra beneficiadora de arroz de San Sabba, do modo como se

Primo Levi

apresentam hoje ao visitante. Parece-me que demonstram o que é afirmado pela teoria da informação: uma imagem, na mesma superfície, "conta" vinte, cem vezes mais do que a página escrita e, além disso, é acessível a todos, mesmo ao letrado, mesmo ao estrangeiro; é o melhor esperanto. Não são observações novas, Leonardo da Vinci já as formulara em seu *Tratado de pintura*; mas, aplicadas ao universo inefável dos campos de concentração, ganham significado mais forte. Mais e melhor do que a palavra, reproduzem a impressão que o visitante tem diante dos campos, estejam eles bem ou mal conservados, transformados ou não em meca ou santuário; e o estranho é essa impressão ser mais profunda e perturbadora em quem nunca esteve lá do que em nós, seus poucos sobreviventes.

Em muitos de nós, a comoção reverente é sobrepujada ainda hoje pelo velho trauma, pela brasa da lembrança, portanto pela necessidade de recalcar. Se no momento da libertação nos perguntassem: "O que querem fazer com esses barracões infectos, essas cercas sinistras, as privadas coletivas, os fornos, as forcas?", acredito que a maioria teria respondido: "Acabem com tudo. Derrubem tudo, arrasem tudo, junto com o nazismo e com tudo o que seja alemão". Teríamos dito isso (muitos responderam assim com atos, derrubando o arame farpado, incendiando os barracões) e estaríamos errados. Não eram horrores para ser apagados. Com o passar dos anos e das décadas, aqueles restos não perdem nada de seu significado de monumento-advertência; ao contrário, ganham. Ensinam melhor do que qualquer tratado ou memorial como era desumano o regime hitlerista, até em suas escolhas cenográficas e arquitetônicas: na entrada do campo de Birkenau, aqui tão bem retratado na monotonia da neve e na nudez atemporal da paisagem, lê-se um "abandonem a esperança", frase de Dante, e nada melhor que a imagem poderia traduzir a obsessão repetitiva das lâmpadas que iluminam a terra de ninguém entre a cerca elétrica e o arame farpado. Diferentes, mas não menos sugestivas, são as fotografias da beneficiadora de arroz. Era nada mais, nada

A assimetria e a vida

menos que isso, um edifício para o processamento de arroz, construído nos tempos em que grande parte do cereal importado do Extremo Oriente era desembarcada em Trieste; mas na transformação daquela fábrica em lugar de tortura identifica-se uma fantasia teatral e maligna. Não deve ter sido casual a escolha daqueles muros altíssimos, maciços e cegos. Visitá-la hoje ou observar suas imagens aqui reproduzidas nos traz à memória que, além de ter sido um megalomaníaco fanático, Hitler também era um arquiteto frustrado, que a cenografia dos desfiles grandiosos era parte essencial do ritual nazista (e de sua atração para o povo alemão), e que Speer, aquele gênio ambíguo da organização e arquiteto oficial do Reich Milenar, foi o mais íntimo confidente do *Führer* e organizador da feroz exploração da mão de obra gratuita fornecida pelos campos de concentração.

Triangolo Rosso, n. 3-4, mar.-abr. 1985.

Prefácio a Comandante em Auschwitz, de R. Höss

Em geral, quem aceita escrever o prefácio de um livro o faz porque acha o livro bom: leitura agradável, nível literário nobre, capaz de despertar simpatia ou pelo menos admiração por quem o escreveu. Este livro está no extremo oposto. Está cheio de infâmias contadas com uma obtusidade burocrática espantosa; sua leitura oprime, seu nível literário é medíocre, e seu autor, a despeito dos esforços de defesa, mostra-se tal qual é, um canalha estúpido, prolixo, grosseiro, cheio de arrogância e por vezes claramente mentiroso. Mesmo assim, essa autobiografia do Comandante de Auschwitz é um dos livros mais instrutivos já publicados, porque descreve com precisão uma trajetória humana a seu modo exemplar: numa atmosfera diferente daquela em que lhe calhou crescer, segundo todas as previsões Rudolf Höss teria se tornado um funcionário inexpressivo qualquer, leal à disciplina e amante da ordem: no máximo, um carreirista com ambições moderadas. No entanto, passo a passo, foi se transformando num dos maiores criminosos da história humana.

A nós, sobreviventes dos campos de concentração nacional-socialistas, é feita com frequência, especialmente por jovens, uma pergunta sintomática: como e quem eram "os do outro lado"? Será possível que fossem todos malvados, que em seus olhos

Primo Levi

nunca se distinguisse uma luz humana? O livro responde a essa pergunta de modo exaustivo: mostra com que facilidade o bem pode ceder ao mal, ser por ele assediado e finalmente submerso, sobrevivendo em pequenas ilhas grotescas: vida familiar regrada, amor pela natureza, moralismo vitoriano. Justamente por seu autor ser inculto, não se pode suspeitar de nenhuma falsificação colossal e estudada da história: ele não teria capacidade para tanto. Em suas páginas afloram, ao contrário, reincidências mecânicas na retórica nazista, pequenas e grandes mentiras, esforços de auto-justificação, tentativas de embelezamento, mas a tal ponto ingênuas e transparentes que nem mesmo o leitor menos informado tem dificuldade para identificá-las: ressaltam do tecido da narrativa como moscas no leite.

O livro, em suma, é uma autobiografia substancialmente verídica, e autobiografia de um homem que não era um monstro e não virou monstro, nem no auge da carreira, quando, por ordem sua, em Auschwitz eram mortos milhares de inocentes todos os dias. Com isso quero dizer que se pode acreditar nele quando afirma que nunca sentiu prazer em infligir dor e em matar: não foi um sádico, não tem nada de satânico (por outro lado, percebem-se alguns traços satânicos no retrato que ele traça de Eichmann, seu colega e amigo: mas Eichmann era muito mais inteligente do que Höss, e a impressão é de que Höss deu como certas algumas fanfarronadas de Eichmann que não resistem a uma análise séria). Foi um dos maiores criminosos que já existiram, mas não era feito de substância diferente da de qualquer outro burguês de qualquer outro país; sua culpa, não escrita em seu patrimônio genético nem no fato de ele ter nascido alemão, está por inteiro em não ter sabido resistir à pressão que um ambiente violento exercera sobre ele, já antes de Hitler subir ao poder.

Se quisermos ser leais, precisaremos admitir que na juventude ele já começa mal. Seu pai, comerciante, é um "católico fanático" (mas, atenção: no vocabulário de Höss e, em geral, no vocabulário nazista, esse adjetivo sempre tem conotação positiva), quer que ele seja padre, mas ao mesmo tempo o submete a uma educação rígida, de tipo militar: suas inclinações e tendências não são levadas em conta. É compreensível que não sinta afeto pelos pais e cresça fechado e introvertido. Fica órfão cedo, passa por uma crise religiosa e, quando estoura a Primeira Guerra Mundial, não hesita, pois seu universo moral já se reduz a uma única constelação: Dever, Pátria, Companheirismo, Coragem. Parte como voluntário e com 17 anos é despejado no selvagem *front* iraquiano; mata, é ferido e sente que se tornou homem, ou seja, soldado: para ele os dois termos são sinônimos.

A guerra é péssima escola (em todo lugar, mas especialmente na Alemanha derrotada e humilhada): Höss nem tenta reintegrar-se na vida normal; no clima terrível do pós-guerra alemão, alista-se num dos muitos Corpos Voluntários que tinham tarefas substancialmente repressivas, envolve-se num assassinato político e é condenado a dez anos de prisão. O regime carcerário é duro, mas ele se dá bem: não é rebelde, gosta de disciplina e ordem, também gosta de espionar; é um preso-modelo. Ostenta bons sentimentos: aceitara a violência da guerra pois lhe fora ordenada pela Autoridade, mas repudia as violências dos companheiros de prisão porque são espontâneas. Essa será uma de suas constantes: é preciso ordem, em tudo; as diretrizes devem vir de cima, são boas por definição, devem ser executadas sem discussão, mas conscienciosamente; a iniciativa só é admitida ao cabo do mais eficiente cumprimento de ordens. Amizade, amor e sexo são coisas suspeitas; Höss é um homem solitário.

Depois de seis anos é anistiado; encontra trabalho numa comunidade agrícola, casa-se, mas admite que nunca conseguiu comunicar-se confidencialmente com a mulher, nem então nem depois, quando mais precisaria. É nessa altura que diante dele se abre a armadilha: é convidado a entrar na SS, ele aceita, atraído pela "perspectiva de rápida carreira" e pelas "vantagens financeiras associadas". É também nessa altura que ele conta a primeira mentira ao leitor: "Lendo a chamada de Himmler para entrar na SS a serviço nos campos de concentração, eu não refleti minimamente na verdadeira realidade desses campos [...]; era um conceito absolutamente desconhecido, eu não conseguia fazer a menor ideia". Ora, comandante Höss, para mentir é preciso ter mais agilidade mental: estamos em 1934, Hitler já está no poder e sempre falou claro; o termo "Lager" em sua nova acepção já é bem conhecido, poucos sabem exatamente o que acontece lá, mas todos sabem que são lugares de terror e horror, e sabe-se disso muito mais no ambiente da SS. O "conceito" é tudo, menos "desconhecido", e já é cinicamente explorado pela propaganda do regime: "se não andar na linha, vai acabar no campo de concentração" é uma expressão quase proverbial.

Sua carreira de fato é rápida. A experiência carcerária não fora inútil: não é sem razão que os superiores o veem como um especialista e negam seus frágeis pedidos de retorno à tropa: os serviços se equivalem, o inimigo está em toda parte, tanto nas fronteiras como dentro delas; Höss não deve sentir-se diminuído. Höss aceita; se seu dever é ser carcereiro, será carcereiro com todo o empenho possível: "Devo confessar que cumpri meu dever com consciência e atenção, que não tive contemplação para com os prisioneiros, que fui severo e frequentemente duro". De que foi duro ninguém duvida; mas que por trás de sua "máscara de pedra" se escondia um coração dorido, conforme afirma, é uma mentira não só indecente, como também pueril.

Mas não é mentira a reiterada afirmação de que, uma vez dentro da engrenagem, é difícil sair. Claro que não se corria risco de morte nem de punição severa, mas o afastamento era objetivamente difícil. A militância na SS incluía uma "reeducação" intensiva e hábil, que exaltava a ambição dos adeptos: estes, na maioria incultos, frustrados, rejeitados, sentiam-se revalorizados e enaltecidos. A farda era elegante, o salário bom, os poderes quase ilimitados, a impunidade garantida; hoje eram donos do país, amanhã (dizia um de seus hinos) do mundo inteiro. Quando estoura a Segunda Guerra Mundial, Höss já é *Schutzhaftlagerführer* em

A assimetria e a vida

Sachsenhausen, o que não é pouco, mas merece promoção; aceita com surpresa e alegria a nomeação de comandante: trata-se de um campo novo, ainda em construção, distante da Alemanha, próximo a uma cidadezinha polonesa chamada Auschwitz.

É realmente um especialista, e o digo sem ironia. Nessa altura, suas páginas se tornam animadas e cheias de participação: quando escreve, Höss já foi condenado à morte por um tribunal polonês, condenação que veio de uma autoridade, portanto deve ser aceita, mas essa não é razão para desistir de descrever seu mais belo momento. Apresenta-nos um verdadeiro tratado de urbanismo, pontifica, sua sabedoria não deve ser perdida, seu legado não deve ser malbaratado; ensina como se deve planejar, construir e administrar um campo de concentração para que ele funcione bem, *reibungslos*, apesar da inépcia dos subordinados e da cegueira dos superiores, que não entram em acordo e lhe mandam mais trens do que o campo pode aceitar. É ele o comandante? Então que se vire. Aí Höss torna-se épico: pede ao leitor admiração, louvor, até compaixão; foi um funcionário de grande competência e diligência, a *seu* campo de concentração ele sacrificou tudo, dias e noites de descanso, vida familiar. A inspetoria não o entende, não lhe manda provisões, tanto que ele, funcionário-modelo, premido entre duas instâncias de Autoridade, precisa "literalmente roubar a quantidade de arame farpado mais urgente [...] Afinal, eu precisava pensar em meus interesses!".

É menos convincente quando se arvora professor na sociologia do campo de concentração. Deplora com virtuosa repugnância as lutas internas entre os prisioneiros: que gentalha, não conhece a honra nem a solidariedade, grandes virtudes do povo alemão; mas poucas linhas depois lhe escapa o reconhecimento de que "tais lutas eram meticulosamente cultivadas e estimuladas pela direção", ou seja, por ele. Descreve com seriedade profissional as várias categorias de prisioneiros, intercalando no velho desprezo apóstrofes destoantes de hipócrita piedade retrospectiva. Os políticos são melhores do que os criminosos comuns, os ciganos ("os prisioneiros de que mais gostava") são melhores do que os homossexuais; os prisioneiros de guerra russos são animalescos, e dos judeus ele nunca gostou.

É exatamente no tema dos judeus que as dissonâncias se tornam mais estridentes. Não se trata de um conflito: não é que a doutrinação nazista venha a entrar em choque com uma visão de mundo nova e mais humana. É que Höss simplesmente não entendeu nada, não superou o passado, não está curado: quando diz (e diz com frequência) "agora percebo... agora entendi que...", está mentindo descaradamente, como mentem hoje quase todos os "arrependidos" políticos e todos os que expressam arrependimento com palavras, e não com fatos. Mente por quê? Talvez para deixar uma imagem melhor de si mesmo; talvez só porque seus juízes, que são seus novos superiores, lhe disseram que as opiniões corretas já não são as de antes, mas outras.

É o tema dos judeus que mostra como foi grande o peso da propaganda de Goebbels na Alemanha e como é difícil apagar seus efeitos, mesmo para um indivíduo obediente como Höss. Höss admite que na Alemanha os judeus eram "bastante" perseguidos, mas apressa-se a esclarecer que a entrada deles em massa foi perniciosa para o nível moral dos campos de concentração: os judeus, como se sabe, são ricos, e com dinheiro é possível corromper qualquer um, até os moralíssimos oficiais da SS. Mas o puritano Höss (que em Auschwitz tivera uma prisioneira como amante e tentara livrar-se dela mandando-a para a morte) não está de acordo com o antissemitismo pornográfico do *Stürmer* de Streicher: esse jornal "acarretou muitos males; não foi nem um pouco útil ao antissemitismo sério"; mas não é de espantar, uma vez que – improvisa Höss – era "um judeu que o redigia". Foram os judeus que difundiram (Höss não ousa dizer "inventaram") notícias sobre atrocidades na Alemanha, e por isso é justo que sejam punidos; mas Höss, o virtuoso, não está de acordo com seu superior Eicke, que gostaria de acabar com o vazamento de notícias usando o inteligente sistema de punições coletivas. A campanha sobre as

A assimetria e a vida

atrocidades – nota Höss – "teria continuado *mesmo que* fossem fuziladas centenas ou milhares de pessoas"; o grifo no *mesmo que*, joia da lógica nazista, é meu.

No verão de 1941 Himmler lhe comunica "pessoalmente" que Auschwitz será algo diferente de um lugar de aflição: deve tornar--se "o maior centro de extermínio de todos os tempos": ele e seus colaboradores que deem um jeito de encontrar a melhor técnica. Höss não pensa duas vezes, é uma ordem como as outras, e ordem não se discute. Já existem experiências realizadas em outros campos, mas os fuzilamentos em massa e as injeções tóxicas não são convenientes, é preciso achar algo mais rápido e seguro; acima de tudo, é preciso evitar "banhos de sangue", porque afetam o moral dos executores. Depois das ações mais sangrentas, alguns SS se mataram, outros passaram a embebedar-se metodicamente; é preciso algo asséptico, impessoal, para salvaguardar a saúde mental dos milicianos. A asfixia coletiva com gás de escapamento de motores é um bom início, mas precisa ser aperfeiçoada: Höss e seu subcomandante têm a ideia genial de usar o Zyklon B, veneno usado para ratos e baratas, e tudo melhora. Höss, depois da perícia feita em novecentos prisioneiros russos, sente "um grande conforto": a matança em massa correu bem, tanto em termos de quantidade quanto de qualidade; nada de sangue, nada de trauma. Entre metralhar pessoas nuas na beira da vala que elas mesmas cavaram e jogar uma caixinha de veneno numa tubulação de ar há uma diferença fundamental. Sua maior aspiração foi alcançada: seu profissionalismo está demonstrado, ele é o melhor técnico do morticínio. Os colegas invejosos estão derrotados.

As páginas mais repugnantes do livro são aquelas em que Höss se demora a descrever a brutalidade e a indiferença com que os judeus encarregados da retirada dos cadáveres realizam o trabalho. Contêm uma acusação imunda, uma incriminação de cúmplice, como se aqueles infelizes (não eram também "executores de ordens"?) pudessem assumir a culpa de quem inventara e delegara as ordens. O cerne do livro e sua mentira menos crível está na p.136: diante da matança de crianças, diz Höss, "eu sentia uma piedade tão imensa que gostaria de desaparecer da face da terra, mas não me foi permitido demonstrar a menor emoção". Quem o teria impedido de "desaparecer"? Nem Himmler, seu chefe supremo, que, apesar da reverência que Höss lhe tributa, transparece dessas páginas com o duplo aspecto de demiurgo e de idiota metódico, incoerente e intratável.

Nem nas últimas páginas, que assumem um tom de testamento espiritual, Höss consegue dimensionar o horror do que cometeu e encontrar a inflexão da sinceridade. "Hoje compreendo que o extermínio dos judeus foi um erro, um erro colossal" (note-se que não é "uma culpa"). "O antissemitismo não serviu para nada; ao contrário, o judaísmo aproveitou-se disso para aproximar-se muito mais de seu objetivo final." Pouco depois, afirma que se sente "desfalecer" quando "sabe que assombrosas torturas eram aplicadas em Auschwitz e também em outros campos": quando pensamos que quem escreve isso já sabe que será enforcado, ficamos atônitos diante dessa obstinação em mentir até o último suspiro. A única explicação possível é a seguinte: Höss, como todos os seus congêneres (não só alemães: penso também nas confissões dos terroristas arrependidos ou dissidentes), passou a vida repetindo como suas as mentiras que impregnavam o ar que respirava, portanto mentindo para si mesmo.

É possível perguntar — e certamente alguém pensou nisso ou fez essa pergunta — se existe algum motivo para se reeditar esse livro hoje, passados quarenta anos do fim da guerra e 38 da execução do autor. A meu ver, os motivos são pelo menos dois.

O primeiro motivo é contingente. Há alguns anos teve início uma operação insidiosa: o número de vítimas dos campos de extermínio teria sido enormemente menor do que é afirmado pela "história oficial"; nos campos nunca se teria usado gás tóxico para matar seres humanos. Nesses dois pontos o testemunho de Höss é completo e explícito, e não se entenderia por que ele haveria de falar de modo tão preciso e articulado, com tantos detalhes

A assimetria e a vida

condizentes com os apresentados pelos sobreviventes e com os achados materiais, se estivesse sob coação, como alegam os "revisionistas". Höss mente com frequência para justificar-se, mas nunca sobre os dados de fato: ao contrário, mostra-se orgulhoso de sua obra de organizador. Ele e seus pretensos mandantes precisariam ser bem sutis para arquitetar do nada uma história tão coerente e verossímil. As confissões arrancadas pela Inquisição, nos processos de Moscou dos anos 1930 ou na caça às bruxas tinham um tom completamente diferente.

O segundo motivo é essencial e de validade permanente. Hoje se chora muito o fim das ideologias; parece-me que esse livro demonstra de modo exemplar a que pode levar uma ideologia aceita com o radicalismo dos alemães de Hitler e dos extremistas em geral. As ideologias podem ser boas ou ruins; é bom conhecê--las, confrontá-las e tentar avaliá-las; é sempre ruim abraçar uma, ainda que sob o manto de palavras respeitáveis como Pátria e Dever. Aonde leva o Dever cegamente aceito, ou seja, o *Führerprinzip* da Alemanha nazista, é algo que fica demonstrado pela história de Rudolf Höss.

Março de 1985.

De R. Höss, *Comandante ad Auschwitz*, Turim, Einaudi, 1985, p.V-XII.

Prefácio a Moments of Reprieve*

O fato de ter escrito e publicado *É isto um homem?* e *A trégua* foi um marco em minha vida: não só em minha vida de escritor. Depois disso, durante vários anos, tive a impressão de ter cumprido uma tarefa, ou melhor, a única tarefa que sentia estar claramente definida; em Auschwitz e no longo caminho de volta, sofri e vi coisas que pareciam importantes não só para mim; coisas que exigiam imperiosamente ser contadas; eu as tinha contado, tinha dado meu testemunho; era químico, tinha uma profissão que me sustentava e ocupava plenamente, não sentia necessidade de escrever mais.

As coisas não funcionaram assim. Com o passar dos anos, o ato de escrever foi abrindo espaço ao lado de minha atividade profissional e acabou por substituí-la; paralelamente, percebi que minha experiência em Auschwitz estava bem longe de ser esgotada. Suas

---

* *Moments of Reprieve* é a tradução (feita por Ruth Feldman) de *Lilit e altri racconti*, lançado pela Einaudi em 1981. No Brasil, esses contos fazem parte de uma coletânea que contém, integralmente, as narrativas de três livros de Primo Levi, *Storie naturali, Vizio di forma* e *Lilit e altri racconti*, editada pela Cia. das Letras (2014) com o título de *71 contos de Primo Levi* e tradução de Maurício Santana Dias. (N. T.)

linhas fundamentais, que hoje são da alçada da história, tinham sido descritas em meus primeiros dois livros, mas continuava aflorando à minha memória uma enorme quantidade de pormenores que eu não gostaria que se extinguissem. Especialmente um grande número de figuras humanas recortadas sobre aquele fundo trágico: amigos, companheiros de viagem e até adversários que me pediam sobrevivência, fruição da ambígua perenidade dos personagens literários. Já não era a massa anônima de náufragos sem voz e sem rosto, mas os poucos, os diferentes, aqueles nos quais eu identificara a vontade e a capacidade de reagir (ainda que apenas por um momento), ou seja, um rudimento de virtude.

Nestes contos, escritos em diversas épocas e ocasiões, e não com base num plano, parece-me aflorar justamente esse caráter comum: cada um está centrado num único personagem, e este nunca é o perseguido, a vítima predestinada, o homem deprimido, aquele ao qual havia dedicado meu primeiro livro, perguntando obsessivamente se "ainda era homem". Os protagonistas destas histórias são "homens" acima de qualquer dúvida, ainda que a virtude deles, aquela que lhes possibilita sobreviver e os torna singulares, nem sempre seja uma daquelas que a moral comum aprova. Bandi, meu "discípulo", extrai forças da santa alegria dos que creem; Wolf, da música; Grigo, do amor e da superstição; Tischler, do patrimônio lendário; mas Cesare, da astúcia atrevida; Rumkowski, da fome de poder; Rappoport, de uma vitalidade ferina.

Relendo-os, percebo outra peculiaridade: mesmo os cenários que me ocorreu escolher naturalmente quase nunca são trágicos. São estranhos, marginais: momentos de trégua, quando a identidade reprimida pode recobrar seus traços por um momento.

Poderá causar estranheza ao leitor o fato de eu ter recuperado essa veia trinta, quarenta anos depois dos fatos aqui narrados. Pois bem, os psicólogos já observaram que os sobreviventes de acontecimentos traumáticos se dividem em duas categorias bem delimitadas: os que recalcam o passado em bloco e aqueles nos quais a memória do trauma resiste, como que esculpida

A assimetria e a vida

em pedra, prevalecendo sobre todas as outras experiências anteriores ou posteriores. Ora, pertenço à segunda categoria, não por opção, mas por natureza. Dos meus dois anos de vida fora da legalidade não esqueci nada. Sem nenhum esforço deliberado, a memória continua restituindo fatos, fisionomias, palavras, sensações: como se naquele tempo minha mente tivesse atravessado uma época de receptividade exaltada, em que nenhum detalhe era perdido. Lembro, por exemplo, como lembraria uma fita magnética ou um papagaio, frases inteiras em línguas que não conhecia então nem conheço hoje. Há algum tempo, encontrei depois de 35 anos um companheiro de prisão com quem não tivera nenhuma relação especial de amizade e o reconheci imediatamente no meio de um grande número de rostos desconhecidos, ainda que sua fisionomia tivesse mudado muito. Cheiros de "lá" ainda hoje me sobressaltam. Hoje em dia me parece evidente que aquela minha atenção, voltada para o mundo e para os seres humanos que me rodeavam, foi não só um sintoma, mas também um importante fator de salvação espiritual e física.

É possível que a distância no tempo tenha acentuado a tendência a arredondar os fatos, a carregar nas cores: essa tendência, ou tentação, é parte integrante do ato de escrever, e sem ela não se escrevem contos, mas crônicas. No entanto, os episódios que me serviram de base para a construção de cada uma dessas histórias realmente aconteceram, e seus personagens existiram, ainda que, por motivos evidentes, eu tenha com frequência alterado seus nomes.

Em *Moments of Reprieve*, Nova York, Summit Books, 1986.

Buraco negro de Auschwitz

A polêmica em curso na Alemanha entre quem tende a banalizar o morticínio nazista (Nolte, Hillgruber) e quem afirma sua unicidade (Habermas e muitos outros) não pode deixar ninguém indiferente. A tese dos primeiros não é nova: morticínios houve em todos os séculos, em especial no início do XX e sobretudo contra os *adversários de classe* na União Soviética, portanto perto das fronteiras alemãs. Nós, alemães, durante a Segunda Guerra Mundial, nada mais fizemos do que nos adequar a uma praxe horrenda, mas já corrente: uma praxe "asiática" feita de morticínios, deportações em massa, confinamento impiedoso em regiões hostis, torturas, separações de famílias. Nossa única inovação foi tecnológica: inventamos as câmaras de gás. Diga-se de passagem: exatamente essa inovação foi negada pela escola dos "revisionistas" seguidores de Faurisson, portanto as duas teses se complementam num sistema de interpretação da história que não pode deixar de alarmar.

Ora, os soviéticos não podem ser absolvidos. O morticínio dos *kulaks* primeiro e depois os imundos processos e as inúmeras e cruéis ações contra verdadeiros ou supostos inimigos do povo são fatos gravíssimos, que levaram a União Soviética ao isolamento político que perdura até hoje, com várias nuances (e com o forçado parêntese da guerra). Mas nenhum sistema jurídico absolve

Primo Levi

um assassino porque existem outros assassinos na casa da frente. Além disso, é indiscutível que se tratava de fatos internos à União Soviética, aos quais ninguém de fora poderia ter oposto defesas, a não ser por meio de uma guerra generalizada.

Em suma, os novos revisionistas alemães tendem a apresentar o morticínio hitlerista como defesa preventiva contra uma invasão "asiática". A tese me parece extremamente frágil. E falta muito para comprovar que os russos pretendiam invadir a Alemanha; ao contrário, eles a temiam, como demonstrou o apressado acordo Ribbentrop-Molotov; e a temiam com razão, como confirmou a subsequente e repentina agressão alemã de 1941. Ademais, não se entende como as matanças "políticas" de Stálin possam encontrar uma imagem especular na matança hitlerista do povo judeu, pois todos sabem muito bem que, antes da ascensão de Hitler ao poder, os judeus alemães eram profundamente alemães, estavam intimamente integrados no país, eram considerados inimigos apenas por Hitler e pelos poucos fanáticos que o seguiram de início. A identificação do judaísmo com o bolchevismo, ideia fixa de Hitler, não tinha nenhuma base objetiva, em especial na Alemanha, onde era notório que a enorme maioria dos judeus pertencia à classe burguesa.

É verdade que "o Gulag foi antes de Auschwitz"; mas não se pode esquecer que os objetivos dos dois infernos não eram os mesmos. O primeiro era um massacre entre iguais; não se baseava em nenhuma primazia racial, não dividia a humanidade em super--homens e sub-homens; o segundo baseava-se numa ideologia impregnada de racismo. Se tivesse prevalecido, hoje nos encontraríamos num mundo dividido em dois, "nós", os patrões, de um lado, e todos os outros a serviço deles ou exterminados por serem racialmente inferiores. Esse desprezo à igualdade fundamental de direitos entre todos os seres humanos destilava de uma infinidade de pormenores simbólicos, desde a tatuagem de Auschwitz até o uso, aliás nas câmaras de gás, do veneno originalmente produzido para desinfestar porões de navios invadidos por ratos. A

A assimetria e a vida

cruel exploração dos cadáveres e de suas cinzas continua sendo apanágio único da Alemanha hitlerista, e ainda hoje constitui seu emblema, a despeito de quem quer esfumar seus contornos.

É também verdade que nos *Gulags* a mortalidade era espantosamente alta, mas era, por assim dizer, um subproduto, tolerado com cínica indiferença: o objetivo primário, bárbaro se quiserem, tinha uma racionalidade própria, consistia na reinvenção de uma economia escravagista destinada à "construção socialista". Nem mesmo as páginas de Soljenítsin, que fremem com justificadíssimo furor, deixam entrever coisa semelhante a Treblinka e a Chelmno, que não forneciam trabalho, não eram campos de concentração, mas "buracos negros" destinados a homens, mulheres e crianças cuja única culpa era de serem judeus, onde se descia dos trens só para entrar nas câmaras de gás, das quais ninguém saiu vivo. Os soviéticos que invadiram a Alemanha depois do martírio de seu país (lembram-se, entre mil detalhes, do desapiedado cerco de Leningrado?) tinham sede de vingança e se macularam com culpas graves, mas entre eles não havia *Einsatzkommandos* encarregados de metralhar a população civil e sepultá-la em infindáveis valas comuns frequentemente cavadas pelas próprias vítimas; de resto, tampouco haviam projetado o aniquilamento do povo alemão, contra o qual, porém, nutriam então um justificado desejo de represália.

Ninguém nunca soube que nos *Gulags* houvesse "seleções" como as tantas vezes descritas dos campos de concentração alemães, quando, com uma olhada de frente e de costas, os médicos (médicos!) da SS decidiam quem ainda podia trabalhar e quem devia ir para a câmara de gás. E não vejo como essa "inovação" pode ser considerada secundária e atenuada por um "apenas". Não eram imitação "asiática", eram bem europeias, já que o gás era produzido por ilustres indústrias químicas alemãs; e para fábricas alemãs iam os cabelos das mulheres assassinadas; e para os bancos alemães ia o ouro dos dentes extraídos dos cadáveres. Tudo isso é especificamente alemão, e nenhum alemão deveria esquecê-lo;

Primo Levi

tampouco deveria esquecer que na Alemanha nazista, e só nela, foram mandados para uma morte atroz até crianças e moribundos, em nome de um radicalismo abstrato e feroz que não encontra equivalente nos tempos modernos.

Na ambígua polêmica em curso não tem relevância alguma o fato de os Aliados terem grande parcela da culpa. É verdade que nenhum Estado democrático ofereceu asilo aos judeus ameaçados ou expulsos. É verdade que os americanos se recusaram a bombardear as ferrovias que levavam a Auschwitz (enquanto bombardearam abundantemente a zona industrial contígua); e é também verdade que a omissão de socorro por parte dos Aliados se deveu provavelmente a razões sórdidas, ou seja, ao medo de precisar hospedar ou sustentar milhões de refugiados ou sobreviventes. Mas não se pode falar de verdadeira cumplicidade, e é abissal a diferença moral e jurídica entre quem faz e quem deixa fazer.

A Alemanha de hoje, se tiver apreço à posição que lhe cabe entre as nações europeias, não pode e não deve maquiar seu passado.

La Stampa, 22 jan. 1987.

Prefácio a La vita offesa

Nem todos os livros resistem a uma pergunta, muitas vezes feita abertamente ao autor: por que esse livro existe? Por quê, com que objetivo, movido por qual incentivo você se pôs a escrever? Acredito que esta antologia resiste à pergunta e também à pergunta com sinal invertido: por que só agora? Por que tão tarde?

Tarde, sim; se a reunião e o registro dessas histórias de vida tivessem sido feitos antes, a memória dos entrevistados estaria mais fresca e seu número teria sido maior: muitos de nossos companheiros ex-deportados perderam-se pelo caminho. Tarde por razões de organização, mas também porque só recentemente, e não apenas na Itália, amadureceu a consciência de que a deportação política em massa, associada à intenção de matar e ao restabelecimento da economia escravagista, é central na história de nosso século, ao lado do trágico surgimento das armas nucleares. É central também na memória dos sobreviventes: quase todos os entrevistados, mesmo os que não sofreram tanto, mesmo os que não foram permanentemente afetados na saúde ou nas relações familiares, mesmo os poucos que (por razões que respeitamos) se recusaram a falar, todos sabem, sentem e disseram isso de maneira mais ou menos explícita. Esse moderno retorno à barbárie, por fim, é central na consciência dos culpados de então e de

Primo Levi

seus herdeiros: não fosse assim, não assistiríamos ao escandaloso esforço dos revisionistas, daqueles jovens historiadores que só se revelaram nestes últimos anos, que se professam politicamente indiferentes, tábuas rasas, imparciais, neutros, abertos a todos os prós e contras, mas que dedicam páginas e páginas de acrobacias polêmicas para demonstrar que não vimos o que vimos, não vivemos o que vivemos. Ainda que não declarado no *incipit*, esta antologia da brutalidade e da dor deliberadamente infligida é dedicada a eles.

Os testemunhos coligidos são diferentes em termos de nível, tom e valor histórico. Não poderia ser de outro modo: foram deportados homens e mulheres; intelectuais, operários e camponeses; *partisans*, resistentes com forte estrutura política e pobres coitados apanhados ao acaso pela rua; crentes e descrentes; cristãos e judeus. Apesar disso, as narrativas são substancialmente concordes em alguns temas essenciais, que as distinguem das narrativas (com frequência também dolorosas e dramáticas) dos sobreviventes da guerra ou dos campos para prisioneiros de guerra. Em toda parte, descrito com ingenuidade ou com surpreendente força expressiva, está o trauma do estranhamento, do sentimento de erradicação: o trem hermeticamente fechado (outro elemento infalível, a ponto de se tornar o próprio símbolo da deportação) arranca a pessoa bruscamente do ambiente, do clima, do país, da família, da profissão, da língua, das amizades a que está acostumada e a atira num ambiente alheio, estranho, incompreensível, hostil: às vezes o deportado nem sequer sabe em que canto da Europa desembarcou. É o *Lager*, o *KZ*: termos novos para ele, nunca ouvidos antes. De algum modo, é o mundo invertido, onde a honestidade e a mansidão são punidas, sendo premiadas a violência, a delação e a fraude. Aqui, como é natural, os destinos e as narrativas divergem: há quem ceda logo e se adapte por puro instinto a um nível de existência sub-humano; quem se esforce por entender e reagir; quem busque e encontre conforto na fé: quem (é o caso particular dos "políticos", em especial dos comunistas) identifique em torno de si uma força sobrevivente,

A assimetria e a vida

uma vontade indomável de prosseguir a luta, uma experiência e uma solidariedade internacional que mitigam os sofrimentos materiais e morais dos recém-chegados. Também divergem os acontecimentos posteriores: há quem tenha reencontrado a família, a casa, os afetos, um trabalho, e para essa pessoa a libertação foi um momento de alegria, sem sombras e problemas; mas há também quem tenha encontrado a família exterminada, a casa destruída, o mundo ao redor indiferente e surdo para a sua angústia, e tenha precisado reconstruir trabalhosamente uma nova vida sobre as ruínas da vida de antes: para esses, o luto nunca teve fim.

Outra característica comum a todos esses testemunhos é a espontaneidade, a boa vontade com que foram dados; muitas vezes se tem até a impressão de que é antigo o desejo de falar, de encontrar um ouvinte atento e participante, e de que durou muito a espera da oportunidade de dar forma escrita àquelas experiências já distantes no tempo. Em muitos depoimentos reaparece uma característica distintiva: a necessidade de contar, de "contar o inacreditável", vem desde o tempo da prisão; às vezes é quase uma promessa, daquelas que o devoto faz a Deus e o ateu a si mesmo: se escapar conto, para que minha vida não deixe de ter sentido. A esperança de sobreviver coincide, em suma, com a esperança obsessiva de comunicar aos outros, de sentar-se junto ao fogo, em torno da mesa, e contar: como Ulisses na corte do rei dos feaces, como Silvio Pellico sobrevivente da sordidez de Spielberg, como Ruzante ao voltar da batalha, como o soldado mencionado por Tibulo, que narra suas façanhas e "na mesa pinta com vinho o acampamento"; e como o outro inesquecível soldado descrito por Eduardo de Filippo, que da Alemanha volta "de aldeia em aldeia" até a Nápoles famélica e "milionária" do imediato pós-guerra e procura em vão quem o ouça. A narrativa do sobrevivente é um gênero literário.

Para o sobrevivente, contar é uma empreitada importante e complexa. É percebida ao mesmo tempo como obrigação moral e civil, necessidade básica e libertadora, promoção social: quem

Primo Levi

viveu o campo de concentração se sente depositário de uma experiência fundamental, inserido na história do mundo, testemunha por direito e por dever, frustrado se seu testemunho não for solicitado e acolhido, compensado se isso ocorrer. Por isso, para muitos de nós a entrevista que deu ensejo a esta antologia foi uma oportunidade única e memorável, o acontecimento esperado desde o dia da libertação, e que deu sentido a essa mesma libertação.

Somos muitos (mas a cada ano nosso número diminui) a lembrar o modo específico como temíamos a morte *lá*: se morrermos aqui em silêncio, como querem nossos inimigos, se não retornarmos, o mundo não saberá do que o homem foi capaz, do que ainda é capaz: o mundo não se conhecerá a si mesmo, estará mais exposto à repetição da barbárie nacional-socialista ou a qualquer outra barbárie equivalente, seja qual for sua matriz política efetiva ou declarada.

Desse impulso de viver para contar, dessa consciência de responsabilidade histórica bem definida que aflorava nos raros momentos de trégua, muitos extraíram forças para resistir, dia após dia: dessa sensata necessidade de dar testemunho nasceu a ideia deste livro. A quem o idealizou, financiou e promoveu, aos jovens pesquisadores que ouviram pacientemente nossas recordações, tantas vezes confusas e abaladas pelo retorno da angústia, a quem trabalhou para reconstituí-las, nosso reconhecimento de sobreviventes não mais jovens, não desmemoriados e nem sempre ouvidos.

De *La vita offesa*, org. A. Bravo e D. Jalla, Milão, Franco Angeli, 1987, p.7-9.

"À nossa geração..."

À nossa geração coube a sorte pouco invejável de viver acontecimentos historicamente ricos. Com isso não pretendo dizer que *depois* não aconteceu mais nada no mundo: em todos os lugares se sucederam catástrofes naturais e tragédias coletivas desejadas pelo homem, mas, apesar dos presságios, nada comparável à Segunda Guerra Mundial aconteceu na Europa. Cada um de nós, portanto, é uma testemunha, querendo ou não; e foi justa e oportuna a investigação realizada pela Região Piemonte sobre a memória dos sobreviventes da deportação, pois esse acontecimento, em vista das dimensões e do número de vítimas, foi se caracterizando como um fato único, pelo menos até agora, na história da humanidade.

Fui convocado a título de testemunha e de escritor. Isso foi motivo de honra e ao mesmo tempo de responsabilidade para mim. Livro se lê, pode divertir ou não, pode instruir ou não, pode ou não ser lembrado ou relido. Como escritor da deportação, isso não me basta. Desde meu primeiro livro, *É isto um homem?*, desejei que meus textos, apesar de assinados por mim, fossem lidos como obras coletivas, como uma voz a representar outras vozes. Mais ainda: que fossem uma abertura, uma ponte entre nós e nossos leitores, em especial jovens. É agradável, entre nós ex-deportados,

Primo Levi

sentar-nos à mesa e contar, um a um, nossas já distantes aventuras, mas isso é pouco útil. Enquanto estivermos vivos, é nosso dever falar, sim, mas aos outros, a quem ainda não tinha nascido, para que todos saibam "até onde se pode chegar".

Portanto, não é por acaso que boa parte do meu trabalho atual consiste numa espécie de diálogo ininterrupto com meus leitores. Recebo muitas cartas cheias de "por quê?"; pedem-me entrevistas; sobretudo, e em especial por parte dos jovens, ouço duas perguntas fundamentais. Como o horror dos campos de concentração pôde ter ocorrido? Acontecerá de novo?

Não creio que existam profetas, ledores do futuro; quem até agora se passou por isso falhou miseravelmente, muitas vezes de modo ridículo. Muito menos eu me sinto profeta ou intérprete autorizado da história recente. No entanto, essas duas perguntas são tão prementes que me senti na obrigação de tentar uma resposta, aliás, um feixe de respostas: são aquelas cujas cópias foram distribuídas por ocasião deste encontro. Algumas respondem a leitores italianos, americanos e ingleses; outras, que me parecem as mais interessantes, são fruto de uma intricada rede epistolar que durante muitos anos me pôs frente a frente com os leitores alemães de *É isto um homem?*. São as vozes dos filhos, dos netos daqueles que ou cometeram os atos, ou deixaram que eles fossem cometidos, ou não se preocuparam em tomar conhecimento deles. Algumas são vozes de alemães diferentes, que fizeram o pouco ou o muito que podiam fazer para opor-se ao crime que seu país estava cometendo. Pareceu-me justo abrir espaço para ambos.

Nós, sobreviventes, somos testemunhas, e toda testemunha é obrigada (até por lei) a responder de modo completo e veraz: mas para nós se trata também de um dever moral, porque nossas fileiras, que sempre foram minguadas, estão se rarefazendo. Foi esse dever que procurei cumprir com um livro recente, *I sommersi e i salvati*, que alguns de vocês talvez tenham lido e logo será traduzido pelo menos em inglês e em alemão. Esse livro, feito de perguntas sobre a deportação (não só sobre a nazista) e de tentativas de

A assimetria e a vida

respostas, também faz parte de meu colóquio que já dura mais de quarenta anos: sinto que ele está em profunda sintonia com este encontro. Espero que, a juízo dos leitores, ele atenda ao tema do encontro, isto é, que dê sua modesta contribuição para a compreensão da história de hoje, cuja violência é filha da violência da qual somos, felizmente, sobreviventes.

Em *Storia vissuta*, vários autores, Milão, Franco Angeli, 1988, p.153-4 (o texto contém as respostas às perguntas do posfácio da edição americana de *Survival in Auschwitz* [*É isto um homem?*] e *The Reawakening* [*A trégua*], Nova York, Simon and Schuster, 1986).

Segunda parte
Profissões alheias

O escritor não escritor

Não é minha intenção dizer que para escrever um livro é preciso ser "não escritor", mas simplesmente que aportei nessa categoria sem escolher. Sou químico. Aportei na categoria de escritor porque fui capturado como *partisan* e terminei num campo de concentração como judeu.

Meu primeiro livro é a história de meu ano em Auschwitz, e a história do livro é longa e estranha. Esforcei-me por escrever, apesar do medo, desde o tempo da prisão; poucas linhas, anotações, apontamentos para meus familiares escritos com um toco de lápis e logo em seguida destruídos, porque não havia como guardá-los, a não ser na memória; deixar que eles fossem encontrados com a gente equivalia a um "ato de espionagem", podendo portanto significar a morte. Mas era tanta a necessidade de transmitir a experiência que eu estava vivendo, de dividi-la com outros, de contá-las, enfim, que comecei a fazer isso já lá. Tinha a esperança, a esperança de viver "para" contar o que tinha visto. O desejo não era só meu, era de todos e se refletia em forma de sonho, o mesmo em muitos; recentemente me ocorreu ler isso também no livro de uma deportada francesa. Eram dois sonhos. O primeiro era com comida, gorda, suculenta, cheirosa; mas, no momento de levá-la à boca, sempre acontecia alguma coisa: ou ela desaparecia, ou era

Primo Levi

afastada por alguém, ou entre o faminto e a comida caía uma espécie de biombo que impossibilitava o ato de comer. O outro sonho era o de contar, em geral a uma pessoa querida; mas nem nesse o ato se completava. O interlocutor era indiferente, não ouvia e a certa altura dava as costas, afastava-se, desaparecia.

A simbologia dos dois sonhos era muito simples. Digo isso para ressaltar que o querer comer e o querer contar estavam no mesmo plano de necessidade básica. A comida que se afastava e a narrativa que não se completava envolvem a mesma angústia da necessidade insatisfeita.

Quanto a mim, ao voltar trouxe comigo esse impulso primordial e violento de contar e escrevi logo, construindo a narrativa em torno daqueles apontamentos perdidos, por dois motivos. Primeiro: porque o que vira e vivera pesava muito, e eu sentia urgência em me livrar daquilo. Segundo: para atender ao dever moral, civil e político de dar testemunho. Nós, judeus italianos, que acabamos no campo de concentração com milhões de outros judeus de toda a Europa pela culpa exclusiva de termos nascido, mas felizmente sobreviventes, éramos poucas dezenas em 8 mil deportados; de meu trem, 15 em 650. As pessoas sabiam pouco, ou sabiam vagamente. Eu mesmo não conhecia as dimensões do extermínio realizado com base na insana ideologia que queria a supressão do diferente porque diferente.

Mas escrevendo *É isto um homem?*, eu não tinha ambições literárias, não me propunha fazer um livro, muito menos vir a ser escritor. Tanto é verdade que não escrevi seus capítulos em ordem lógica, mas segundo a urgência, começando pelos últimos, e nem sequer me preocupei em estruturá-lo ou em evitar a fragmentariedade. Terminado o livro, fui trabalhar (ou melhor, voltei a trabalhar) como químico. Durante dez anos. Só em 1958, quando *É isto um homem?* foi reeditado, voltei a ter vontade de escrever. Quanto ao livro, publicado no fim de 1947 com tiragem de 2.500 exemplares por uma pequena editora depois que outras o tinham rejeitado, foi muito bem acolhido pela crítica, mas depois de um ano

A assimetria e a vida

ou pouco mais estava esquecido – ainda que, sobretudo aqui em Turim, se continuasse a falar dele em círculos restritos, entre pessoas mais afetadas pelos fatos narrados. Pensando bem, era compreensível que não tivesse sido considerado digno de leitura e tivesse despertado pouca atenção. Os tempos eram difíceis. Vivia-se a duras penas, as feridas da guerra eram vastas e profundas, as pessoas estavam preocupadas apenas em reconstruir sobre as ruínas, só queriam esquecer e seguir em frente. Mas em 1955-6 o clima tinha mudado: as pessoas tinham lido Vercors, Russell, Poliakov e muitos outros, tinham visto os documentários filmados quando da libertação dos campos; estava crescendo o interesse pelo fenômeno campo de concentração.

Uma editora de prestígio aceitou reeditar *É isto um homem?* em 1958. Logo em seguida foi traduzido, era lido pelos jovens, que se interessavam. Convidavam-me para falar dele, explicar, faziam perguntas. Nascia meu terceiro ofício, e, se eu tivesse atendido a todos os pedidos que chegavam das escolas, não conseguiria desempenhar nenhuma outra atividade. Esse fato me pôs em contato com uma realidade nova, com a geração que começa a entrar na vida. Acabei por coligir as perguntas dos jovens – pelo menos as que tinham respostas – em outra edição escolar de *É isto um homem?*, que será publicada em breve.

Diante de um livro que seguia seu caminho, percebi que tinha em mãos um instrumento novo, feito para pesar, dividir, comprovar; parecido com os do laboratório, mas ágil, vivaz, gratificante. Eu tinha narrado, por que não o fazer de novo? O germe da escrita tinha entrado em meu sangue. Assim nasceu *A trégua*, em que contei a volta de Auschwitz. No primeiro livro tinha dado atenção às "coisas"; escrevi o segundo consciente de ser capaz de transmitir experiências, mas com um objetivo: escrever com clareza para buscar contato com o público. É pouco proveitoso, é pouco útil escrever e não comunicar. Meu primeiro livro, com a audiência que obtive, deu-me de presente o seguinte: entender que, embora falar obscuramente possa significar falar à posteridade, para ser entendido por aqueles a quem a página escrita se dirige o importante é ser claro. A escrita serve para comunicar, transmitir informações ou mesmo sentimentos. Se não for compreensível, será inútil, será um grito no deserto, e o grito pode ser útil para quem escreve, não para quem lê. Portanto, máxima clareza e, segunda regra, pouca tralha, ou seja, é preciso ser conciso, condensado. Mesmo o supérfluo prejudica a comunicação porque cansa e farta.

O contato com o leitor enriqueceu minha vida, é motivo de alegria para mim. Mas os leitores são um espectro extremamente difuso e vago. Criei para mim um leitor "perfeito", que está para o leitor real assim como o "gás perfeito" definido pelos físicos, ou seja, guiado por leis simples, está para o gás real. Escrevo por ele e para ele, não para os críticos, que são leitores forçados, nem para mim mesmo. Quando escrevo, sinto ao meu lado esse leitor-tipo, que vem ao meu encontro com boa vontade, que me segue e que eu sigo; quero que o que transmito seja recebido por ele sem que se atenue ou se perca pelo caminho. Simultaneamente a *A trégua*, e até muito antes, escrevi contos, aproveitando para cada um deles uma ideia técnica, nascida em laboratório ou em fábrica. O mundo que nos circunda é extraordinariamente fértil, e por isso pensei em realizar um *crossing*, uma espécie de cruzamento entre a escrita e minha experiência de químico. A propósito dos contos, muitos me perguntaram se, ao dar forma narrativa às pequenas ou grandes incoerências do nosso mundo e da nossa civilização, eu queria aludir de novo ao campo de concentração. Posso responder: não deliberadamente, no sentido de que não está em meu programa escrever deliberadamente sobre uma realidade em termos simbólicos. Quanto a haver ou não continuidade entre o campo de concentração e essas intuições, talvez, pode ser que haja, mas não sei dizer com precisão; não depende de mim. Como dizia Palazzeschi, "sou apenas o autor".

Mesmo aquele ato de escrever contos era um escrever sobre "coisas". Mas eu me sentia em dívida para com meu ofício diário; acreditava que tinha desperdiçado uma oportunidade ao não falar

A assimetria e a vida

da experiência de um trabalho que muitos acreditam ser árido, misterioso e suspeito. Acreditava ter descoberto certa parcialidade nos livros que lia. Era uma impressão que me pesava no estômago fazia tempo e sempre encontrava novas confirmações. Todos sabem que tipo de vida leva um corsário, um aventureiro, um médico, uma prostituta. Sobre nós, químicos, transmudadores de matéria, ofício de ilustre ascendência, não há muitas pistas, e me parecia justo "preencher uma lacuna". Assim nasceu *O sistema periódico*. Sem dúvida o título é uma provocação, assim como o é o fato de ter dado a cada capítulo, como título, o nome de um elemento. Mas achava oportuno aproveitar a relação do químico com a matéria, com os elementos, assim como os românticos do século XIX aproveitaram a "paisagem": elemento químico estado de espírito, como paisagem estado de espírito. Porque, para quem trabalha, a matéria é viva: mãe e inimiga, indolente e aliada, burra, inerte, perigosa às vezes, mas viva como bem sabiam os fundadores que trabalhavam sozinhos, sem reconhecimento e sem apoios, com a razão e a fantasia. Alquimistas já não somos; mas qualquer um que tenha lidado com a matéria sabe dessas coisas. Por que então não criar um drama em que os personagens sejam os elementos de que a matéria é composta? Os jovens me escrevem: "Se a química fosse como o senhor conta, eu viraria químico". É um dos cumprimentos de que mais gosto. Entrando no campo literário como químico, eu pagava uma promessa. À minha profissão devo a vida. Não teria sobrevivido em Auschwitz se, depois de dez meses de duro trabalho braçal, eu não tivesse entrado num laboratório, onde continuei sendo braçal, mas abrigado por um teto. A qualificação de químico, o fato de estar inscrito com meu nome de então, ou seja, com um número, no quadro de pessoal da fábrica de Buna, ligada à IC Farben Industrie, talvez também tenha me posto ao abrigo das "seleções", porque, como químicos, éramos considerados "formalmente úteis". E a química me deu assunto para um livro e dois contos. Sinto que em minhas mãos ela é um reservatório de metáforas: quanto mais distante o outro campo, mais a metáfora é estendida. Por outro lado, não é coisa só minha. Huxley e Proust também faziam isso. O fato é que quem souber o que quer dizer reduzir, concentrar, destilar, cristalizar também sabe que as operações de laboratório têm uma longa sombra simbólica. Pronto, dei uma olhada em minha oficina. Acrescento que meu modelo de escrever é o "relatório" que se faz na fábrica quando a semana acaba. Claro, essencial, compreensível para todos. Eu acharia extremamente descortês com o leitor apresentar-lhe uma "exposição" que ele não possa entender. Isso não significa que a linguagem de meu inconsciente é a do inconsciente do leitor. Mas acredito ser justo transmitir-lhe a maior quantidade possível de informação e sentimento.

Também devo à minha profissão aquilo que torna alguém maduro, sucesso e insucesso, conseguir e não conseguir, as duas experiências da vida adulta que são necessárias ao crescimento – a expressão não é minha, é de Pavese. O químico que trabalha em laboratório precisa das duas; o químico profissional conhece ambas: errar e corrigir-se, receber golpes e devolvê-los, enfrentar um problema e resolvê-lo ou então sair derrotado e logo recomeçar a batalha.

O meu químico, portanto, também tem uma longa sombra simbólica; medindo-se com a matéria através de sucessos e insucessos, ele se parece com o marinheiro de Conrad, quando se mede com o mar. Também se parece com um caçador primitivo. À noite, quando desenha a fórmula estrutural da molécula que amanhã precisará construir, está cumprindo o mesmo rito propiciatório do caçador de Altamira que há 50 mil anos desenhava nas paredes das cavernas o alce ou o bisão que no dia seguinte deveria abater: para apropriar-se dele, tornar seu o antagonista. Gestos sacros, os dois. Tenho quase certeza de que a experiência do químico é a mesma do passado remoto do homem, guiada pela mesma intenção que o levava a empreender o longo caminho que o levaria à civilização. É tudo. Por isso, como disse várias vezes, mas repito hoje, costumo responder a quem me pergunta "por que você é químico

A assimetria e a vida

e escreve": "escrevo porque sou químico". Minha profissão me serve para comunicar experiências.

Associazione Culturale Italiana, 19 nov. 1976 (texto transcrito); publicado em G. Poli e G. Calcagno, *Echi do una voce perduta*, Milão, Mursia, 1992.

Intolerância racial

Começarei com uma declaração de humildade. Nosso tempo é um tempo estranho, é um tempo em que abundam os que explicam tudo; é o tempo dos explicadores, daqueles que esclarecem tudo, que vão ao fundo de tudo, com suas causas e consequências; e não há dúvida de que essa é uma tentativa louvável. Mas acreditar que realmente se explicou tudo, no sentido originário da palavra, ou seja, que se esclareceu o porquê necessário dos fenômenos históricos, os motivos que levam necessariamente a uma consequência, o nexo entre causa e efeito que é o fundamento das ciências, isso é um pouco arriscado.

Deve-se dizer que esse modo de explicar não funciona muito bem para os fenômenos de que trata este curso; acreditar que se explicou tudo em sentido determinista é muito ingênuo e levar o outro a acreditar nisso, induzir o público e os ouvintes a acreditar que lá esteja de fato a explicação satisfatória e total, sem dúvida é um engodo.

Por esse motivo, o que vou dizer esta noite não passará de tentativa de explicação, não passará de proposta, de uma série de propostas.

O próprio fato de não se dar uma explicação única, mas muitas, aos fenômenos ligados ao preconceito e à intolerância não significa tanto que as explicações sejam efetivamente muitas, mas que a explicação, a motivação completa e satisfatória não foi encontrada, ou não existe, ou está aninhada de maneira muito profunda em nosso cérebro, ou talvez muito além de nosso cérebro, em algum lugar mais profundo.

As intolerâncias, e em especial a intolerância racial de que devo falar esta noite, são fenômenos de muitas facetas, como tudo o que diz respeito ao ser humano, à sua mente, à sua história.

Trata-se de assuntos que nunca se fecham, sobre os quais sempre se poderá discutir.

A intolerância racial, como diz a própria palavra, é a intolerância entre raças humanas. Ora, não há discussão possível – existem raças humanas. Não há dúvida alguma de que a pele de um negro é negra ou mais escura do que a de um branco, não há dúvida alguma de que os olhos dos japoneses, dos orientais, têm um formato diferente do nosso, não há dúvida alguma de que existem raças humanas de estatura maior, de estatura menor...

Mas, quando se tenta definir quais são as raças humanas, quais são seus sinais distintivos, quais são as linhas de demarcação entre uma raça e outra e, sobretudo, a que raça ou a quais raças pertence um povo ou um indivíduo, logo começam as dificuldades.

A história do gênero humano é tremendamente complicada, quero dizer, a história escrita, aquela de que temos documentação de algum modo, se não materialmente com textos, pelo menos com remanescentes, com o que sobrou; e remonta a cerca de 6 mil anos.

Mas não há dúvida alguma de que muito antes de começarem os vestígios e a documentação já existia uma espécie humana, e não só uma, mas inúmeras raças humanas distintas entre si e quase certamente em competição entre si.

O homem existe há pelo menos 1 milhão de anos e a cada ano assistimos a uma vertiginosa retroação dessa data, de modo que agora já se fala de 3 milhões de anos, a cada ano que passa nossos antepassados vão ficando mais distantes, há sempre novas descobertas arqueológicas; em suma, essa origem, esse Adão e essa

A assimetria e a vida

Eva estão aninhados num passado cada vez mais distante e não há absolutamente nenhuma razão para se duvidar de que, assim como havia raças diferentes, também havia atritos entre raças.

É triste precisar constatar que a maior parte dos crânios encontrados pelos arqueólogos em escavações, que atualmente estão na África Oriental, apresentam afundamento, e alguém os afundou.

Conhece-se em boa parte a história do homem de Neanderthal; era um ser humano, não era o *Homo sapiens*, mas era muito parecido com o *Homo sapiens*, certamente tinha as mesmas habilidades tecnológicas nossas, de nossos distantes antepassados; chegou até 10 mil ou 20 mil anos atrás e depois foi exterminado, provavelmente por nós, por nós *Homines sapientes*. Isso prova que a aversão, esse obscuro instinto que impele os homens a se reconhecerem diferentes entre si, tem raízes muito antigas.

De resto, se nos deslocamos para tempos mais recentes, para os tempos que deixaram alguma documentação, notamos que nos desenhos e nas pinturas dos egípcios os que executam trabalhos mais baixos estão pintados de cor escura, são etíopes, são núbios, são sudaneses basicamente.

No Cântico dos Cânticos está escrito *Nigra sum sed formosa*, "Sou negra *mas* formosa", e não "Sou negra *e* formosa"; e esse é um vestígio importante. E ainda mais importante é a história que se lê nos primeiros capítulos do Gênesis, quando se fala de Noé, da invenção do vinho, da embriaguez de Noé e do filho ruim, do filho Cam. Esse filho perverso que descobre a nudez do pai bêbado tem um nome, Cam, que em hebraico quer dizer "queimado", ou seja, bronzeado, aquele que tem pele escura. Não se diz explicitamente, mas na genealogia que se segue, os povos indicados como derivados de Cam são os povos da África negra. E é notável que já desde então se recorresse a uma racionalização, ou seja, que essa aversão ao homem de pele escura buscasse e encontrasse uma justificação no fato de ele ter infringido um tabu, de ter transgredido um tabu sexual; e notem que, de modo geral, essa é uma das acusações ainda feitas com mais frequência ao negro.

O negro é um transgressor, é um transgressor dos tabus, sexuais em especial, é um contraventor. "Não tenho ódio dele porque ele é negro, mas porque..." etc. Isso quanto à história bíblica, no que se refere a Cam.

Com isso não se quer dizer que essa aversão profunda é universal, que infecta todas as civilizações. Cumpre dizer que no tempo do Império Romano era quase ausente; entre os historiadores latinos fala-se de povos inimigos, brancos ou negros, de modo geral com a mesma feição; não se expressam muitas diferenças, não se fala dos núbios como povos inferiores, sei lá, aos partas ou aos bretões.

Mas outras civilizações, outros impérios foram profundamente infectados por essa pulsão profunda contra o diferente. Basta pensar que esse mesmo mito de Cam se encontra no termo "camita", entre aspas; ainda hoje se fala em línguas camíticas. É um termo pouco científico, mas prevaleceu. E foi utilizado, instrumentalizado mais uma vez, racionalizado durante todos os séculos nos quais perdurou o tráfico de escravos de pele negra, que foi um comércio nada marginal, mas conspícuo, que envolveu as frotas mercantis inglesas, portuguesas, espanholas, árabes, holandesas: pode-se dizer que a Europa inteira foi envolvida.

Fala-se de um número, mal calculável, em torno de 50 milhões de escravos deportados para o outro lado do Atlântico, depois do descobrimento da América. Não gostaria que, ao contar essas coisas, o intuito fosse infamar apenas os homens de pele branca; o tráfico de escravos era praticado pelos próprios negros; saindo do centro da África, os escravos passavam de mão em mão, de seus soberanos negros que os vendiam a outros soberanos, que os vendiam nas costas marítimas aos mercadores árabes ou aos mercadores europeus, para finalmente aportarem nas costas da América com baixas pavorosas. E, se na América do Norte hoje existe um problema racial, um problema negro, está claro que isso se deve ao fato de que esse tráfico durou tantos séculos e foi tão conspícuo, mesmo em termos numéricos; despovoou a África substancialmente.

A assimetria e a vida

Nesse caso, no caso da tensão racial, da subjugação racial do negro pelo branco, muitas vezes é difícil desemaranhar a intolerância racial de certo número de outros fatores que se entrecruzam com ela, que a complicam e são fatores econômicos, são fatores de língua, são fatores de religião, são fatores de nível de civilização e assim por diante. Motivo pelo qual volto mais uma vez àquela declaração de humildade que fiz no princípio; muitas vezes não é fácil deslindar as causas, é quase impossível encontrar uma que seja única, encontrar o porquê da intolerância racial.

O caso da América do Sul é ao mesmo tempo parecido e diferente. Enquanto a Europa, os povos europeus, os povos mediterrâneos sabiam da existência da África negra desde tempos imemoráveis (sempre houve contatos, desde os tempos mais remotos), depois de Cristóvão Colombo estava-se diante daquela surpresa: um continente novo, que não era a Índia, e gente, povos, países e habitantes desconhecidos. Também nesse caso imediatamente se complicou o problema do contato entre a civilização europeia e aquela nova civilização das Américas Central e do Sul, por razões econômicas, mas também por razões religiosas. Discutia-se se os índios, aqueles índios que não eram indianos, tinham alma ou não. Se tivessem alma, precisariam ser convertidos ao cristianismo; se não tivessem alma, podiam ser exterminados ou usados como animais domésticos.

Isso foi discutido durante muito tempo, e as duas soluções existiram: houve extermínio, amplo, profundo, que dura ainda agora, e também a tentativa de aculturá-los, ou seja, de conquistá-los para a civilização europeia.

Diferente também é o caso dos aborígines australianos, porque eles eram — aliás são, ainda existem — muitíssimo diferentes. São tão diferentes que levam a duvidar que pertençam à mesma espécie que nós. E isso leva a pensar num desdobramento; pois, mesmo quando existe a melhor vontade de integração, de assimilação, enfrentam-se dificuldades objetivas. Ou seja, muitas vezes o povo que não é tolerado por sua vez não tolera o povo, a civilização que sobrevém. É um processo explosivo; de uma intolerância nasce outra intolerância, a frente de batalha se torna dupla, há uma tendência à não aceitação, à rejeição, contra outra rejeição.

É uma reação em cadeia, autocatalítica, que leva a situações insolúveis. Há pouco eu mencionava a dificuldade de encontrar, de identificar as causas. Norberto Bobbio concluiu uma aula dizendo que o preconceito nasce no cérebro do homem, portanto o cérebro do homem, assim como o fez nascer, pode também extingui-lo. Não estou completamente de acordo com isso; porque está claro que os preconceitos culturais, o preconceito religioso, a intolerância religiosa, a intolerância linguística são fenômenos humanos, digo humanos entre aspas, quero dizer, próprios do homem, porque pertencem à civilização do homem, por bem ou por mal.

Acredito, ao contrário, que o preconceito racial é algo pouco humano, acredito que é pré-humano, que precede o homem, que pertence ao mundo do animal, ao mundo animalesco mais do que ao mundo humano. Acho que é um preconceito de tipo ferino, de tipo dos animais ferozes, e isso por dois motivos: um, porque é efetivamente encontrado nos animais sociais, e disso falarei depois; o outro, porque não há remédio. É possível proteger-se do preconceito religioso mudando de religião; também existe proteção contra o preconceito linguístico, a diversidade linguística – pode ser doloroso, mas, assimilando a língua do outro, perde-se o caráter de diferente –, mas diante do preconceito racial não há defesa, o negro continua negro, seus filhos continuam sendo o que são; falta defesa. Portanto, não há salvação; no caso ocorrido – falaremos dele –, em que a intolerância se transforma em hostilidade e depois em matança, já não há refúgio.

Eu dizia que o preconceito racial, em minha opinião – é uma solução do problema que proponho –, é de origem animalesca; e, de fato, ele é encontrado na maioria dos animais sociais, dos animais gregários, dos animais que, como o homem, não podem viver sozinhos, precisam viver em grupo; nesses animais verificam-se

A assimetria e a vida

muitos fenômenos tipicamente humanos. Verifica-se quase sempre uma divisão em castas, tipicamente nos himenópteros, nas formigas e entre as abelhas; quando a divisão em castas é incorporada, os indivíduos já nascem estratificados em castas diferentes. Encontra-se a necessidade de hierarquia; isso é muito estranho, mal explicado, mas conhecido por todos: até os animais domésticos manifestam essa necessidade. Entre as vacas, no rebanho, sempre existe uma vaca número um; há competições que as vacas aceitam com gosto, ocorrem no Vale de Aosta, em todos os vales. Mesmo entre esses animais, tão profundamente modificados, com a deformação de sua condição como animais domésticos, submetidos ao homem há milênios, mesmo entre eles se mantém essa necessidade originária de hierarquia.

Nos galinheiros, entre as galinhas, há uma ordem de bicada; depois de certo número de bicadas preliminares, estabelece-se uma ordem precisa segundo a qual há uma galinha que bica todas, uma segunda galinha que bica todas menos uma, e assim por diante, até a última galinha do galinheiro que leva bicadas de todas e não bica nenhuma.

E esse fenômeno é amedrontador por ser muito semelhante àquilo de que estamos falando.

Ao lado desses fenômenos, digamos de intolerância animal, observam-se fenômenos que não só podem receber o nome de paralelos à intolerância racial.

Nos livros de Konrad Lorenz, prêmio Nobel fundador da Etologia, que escreveu belíssimos livros de divulgação científica, sobretudo naquele que tem o título italiano de *Il cosiddetto male*,* que trata da agressão, há um capítulo que fala dos ratos e, em minha opinião, pode servir perfeitamente como base para explicar, para justificar minha afirmação de que a intolerância racial tem

---

* Título original: *Das sogenannte Böse — Zur Naturgeschichte der Aggression*. Foi traduzido em português como *A agressão: uma história natural do mal*, Relógio d'Água, 1992, trad. Maria Isabel Tamen. (N. T.)

origens remotíssimas, não só pré-históricas como também pré-humanas, estando incorporada em certos instintos primordiais que são dos mamíferos e não só dos mamíferos.

Com isso não quero dizer, aliás, abstenho-me de dizer, que se trata de um mal não extirpável; se somos homens é porque aprendemos a nos proteger de certos instintos que são nossa herança animal, a combatê-los e a criar obstáculos contra eles.

Lorenz conta que os ratos se dividem espontaneamente em tribos, que os ratos de certo porão, de certa cela, são uma tribo diferente e hostil aos ratos que moram na cela ao lado; se pegarmos o rato do porão número 1 e o pusermos de repente no porão número 2, ele será estraçalhado. Se, porém, o pegarmos e o levarmos para o porão número 2, mas dentro de uma gaiola que o proteja, depois de três ou quatro dias ele é aceito, porque os outros aprenderam a reconhecê-lo visualmente. Não podemos deixar de pensar nos humanos análogos, de pensar no imigrante que, enquanto não assimilar, não digo o cheiro, mas o sotaque do país onde se estabeleceu, é reconhecido como diferente; não costuma ser estraçalhado, para sorte nossa nem sempre é estraçalhado – algumas vezes sim –, mas no mínimo é reconhecido como diferente e marginalizado, sua vida é dificultada.

Falei de uma intolerância racial pré-humana, pré-histórica, de uma intolerância histórica, mas distante (a das expedições escravagistas), agora vou falar do racismo moderno.

Os séculos XIX e XX foram os grandes séculos da Europa, os séculos em que foram construídos os grandes sistemas filosóficos, em que nasceram até a consciência dessa intolerância e a pregação da tolerância.

Com tudo isso, exatamente dentro da corrente iluminista e, depois, da corrente positivista, continuou-se buscando justificar, encontrar um motivo racional para esse instinto que de racional não tem nada. É interessante ler agora livros de cientistas movidos por absoluta boa-fé, pessoas estimadas e estimáveis, estimáveis ainda hoje.

A assimetria e a vida

Reli recentemente o livro de um famoso astrônomo, Flammarion, célebre divulgador científico, cheio de espírito humanitário, que num livro sobre o mundo antes da criação do homem fala do cérebro, de como ele se desenvolveu a partir dos animais, dos invertebrados mesmo. E ele chega a uma cadeia contínua de capacidades cerebrais, conclui que há os mamíferos, depois há os símios propriamente ditos, depois os símios antropomorfos, depois os negros e depois os brancos, ou melhor, os franceses. Isso é notável; Flammarion era francês e conclui que o melhor cérebro é o francês, e que todos os outros cérebros são um pouco menos válidos, um pouco menos completos, um pouco menos pesados do que o cérebro dos franceses. Por outro lado, quando o antropólogo era inglês, não havia dúvida, o cérebro inglês era o melhor. E tinha-se o trabalho de medir não só o peso do cérebro como também seu volume, o número dos giros, a superfície do córtex, os diâmetros da pelve; sobretudo o ângulo facial.

O ângulo facial tornou-se uma coisa muito importante; concluía-se que o ângulo facial do negro estava exatamente a meio caminho entre o ângulo facial do gorila e o do francês, ou do inglês, ou do alemão, é claro. Isso era fundamental, tinha-se encontrado o que faltava, tinha-se encontrado o elo perdido da evolução, aquele elo que explicava a passagem do animal ao homem. Tinha-se encontrado, era o negro, ou o aborígine australiano, qualquer outro; o europeu não, o europeu era diferente. Em suma, constata-se que a raça superior é sempre a do teorizador, e nunca se viu nenhum antropólogo descobrir, com terror e humilhação, que sua raça não é a raça superior, mas sim uma raça inferior.

Até Hegel, o famoso fundador do idealismo, quando fala dos negros, diz coisas que hoje são de arrepiar os cabelos; diz que os negros estão fora do mundo civilizado, fazem parte da natureza, são natureza incontaminada, incorrupta, são, desculpem o jogo de palavras, natureza em estado natural, fazem parte do chão, fazem parte da vegetação mesmo. Portanto, são o que são, nunca serão aceitáveis, são uma raça diferente.

Primo Levi

Nesse ponto é preciso dizer que nenhum estudo antropológico sério, apesar dos esforços de todos os antropólogos, jamais conseguiu identificar nenhuma diferença de valor entre as raças humanas, depois de eliminados os fatores que não são raciais, ou seja, os fatores culturais. Está claro, há brancos, há negros, há amarelos e assim por diante; são diferentes no aspecto, são diferentes na estatura, mas quando se começa a falar de "valor", ou seja, do bom e do ruim, essas diferenças escapam; é preciso acumular uma dose colossal de mentiras, mentiras científicas mesmo que de boa-fé, para conseguir demonstrar que uma raça vale mais do que outra.

Por exemplo, os testes psicológicos foram muito discutidos, afirmou-se na América do Norte que os testes psicológicos, feitos, forjados pelos brancos, dão um quociente intelectual diferente para os negros.

Mas quando se fez o contrário, quando os testes foram preparados por cientistas negros e aplicados aos brancos, ocorria o mesmo, ou seja, o branco tinha um quociente de inteligência mais baixo.

Está claro, apesar de tudo, que essa medida do quociente de inteligência é uma coisa muito presunçosa e não é tão neutra como poderia parecer, e por sua vez é um instrumento que serve para racionalizar. Se falarmos do aprendizado de línguas, por exemplo, afirmou-se e muitos ainda acreditam que existe uma pronúncia negra; por isso os negros da América, os negros transplantados na Itália, na França ou em outros lugares falam todos com uma pronúncia diferente; afirmou-se até, faz algumas décadas, que o fato era sem solução, era anatômico: a glote e a laringe não seriam iguais às dos brancos. Por isso, um negro nunca poderia aprender a falar com pronúncia correta uma língua que não fosse sua.

Isso é totalmente falso; descontados os preconceitos, porque não passam de preconceitos, constata-se que um negro que estude em Oxford, que more na Inglaterra desde criança, fala com a melhor pronúncia oxfordiana que se possa imaginar; os negros

A assimetria e a vida

que estudam na Itália, desde que tenham saído de seus ambientes de origem na idade em que as línguas são aprendidas, aprendem um italiano perfeito, sem vestígio de sotaque.

É só pensar nos recordes esportivos; alguém talvez se lembre do escândalo que houve em 1936, nas Olimpíadas de Berlim, na Alemanha hitlerista e racista: ocorreu que um negro, um negro norte-americano, Owens, venceu os cem metros rasos. E como os racistas nacional-socialistas conseguiram sair dessa? Precisaram silenciar a coisa. Era a demonstração de que pelo menos naquela prova, na prova dos cem metros rasos, havia um negro que valia mais do que um branco.

Ora, se, por exemplo, observarmos a lista dos prêmios Nobel, veremos pessoas de todas as raças. Não estou falando dos prêmios Nobel literários, que são uma coisa muito artificiosa, mas dos prêmios Nobel em Medicina, em Física, em Química etc., que são bastante sérios; observa-se, justamente, que não há uma raça humana que monopolize os prêmios, que monopolize o saber científico.

A mais falsa das filiações do racismo é a que fala da mistura das raças. Parte integrante das teorias racistas alemãs era a convicção de que o produto da mistura era um híbrido, um bastardo (híbrido e mestiço eram eufemismos para dizer bastardo) e que a mistura de duas raças colhia o pior das duas raças, sendo portanto algo inferior. A consequência era a seguinte: não pode, não deve haver casamentos mistos, que de fato foram proibidos por lei.

Mas a realidade objetiva, facilmente constatável, é a seguinte: se algo se pode extrair da genética moderna é que entre espécies diferentes – "espécie" no sentido estrito do termo – o cruzamento não é possível. Como se sabe, no cruzamento de cavalo e vaca não há fecundação; entre espécies muito próximas há fecundação, mas o produto, o mulo, é estéril. Dentro da espécie, sempre há fecundação; a melhor demonstração de que as diferenças entre raças humanas não são diferenças de espécie é que todas as raças humanas são fecundas entre si. E, justamente, se algo se pode

Primo Levi

extrair disso, é que o cruzamento será mais favorável quanto mais distantes forem as áreas de proveniência; a seleção natural cuidou disso, não só nos animais, mas também nas plantas. Todos os animais e todas as plantas dispõem de mecanismos para a dispersão; por exemplo, o fenômeno estudado pelos etologistas, estudado por Konrad Lorenz, da agressão dentro da espécie, em virtude da qual alcateia briga com alcateia, cão briga com cão (não até a morte em geral), há competições entre os machos de cervos, os pássaros cantam (para mandar embora o pássaro concorrente): esse fenômeno consiste na dispersão, ou seja, no espalhamento pela maior superfície possível, com o fim de favorecer cruzamentos distantes, enfim, para que não haja casamento entre parentes. Portanto, a própria natureza aconselha, prescreve até, através da seleção natural, que ocorram cruzamentos, e que ocorram através da dispersão, numa área muito grande. Esse motivo, esse mito do cruzamento como tabu, do cruzamento que não deve ocorrer, do cruzamento que produz o bastardo, está ligado a arquétipos muito antigos e muito misteriosos; à pureza. Fala-se muito de pureza de raça, falou-se muito de pureza de raça, sobretudo na Alemanha nazista da qual falaremos depois. Como se fosse um fato demonstrado que a raça indo-europeia – como era chamada então – era pura e, sendo pura, era boa.

Ora, naquele lugar não era pura, porque nada o demonstra; eram puros uma raça humana qualquer, um povo humano qualquer.

Preciso fazer um parêntese.

O próprio termo raça, que sou obrigado a usar, está muito desacreditado, depois que se tornou instrumento de uma das maiores matanças deste século, da maior matança deste século; sou obrigado a usá-lo, uso, uso entre aspas por assim dizer, mas sempre com a advertência de que, com exceção de algumas grandes subdivisões óbvias, é quase impossível falar de raças humanas na Europa, por exemplo.

Exatamente no que se refere à Europa, e à Itália em especial, desde que se conheça um pouco de história, não digo a história

A assimetria e a vida

mais remota, digo a história recente da Itália, sabe-se perfeitamente que em 2 mil anos, de Roma em diante, a Itália foi teatro de vicissitudes históricas muito complexas, de invasões, ocupações, migrações nas duas direções, para a Itália e para fora da Itália, e que, portanto, falar de raça italiana ou europeia não tem o menor cabimento, no sentido com que os racistas falam.

Claro, os italianos em geral têm pele branca; mas todas as outras definições falham. Quem sair em busca de algum critério preciso para detectar unidades raciais na Itália ou na Europa não encontrará nada; corrijo-me: encontra-se algo talvez só hoje.

Está nascendo um ramo interessantíssimo e complicadíssimo da genética que possibilita acompanhar certo caráter genético com muita precisão, à custa de pesquisas muito caras, e até agora ele levou àquilo que se esperava, ou seja, uma tremenda confusão, uma confusão remota, milenar. Porque o mesmo caráter se encontra aqui, se encontra na Irlanda, se encontra na Finlândia...

Eu estava dizendo antes que o mito racial considera evidente, demonstrado, que a raça branca é a raça superior por definição.

Desse ponto de partida nasceu um conceito mais restritivo; ele nasceu na Alemanha, antes do nazismo, por obra sobretudo dos filólogos alemães que haviam notado uma estranha analogia entre a gramática e o léxico das línguas neolatinas, das línguas germânicas, das línguas eslavas e do sânscrito, encontrado em antigos documentos indianos, ainda falado em algumas de suas variantes na Índia. Disso extraíram a teoria de uma raça bem precisa, que chamaram de raça indo-germânica, por dois motivos, um evidente, outro oculto. O motivo evidente era que a Índia e a Alemanha eram os dois extremos de uma raça que falava certa língua e que se estendera, ou ocupara, uma área que partia da Índia e ia até a Alemanha. Porém, mais profundamente, chegava-se a dizer com essa definição indo-germânica que a Alemanha era herdeira da Índia, ou seja, era herdeira daquela civilização ariana (chamada arianta de modo abusivo) que em tempos remotos partira da Índia, berço da humanidade, e elegera sua nova sede exatamente na Alemanha.

189

Portanto, a Alemanha era um país privilegiado, era herdeira de uma civilização muito antiga.

Entre parênteses, a suástica, aquela insígnia que às vezes ainda hoje se encontra nos muros, era um signo sagrado na Índia e não por acaso foi escolhido por Hitler e pelos nacional-socialistas como novo símbolo da Alemanha herdeira daquela antiga civilização. Civilização que era pura por definição, não se devia discutir por que exatamente aquela seria a civilização por excelência; era ela e pronto. A suástica emigrara da Índia para Berlim.

Neste ponto chegamos à maior e mais terrível das mistificações ideológicas ligadas ao mito da raça. E é paradoxal que o racismo mais letal de todos os racismos históricos não tivesse substancialmente nenhuma base concreta, menos bases concretas do que a destruição dos índios brasileiros por parte dos portugueses; porque não se falava genericamente de uma ou mais raças não indo--europeias, falava-se de uma raça em especial, e era a raça judia.

Era realmente necessária aquela espécie de fascinação que, ao que parece, Hitler exercia sobre seu público, para que fosse possível impingir uma besteira tão grande – porque se existe uma raça "não raça", essa é a raça judia.

Se lermos o que resta de documentação, ou seja, a Bíblia, o Antigo Testamento, veremos que já então aquele povo chamado de hebreu no texto bíblico era um povo difuso, que nada mais fazia senão assimilar outros povos, subdividir-se, ocupar outras terras, misturar-se a outras populações, espalhar descendentes por todos os lugares; em tempos históricos houvera uma coletividade no Egito, outra coletividade na Babilônia; é difícil imaginar que aquela raça tivesse se mantido pura já então.

Certamente já era uma não raça naqueles tempos; mas desde então se passaram três milênios e meio, e essa raça não raça foi se contaminando cada vez mais.

Houve aquele episódio, inexplicavelmente pouco conhecido, do império dos cazares na Ucrânia. Por volta do século VI d.C. um grande reino dentro dos limites da atual Ucrânia converteu-se

A assimetria e a vida

ao judaísmo. O rei se converteu, e, como então valia o princípio *cuius regio, eius religio*, a religião do reino é a daquele a quem o reino pertence, todo o povo cazar converteu-se, foi convertido ao judaísmo. É difícil dizer quantos eram, mas com certeza eram vários milhões; e é quase certo que o núcleo maior de judeus da Europa, os judeus poloneses e russos, é em boa parte constituído por descendentes daqueles cazares, ou seja, não têm relação nenhuma, nem se recorrendo ao mito do sangue, com os judeus da Palestina. Apesar disso, foi exatamente contra essa raça não raça que se desencadeou a mais furiosa das campanhas raciais.

Também nesse caso as razões são difíceis de perceber; certamente o terreno estava predisposto, porque na Alemanha, antes de Hitler, existia um nacionalismo intenso, ligado a questões de unificação, às dificuldades da unificação alemã, em decorrência das fronteiras inseguras a leste e a oeste, em suma, existia um nacionalismo contra todos, *erga omnes*, em especial contra os judeus, e isso por muitos motivos, como sempre evidentes e menos evidentes. Sem dúvida, disso fazia parte o destino do povo judeu, os judeus da Palestina tinham sido submetidos pelos romanos, haviam resistido com vigor, com tenacidade à ocupação romana porque os romanos pretendiam assimilá-los cultural e, sobretudo, religiosamente, coisa de que os judeus não gostavam. Os judeus possuíam e possuem ainda em parte um código religioso e tradicional extremamente rigoroso, que não faz concessão à adoração de ídolos; para eles é muito rígida essa prescrição, esse tabu, essa proibição de inclinar-se diante de ídolos. Por isso se rebelaram diversas vezes contra os romanos, foram exterminados em boa parte e em boa parte forçados ao exílio. Estabeleceram-se em toda a bacia do Mediterrâneo, mas conservando um elo profundo, que na origem era religioso, entre eles, entre comunidades e dentro de cada comunidade. Isso os tornou decididamente estrangeiros. Esses núcleos, coesos entre si e dentro do próprio núcleo, estavam ligados por uma religião que acabou se transformando num código ritual muito minucioso, muito preciso, e numa tradição que os tornava diferentes; por isso, com o passar dos séculos, estavam sendo sempre expulsos de algum país, despejados em outro, onde mais uma vez eram estrangeiros, ainda mais estrangeiros; aquilo que tinha sido assimilado de certa cultura tornava-se inútil, e era preciso readquirir uma nova cultura.

Foi o que aconteceu com os judeus da Espanha expulsos em 1500, com os judeus da Inglaterra, expulsos por volta de 1300, e assim por diante; desse modo, apesar da dispersão geográfica, esse povo continuava coeso, mas nômade, portanto declarado novamente estrangeiro a cada expulsão.

Sem dúvida esse é um dos motivos pelos quais a Alemanha nacionalista, e chauvinista, os percebia como estrangeiros; prestavam-se bem a servir de bode expiatório para carregar as culpas que os alemães não queriam assumir.

Nesse quadro surge a figura do agitador político Adolf Hitler, antissemita por excelência, furiosamente antissemita.

Sobre as razões por que Hitler era antissemita e "tão" antissemita foram escritas dezenas de volumes; essa é a prova de que é difícil explicar isso também. Decerto era uma obsessão pessoal; por que ele tinha essa obsessão é algo que não se sabe bem, já se disse de tudo...

Já se disse que ele receava ter sangue judeu nas veias, porque uma de suas avós tinha engravidado quando trabalhava em casa de judeus; e ele carregou esse temor enquanto viveu, porque, obcecado como era pela pureza, temia não ser puro nem ele mesmo.

Há outras explicações, dadas pelos psicanalistas, que são justamente aquelas que explicam tudo; dizem, disseram, que ele apresentava traços paranoicos, traços perversos, em si mesmo, e os projetara sobre os judeus para expelir de si essas características. É uma explicação que apresento como li e como entendi, ou seja, não apresento bem; não conheço a linguagem dos psicanalistas, talvez alguém pudesse dizer isso melhor do que eu, de qualquer modo o que se tem aí é também um esboço de explicação. Há também explicações econômicas. É verdade, não se pode negar, que

A assimetria e a vida

no início do século os judeus pertenciam à burguesia alemã, ocupavam posições bastante fortes nas finanças, na imprensa, na cultura, nas artes, no cinema e assim por diante; portanto, decerto havia invejas.

Mas recaímos naquilo que eu disse antes, ou seja, naquela confusão inextricável entre motivos raciais, ou supostamente raciais, e outros motivos.

Houve quem dissesse que a guerra racial foi a única guerra que Hitler ganhou, e é verdade, ganhou; desencadeada contra o judaísmo alemão primeiro, e depois, gradualmente, contra o judaísmo de todos os países ocupados pela Alemanha, foi impiedosa, foi travada com aquele talento para o aprofundamento, para fazer as coisas completas, que caracteriza os alemães no bem e no mal, levando à matança, à morte de 6 milhões de judeus numa população mundial de 17 milhões, portanto algo próximo a um terço, e praticamente à extinção da cultura e da civilização judaica em países como a Lituânia, a Polônia, a Ucrânia. E, se isso não ocorreu em outros lugares, foi só porque os alemães não chegaram lá, pois intenção havia. É bom lembrar que o testamento que Hitler ditou quando os russos estavam a oitenta metros de distância, uma hora antes do suicídio, termina com uma frase que diz: "Sobretudo delego a vós, meus sucessores, a tarefa de levar a termo a campanha racial, de exterminar o povo judeu que é o portador de todos os males da humanidade". Parece-me que isso seria suficiente para demonstrar que estava fora do racional, fora do sensato, em suma, essa necessidade, por parte do homem Hitler, de lançar todas as culpas possíveis sobre um bode expiatório; e esse bode expiatório eram todos os judeus da Europa.

Não se tratava só de matar — e isso também me parece contribuir para definir o caráter ferino, o caráter animalesco, desse tipo de ódio racial.

É até possível matar de modo piedoso; um condenado à morte na maioria das vezes é morto de modo piedoso: com piedade por ele, permite-se que ele expresse as últimas vontades; no entanto,

Primo Levi

o morticínio dos judeus da Europa, e sobretudo da Europa Oriental, ocorreu do modo mais insanamente cruel, ocorreu matando os filhos diante dos olhos das mães, ocorreu provocando a morte só depois de uma série de dores desnecessárias, de humilhações desnecessárias, de vexações, deportando – e esse é um testemunho pessoal que faço.

É preciso pensar o que significava ser posto num trem, no caso em vagões de carga; significava cinquenta a sessenta pessoas, homens, mulheres e crianças, obrigados a ficar cinco dias, dez dias, quinze dias até, quando os trens vinham de Salônica e iam para Auschwitz, sem comer, sem beber, com a promiscuidade que podem imaginar, sem dormir, com um frio intenso no inverno e um calor atroz no verão, com vagões que nunca eram abertos, para que, antes da morte, que ocorria depois nos campos de concentração ou no próprio vagão na maioria dos casos, ocorresse um processo de brutalização; ou seja, havia a vontade expressa de demolir o humano no homem antes ainda de matá-lo. E esse acho que é realmente um fato único na história, nessa já sangrenta história da humanidade.

Mais um testemunho pessoal. Estive num campo de concentração, em Auschwitz, e trabalhei numa fábrica que era bombardeada periodicamente; e nós éramos encarregados de retirar os escombros.

Fazia vários meses, quase um ano que estávamos presos, eu pelo menos (outros estavam presos havia dois anos), e não estávamos nada bonitos, de barba comprida, roupa rasgada, cabelo raspado, sujos, muitos não falavam alemão. Ao lado daquela fábrica bombardeada havia um acampamento de jovens hitleristas; eram garotos de 14 anos, correspondiam aos *avanguardisti* da época na Itália; pertenciam a todas as classes sociais e participavam de um acampamento pré-militar por assim dizer, acampamento esportivo em barracas, ali pertinho.

Eram levados lá, em visita guiada, para nos verem recolhendo os escombros; e o discurso dos instrutores – eles não se preocupavam em fazer segredo, em falar baixo – era o seguinte:

A assimetria e a vida

Estão vendo, é claro que os mantemos no campo de concentração e os obrigamos a trabalhar, porque não são homens, se olharem bem; têm barba comprida, não se lavam, são sujos, não sabem nem falar, só servem para usar pá e picareta, portanto é claro que somos forçados a tratá-los desse modo, como se trata um animal doméstico.

Essa inversão de causa e efeito é bem típica, porque, como é evidente, aqueles eram os efeitos da prisão, não a causa da prisão; e essa inversão se manifesta em todos os lugares do mundo onde haja preconceito racial. O povo "outro" é perseguido e depois se diz: "Dá para entender por que ele é perseguido, estão vendo como é? É animalizado, vale menos do que nós, não tem nossa cultura, é natural que execute os trabalhos pesados, os trabalhos mais desagradáveis...".

Claro, não quero fazer equiparações porque a perseguição dos judeus da Europa foi uma coisa muito mais aprofundada e terrível, muito ampla, mais sangrenta do que todas as outras perseguições raciais; mas por isso serve de algum modo como exemplo.

Nessa altura, o que dizer da atualidade?

Isso foi ontem, faz trinta, trinta e cinco anos; ainda existem discriminações raciais? É evidente que sim.

A Itália é um país até certo ponto privilegiado, talvez por ser um país de sangue misto, sangue muito misturado ainda em tempos recentes.

Na Itália temos tanta consciência de não sermos uma raça italiana que somos pouco permeáveis a atritos com outras raças; acho que nisso a Itália é de fato uma ilha privilegiada na Europa; aliás, até por isso, por muitos motivos, na Itália os judeus sofreram perseguições moderadas, humilhações em todos os tempos, mas nunca ou quase nunca se chegou ao derramamento de sangue, a não ser durante a ocupação alemã.

Eu diria que a intolerância racial na Itália também é tão tênue porque a Itália é um país cético, na Itália é difícil haver fanatismos, é difícil acreditarmos no "profeta"; mesmo que aparecesse outro

Primo Levi

profeta tipo Mussolini hoje, vacinados como estamos, acho que ele não encontraria muita acolhida.

Mas a Itália não é o único país do mundo; quem viu na televisão o que está acontecendo no Irã percebe o que é perseguição, racial e não racial (como eu disse antes, essa mistura é permanente). Lá ela é nominalmente religiosa, mas os curdos são da mesma religião dos iranianos e mesmo assim são perseguidos. Há muitos judeus iranianos que são de raça judia, de origem judia, mas de fé muçulmana e também são perseguidos.

Dito isto, depois de ver o que ocorreu nos últimos dias num país que afinal não está tão distante, porque nenhum país é distante hoje, devo dizer que ser totalmente otimista seria no mínimo imprudente.

Texto da aula dada por ocasião dos encontros organizados pela prefeitura de Turim com o título "Torino Enciclopedia", nov. 1979.

Prefácio a As duas faces da Química, *de L. Caglioti*

Vinte anos atrás, por volta de 1960, a Itália, a Europa e o mundo navegavam numa euforia difusa, perturbada apenas pelas nuvens que pareciam adensar-se sobre alguns países recém-descolonizados. Era opinião comum, aliás, postulado não discutido, que com o fim da guerra fria entre Estados Unidos e União Soviética, com a aceitação do equilíbrio nuclear e com a instauração da distensão entre as duas superpotências, as heranças sinistras da Segunda Guerra Mundial seriam superadas e liquidadas, e o mundo poderia encaminhar-se confiante para um futuro de produção, consumo e bem-estar crescentes. Dissipados ou, pelo menos, esmaecidos os perigos de natureza política, não se viam outros perigos para a humanidade a não ser, num futuro distante, os decorrentes da superpopulação.

Dez anos atrás o cenário já era diferente. Várias vozes tímidas e outras respeitáveis se ergueram para advertir que seria muito difícil poder continuar indefinidamente daquele jeito: buscar o ápice, sim, mas em todas as frentes? Até onde? Não teria chegado o momento de fazer as contas planetárias e pisar no freio, se não no consumo, pelo menos no desperdício, nas necessidades artificialmente criadas e na poluição do ar, da água e do solo? No outono de 1973, o mundo inteiro precisou convencer-se, de

Primo Levi

maneira brusca e brutal, de que aquele momento tinha chegado; isso ocorreu no prazo de poucos dias, por ocasião da "pequena" guerra do Yom Kippur entre Egito e Israel. Portanto, o petróleo, principal fonte de energia para todos os países industrializados, matéria-prima de milhares de derivados, que tacitamente todos consideravam inesgotável, podia vir a faltar durante algum tempo por decisão arbitrária e autônoma de alguém; aliás, examinando-se com um pouco menos de desatenção, podia vir a faltar para sempre, dentro de algumas décadas: ou, de maneira mais precisa, decerto viria a faltar por esgotamento das reservas. Essa consciência repentina de um prazo, talvez prorrogável, mas indubitável, foi salutar sob muitos aspectos, porque esclareceu a necessidade de resolver, de modo inteligente e em escala mundial, muitos problemas que vinham se acumulando: o despertador tocou, o petróleo vai acabar, já está acabando, e com ele acabará a época da energia a baixo custo, a *belle époque* do desperdício despreocupado, da gasolina jorrando, pouco mais cara do que a água mineral. Mas, tal como o petróleo, cedo ou tarde também se acabarão muitos metais, cujo consumo cresce de maneira exponencial à custa de recursos limitados: em suma, percebemos que tínhamos sido admiravelmente engenhosos no curto prazo, na resolução de problemas até que complexos, mas temporários e secundários, e que, ao contrário, tínhamos sido incrivelmente imprevidentes em relação aos problemas maiores, que se estendiam no espaço e no tempo, e dos quais depende nada mais, nada menos que a sobrevivência de nossa civilização, ou mesmo de nossa espécie.

Assim, foi desferido um novo golpe no conceito iluminista de progresso. Já no início do século XX, com o primeiro conflito mundial, começara-se a falar de progresso com cautela: progresso sim, mas apenas científico e técnico, certamente não moral e talvez nem cultural e artístico. Hoje, alguns pensadores (e muitos não pensadores) põem em dúvida o próprio progresso científico-tecnológico: a Revolução Industrial provocou duas guerras planetárias sangrentas, da química veio a dinamite, de Einstein e Fermi

A assimetria e a vida

veio Hiroshima, dos herbicidas veio Seveso, dos tranquilizantes a tragédia da talidomida, dos corantes vem o câncer. Chega, é melhor parar, voltar atrás.

Ora, voltar atrás não é possível, ou só é possível com uma mortandade de proporções inauditas: retornar às origens significaria reabrir as portas para as epidemias e a mortalidade infantil, renunciar à produção de fertilizantes químicos, reduzindo assim à metade ou a um terço a produção agrícola e condenando à fome centenas de milhões de indivíduos, além daqueles que já padecem dela atualmente. A humanidade encontra-se hoje numa situação crítica e nova, tão complexa que seria ingênuo propor sua solução com base num critério geral único. Não se pode continuar "progredindo" indiscriminadamente, mas também não se pode parar ou regredir em todas as frentes. É preciso enfrentar os problemas um por um, com honestidade, inteligência e humildade: essa é a tarefa delicada e imensa dos técnicos de hoje e de amanhã, e é esse o tema de que trata este livro.

Eu ousaria afirmar que, mais do que um compêndio de Química, ele é um manualzinho de comportamento prático. Pois bem, é fundamental que os numerosos e graves problemas de caráter técnico que enfrentamos saiam do âmbito dos emotivos e dos interesseiros e sejam expostos com competência e sinceridade. Nem sempre, aliás raramente, se indica uma solução: algumas vezes, o exame equilibrado dos dados mostra que o problema não existe, ou então existe, mas a solução poderia ser encontrada só por meio de pesquisas excessivamente caras, ou também (como no caso do "imbróglio da sacarina") que a verdade pode submergir num mar de dados experimentais contraditórios. Esse, claro, é um caso extremo, devido ao fato de que esse produto é caracterizado por riscos e por benefícios, ambos modestos e ambos mal definidos: já diferente e de caráter mais universal é o problema dos aditivos alimentares, pois todos somos consumidores de alimentos, e a maioria dos seres humanos hoje em dia consome alimentos de algum modo manipulados ou conservados. Há aditivos úteis ou mesmo indispensáveis, como os que possibilitam uma proteção mais duradoura e segura dos alimentos contra a decomposição; outros, como os corantes, desempenham funções puramente comerciais, ou seja, satisfazem falsas necessidades criadas pelo hábito e pela publicidade; na verdade, não seria impossível acostumar-se a consumir salames cinzentos e geleias incolores (ou seja, de cor "natural"), mas contra essas inovações, que sem dúvida seriam lógicas, "a resistência do consumidor tem sido muito categórica". Seria desejável que contra o uso dos aditivos inúteis fossem mobilizadas as mesmas armas da propaganda a que se recorreu para promover necessidades totalmente fúteis e artificiosas: na verdade, diante do mais atento e inteligente equilíbrio ecológico que esse livro se propõe a promover, dizer inútil é o mesmo que dizer nocivo; se o benefício é nulo, deve prevalecer a presunção de nocividade, por menor que seja. Que sirva de exemplo o caso dos nitratos e dos nitritos: há séculos eles vêm sendo acrescentados aos embutidos para avivar a cor, e recentemente desconfiou-se de que favoreçam o desenvolvimento do câncer através de complicadas e insuspeitadas transformações pelas quais passam no organismo.

Também delicado é o problema dos medicamentos. Que todo fármaco é um veneno potencial Hipócrates já sabia, e isso é demonstrado pela ambivalência semântica do vocábulo grego. Ficamos sabendo que "de 3% a 5% das internações hospitalares nos Estados Unidos têm por motivo alguma reação indesejável a algum medicamento", e é bastante grande a incerteza quanto ao que acontece quando o paciente recebe dois ou mais medicamentos, sobre cuja compatibilidade e interação o médico prático (ou mesmo o farmacologista) não sabe substancialmente nada. E que dizer do caso, hoje muito comum, de medicamentos consumidos pelo paciente sem prescrição médica, com base na experiência alheia ou do "ouvir dizer"? Trata-se de avaliar com inteligência e competência, sem reações emocionais, o equilíbrio entre riscos e benefícios: mas, na maioria dos casos, essa avaliação

A assimetria e a vida

vai muito além da capacidade do leigo, e leigos somos todos; e devemos nos dar por felizes se cada um de nós conseguir ser competente em pelo menos um dos infinitos problemas com que nos defrontamos. Mas livrar-se das reações emocionais é difícil. A imprensa e os meios de comunicação de massa nos bombardeiam com uma quantidade crescente de informações imprecisas, deformadas, lacunosas, muitas vezes mal entendidas pelos próprios autores, quase sempre maculadas por interesses ou ideologias preconcebidas. É exemplar a questão do fumo, aqui amplamente desenvolvida. É bem verdade que se está generalizando a consciência genérica de que "fumar não faz bem", mas é salutar ler sem dissimulação que, na República Federal Alemã, por exemplo, a cada ano o tabaco rende ao estado 9 bilhões de marcos, mas impõe custos sociais de 20 bilhões de marcos, ou seja, para tratar as doenças provocadas direta ou indiretamente pelo fumo; ou que o tabaco mata quatro vezes mais do que os acidentes de trânsito.

É muito difícil emitir julgamentos sobre a toxicidade dos elementos químicos, presentes em traços (desde sempre: o mar contém quase todos, mas agora as concentrações aumentaram e apareceram novos) no ambiente onde vivemos e nos alimentos que ingerimos. Sabe-se há muito tempo que arsênico e selênio são "tóxicos", ou seja, nocivos ou mortais se absorvidos em quantidades elevadas: mas o que significa "elevadas"? Só os métodos mais modernos e sutis de análise química possibilitaram estabelecer que, em doses muito baixas, ambos são necessários ou pelo menos úteis: o arsênico como fator de crescimento, o selênio como antagonista do mercúrio. Pode-se acrescentar que as dosagens em que eles (e provavelmente também outros elementos ou compostos) são úteis diferem muito de espécie para espécie e provavelmente também de indivíduo para indivíduo. Portanto, seria sensato reduzir sua presença no ambiente; seria tolo eliminá-los de todo. Onde fica a linha de demarcação entre sensatez e ignorância?

Chega-se ao ápice da incerteza e da confusão, observa o autor, quando o assunto é energia: no entanto esse problema, entrelaçado

Primo Levi

com todos os outros atuais (inclusive políticos), é o problema dos problemas, o nó de nossa sobrevivência, diante do qual todas as outras questões deveriam esmaecer: *Energia ou extinção** é o título ameaçador de um livro de Fred Hoyle aqui citado. É também o problema para o qual estamos mais despreparados, porque a solução que se mostra mais plausível, a energia nuclear, não se baseia, como as outras, numa experiência de décadas ou séculos, ultrapassa os limites da Física e da Química clássicas e se choca contra hábitos inveterados e associações mentais inquietantes: para muitos, plutônio é Plutão, e o átomo é Hiroshima. As "duas faces" a que se refere o título do livro, os riscos e os benefícios, estão ambas camufladas e mascaradas, além de eivadas pelos enormes interesses financeiros em jogo; em torno de sua avaliação objetiva não há unanimidade nem entre os especialistas; no entanto, o problema não pode ser deixado de lado, já que a carência de energia implicaria uma mortandade de dimensões inimagináveis, e não se pode delegar a resolução do problema à próxima geração, punindo-a assim por nossa imprevidência. Mas para resolvê-lo, também nesse caso é preciso inteligência, cultura e honestidade.

De tudo o que foi dito acima e dos muitos outros temas vitais tratados no livro, fica clara a necessidade e a obrigação moral de não sermos crédulos, impulsivos e ignorantes. Nunca como nestes anos precisamos estar preparados, e nunca como nestes anos a escola, pelo menos na Itália, esteve tão mal preparada para nos preparar: são bem-vindos todos aqueles que, como Caglioti, se propõem a suprir essas carências. Há nós, e eles não se desatam com gritos de viva e abaixo nem com passeatas e procissões, mas com ações concretas e confiança na razão humana, pois não há outros instrumentos apropriados para esse objetivo. Quem se opuser a alguma decisão necessária e urgente precisará ter uma decisão alternativa e melhor para propor. Quem falar de "novos modelos de

---

* Título original: *Energy or Extinction? The case for nuclear energy*, Heinemann Educational Books Limited, 1977. (N. T.)

A assimetria e a vida

desenvolvimento" precisará saber o que significa essa expressão. Em uma palavra, é preciso saber: não ceder ao entusiasmo nem ao catastrofismo, e não se saturar nem saturar os outros de palavras.

Por trás das notas técnicas e dos dados quantitativos, numerosos com razão, flui através deste livro uma corrente silenciosa de sabedoria, de intuito educacional e de tensão moral. Não proclama soluções, mas por sua própria elaboração ensina qual é o estado de espírito mais apropriado para atingi-las: cada cidadão pode encontrar nele matéria de meditação, e seria desejável que ele fosse aceito e divulgado como texto didático.

De L. Caglioti, *I due volti della chimica*, Milão, Mondadori, 1979, p.9-13.

Não se vê outro Adão nas redondezas

É triste, mas é o que se vê todos os dias: o fato de uma afirmação ser defendida por muitos durante muito tempo não prova nada sobre sua validade. Durante quantos séculos se ensinou nas escolas que os vermes nascem da carne putrefata? Durante quantos séculos os médicos afirmaram que a malária provém do ar ruim, e que a sangria cura todos os males?

Do mesmo modo, a antiguidade da opinião de que há "astros habitados" nada demonstra sobre sua veracidade. Tanto essa opinião quanto a oposta, de que só na Terra existe vida, foram defendidas durante milênios com extrema veemência, mas com argumentos frágeis. Talvez nenhum dilema filosófico tenha provocado polêmica mais longa no tempo e mais vaga na substância. Polêmica que perdura e ainda perdurará por muito tempo, porque consiste na repetição de apenas dois argumentos contrapostos que podem ser assim resumidos:

1) Só a Terra é habitada porque a Terra é o centro do universo. Desistimos com relutância a considerá-la como tal, materialmente, e admitimos que ela gira em torno do Sol, que o Sol não é o centro da galáxia, que não tem sentido falar em centro geométrico do universo, mas também achamos que a Terra é um lugar privilegiado porque na Terra moramos nós, seres humanos, e nós somos

Primo Levi

privilegiados porque conhecedores do bem e do mal e destinatários da Revelação divina. De fato, não existem sinais indubitáveis de vida extraterrestre. É evidente que ela não existe: com muito mais razão não existe vida inteligente.

2) Existem outros planetas habitados por razões de simetria e de economia. Só a vida, em especial a vida consciente, pode ser objetivo da criação, e a criação não pode ter tido objetivo. Um universo infindo em que só a minúscula Terra abrigasse vida e consciência seria um universo ilógico e desperdiçado. Por enquanto não existem sinais de vida extraterrestre, mas já foram descobertos os precursores, mesmo que só em nossos vizinhos do sistema solar: com mais razão serão encontrados nas estrelas, se e quando pudermos explorá-las. Talvez o número de estrelas não seja infinito, mas decerto elas são tão numerosas que bilhões de planetas podem ter ambiente favorável à implantação da vida, e o caminho da vida é inexplicável e insensato se não desembocar na consciência. Portanto, é evidente que no cosmo existem outras inteligências além da nossa.

Na realidade, nessa disputa só uma coisa é evidente: a ideia preconcebida. Reduzidas à sua essência profunda, as duas teses deveriam ser assim enunciadas: "Eu, homem, não quero ter concorrentes na criação", e "Eu, homem, temo a solidão e quero companhia e um guia". São posições sentimentais, por isso irretorquíveis: são desejos em forma de crenças. Ora, os avanços da astronáutica nos últimos anos chegaram a resultados de tirar o fôlego; formular hipóteses metafísicas sobre o que já está ao alcance de nossos instrumentos passou a ser um exercício vagamente irritante. O homem pisou na Lua, analisou o solo de Marte e a atmosfera infernal de Vênus, fotografou os vulcões de Io e a chuva de hidrocarbonetos em Titã: o Céu tem mais fantasia do que prevíamos, mas não há sinais de vida nem presente nem passada. Não há outro Adão, pelo menos nas redondezas, não há sequer seu mais rudimentar progenitor: há apenas compostos moderadamente complexos de carbono, ou seja, a argila para construí-lo.

A assimetria e a vida

Como estão as coisas mais além, nas estrelas próximas e distantes, é algo de que nada sabemos, tampouco sabemos se um dia saberemos. Por enquanto só podemos dizer que a vida extraterrestre é possível e diversamente provável e desejável, com base nos prejulgamentos sentimentais e teológicos que cada um de nós conserva inconscientemente, mas ela é menos evidente para nós do que já foi para nossos pais cientificistas e positivistas.

Artigo publicado quando foram postos em órbita os satélites Pioneer 10 e 11 levando a bordo informações sobre o ambiente e a natureza humana. Em *Tuttolibri — La Stampa*, 3 jan. 1981.

Ferraduras cravadas

Foi publicado e está à venda nas principais livrarias um livro singular sob muitos aspectos: Luciano Gibelli, *Prima che scenda il buio: Dnans eh' a Rissa neuit* [Antes que caia a escuridão] (Edi--Valle-A). Singular por ser bilíngue, ou seja, escrito em duas versões paralelas, italiano e piemontês; porque, apesar da apresentação editorial elegante, o autor arcou com os custos da publicação; mas sobretudo porque o assunto é singular. Ele está precisamente no subtítulo: "Ferramentas, objetos e coisas do passado reunidos para não esquecer".

O livro, portanto, se insere no quadro doutrinário da cultura material, elo de conjunção entre a Antropologia e a História, mas está longe de qualquer pretensão a doutrina, de qualquer abstração e de qualquer escola.

O autor, de 55 anos, Luciano Gibelli di Canelli, é um entusiasta moderado, sem títulos acadêmicos. Trata-se de um diletante curioso e preciso, impelido pelo desejo de dar sobrevivência, pelo menos na memória, a uma civilização que está para morrer. É a civilização encerrada nos objetos que apenas alguns de nós, mais velhos, tivemos a oportunidade de ver ou de ouvir pais e avós descrever; mas Gibelli, recorrendo pouco a pesquisas de biblioteca e muito a simpáticas entrevistas com velhos interioranos, apresenta

209

Primo Levi

um retrato filologicamente completo de cada um, com nomes, origem, uso e desenhos traçados por ele mesmo, com escalas precisas em milímetros.

Muitos foram encontrados nos sótãos rurais, tão prezados por Gozzano, "onde dorme o despejo secular"; outros, não mais encontráveis, mas que deixaram memória, ele reconstruiu com madeiras e metais de outrora, para vê-los, senti-los nas mãos e comprovar seu funcionamento. Foi uma obra quase religiosa, de paciência devotada e de refinada habilidade manual: mas nele também se reconhece o esforço fervoroso do pintor que pinta de memória o retrato de uma pessoa amada que desapareceu.

No entanto, esse rigor se casa com uma alegre liberdade no planejamento do livro. Seria mais correto dizer que o livro não tem plano: de um assunto nasce outro, discursivamente, como num bate-papo entre amigos ao redor de uma lareira. De Casa passa-se a Tijolos, a Telhas e, por analogia, a Braseiros, a Fogo e aos vários modos arcaicos (mas nem tanto!) de acendê-lo. De Pesos e Medidas passa-se a certos remotos usos burocráticos, a instrumentos de escrita, a tintas de escrever, a selos, e assim por diante. O autor não tem medo de digressões, ao contrário, nelas encontra mais inspiração, na descrição afetuosa de ritos familiares, festas, costumes desaparecidos. Há, por exemplo, páginas em que da descrição tecnológica dos sinos se passa a falar com saudade emocionada dos vários modos como tocavam, *Gaudietta*, *Concento*, *Melodia*: vozes mortas ou com vida artificial.

Quem saberia hoje preparar uma pena de ganso para escrever? Um desenho ilustra suas sete fases e outro mostra o Apontador, ferramenta múltipla que servia apenas para cortar e apontar as penas; ficamos também sabendo que, por causa da diferença na curvatura, as penas mais apreciadas eram as da asa esquerda. As da direita estorvavam a escrita, porque sua extremidade ficava perto dos olhos de quem escrevia. Logo depois são arrolados não menos de dez acessórios indispensáveis ao escrivão, do tinteiro portátil à

A assimetria e a vida

areia, precursora do mata-borrão: este também supérfluo depois da invasão das canetas esferográficas.

Através das seiscentas entradas do livro, aprende-se que em tempos não remotos usavam-se óculos de cobre em casos de emergência. Eram semiesferas de cobre com um furo minúsculo que, reduzindo a abertura da pupila, reduzia proporcionalmente todos os defeitos da visão: se a iluminação fosse boa, possibilitava pelo menos enfiar a agulha. Encontram-se material e regras de jogos desaparecidos, como o pião, a bilharda (*"cirimela"*) e o estalinho de papel.

Aprendemos que o ferrador dispunha de pelo menos três tipos de cravação para as ferraduras: normal, para subida e para gelo. Muitas vezes, antes de enfrentar uma longa subida, o próprio carroceiro precisava substituir um tipo por outro, como se faz hoje com correntes para neve. Lemos com saudade e curiosidade centenas de receitas de comida simples, e entre estas pelo menos uma dezena de receitas de *waffle* (*"Canëstrej"*), em que o ingrediente fundamental, acrescentado à farinha, varia do chocolate ao alho; também é descrito e ilustrado o ferro para fazer *waffle*, utensílio indispensável para produzi-los.

Receitas, utensílios de cozinha e ervas comestíveis ocupam cem páginas, e as ervas descritas são mais de cem: é significativo ver entre elas muito "mato" como a tanchagem, e então lembramos a menina descarnada a que se refere Manzoni, roubando ervas silvestres da vaquinha, pois "a fome lhe ensinara que os homens também podiam viver delas". Eram tempos de escassez, mas quase sempre tempo de escassez de alimentos. Melhor do que qualquer descrição direta, essas vozes retratam um tempo em que a cozinha era o coração da casa e as refeições eram um rito; e um ritmo de vida mais pobre do que o nosso, mais precário, mas também mais convivial e humano.

Antes, justamente, que caia a noite do esquecimento (da *"dësmëntia"*), é bom que tenham sido registradas as formas dos lampiões de petróleo, dos manguais para debulhar, das meridianas,

211

dos barriletes de vinho, dos ventilabros e de centenas de outros objetos modelados pela experiência de muitos séculos, agora desaparecidos ou em vias de desaparecer. Nossos manas não residem apenas nas obras ilustres da criatividade individual, mas também nesses utensílios humildes, que foram companheiros de nossos ancestrais no caminho da vida.

La Stampa, 22 mar. 1981.

Vamos ver só o que se realizou

Em minha opinião, a ficção científica pode e deve inventar de tudo. É sua vocação, e impor limites de verossimilhança a ela significaria cortar-lhe as asas. Os únicos limites admissíveis não são os da possibilidade de realização de suas invenções, mas os de sua *vis comica*. Em suma: para o futuro a ficção científica pode propor qualquer coisa, plantas que aprendem a falar, híbridos (talvez férteis) máquina-homem, novos modos de a palavra ou o pensamento se encarnarem diretamente como fato ou objeto, inversões passado-futuro, loucura-sensatez, interno-externo, e assim por diante; desde que sejam temas estimulantes, pungentes e sobretudo novos, o que não é pedir pouco.

A título de comparação e também de provocação, eu proporia deslocar a indagação para um terreno adjacente, e, em vez de perguntar o que ainda pode ser inventado pela ficção científica, fazer essa pergunta em relação à ciência e à técnica. Aqui se trata de fazer profecias sérias, e profetizar sempre foi uma arte perigosa; por isso, os profetas de todos os tempos adotaram por prudência duas sábias precauções: usaram linguagem obscura (o que lhes deu a vantagem adicional de fazê-los parecer inspirados) e não situaram suas predições no futuro próximo, mas num futuro

213

Primo Levi

distante ou indefinido, de modo que as possíveis contestações só fossem feitas depois de sua morte.

Com a devida dose de humorismo, quem se arriscou há alguns anos nesse esporte foi um físico e tecnologista muito sério, também autor de alguns clássicos da ficção científica: Arthur Clarke. Transcrevo aqui suas previsões, formuladas por volta de 1960, acompanhando-as com uma breve nota sobre o efetivo "estado da arte" atual.

Previstos para 1970:

Laboratórios espaciais. O primeiro, o Spacelab, talvez seja posto em órbita em 1982.

Pouso na Lua. Ocorreu, com antecipação de um ano.

Tradução por máquinas. Ainda não estão perfeitas; as existentes são rudimentares.

Acumuladores elétricos eficientes. Existem, mas por enquanto são um bocado caros.

Linguagem dos cetáceos. Pelo que se sabe, a investigação parou nos primeiros resultados de Lilly com golfinhos. Têm inteligência comparável à dos cães e, ademais, uma linguagem própria que parece bastante desenvolvida, mas até agora, pelo que sei, ela não foi decifrada.

Previstos para 1980:

Pouso em planetas. Por enquanto não aconteceu e não parece próximo; mas sua exploração a distância está dando resultados surpreendentes.

Rádio pessoal. Não sei em que Clarke pensava; acho que é facilmente realizável, mas talvez seja melhor deixar como está.

Exobiologia. É a biologia das formas de vida não terrestres. Por enquanto não se sabe nada a respeito. A exploração do solo de Marte foi frustrante; por outro lado, foram identificadas no espaço grandes moléculas orgânicas, possíveis precursoras da vida.

Ondas da gravidade. Os estudos estão em andamento, com resultados controversos.

A assimetria e a vida

A título de curiosidade, lembro que Clarke situa em torno de 1990 a produção de energia por fusão nuclear. O mundo tem uma necessidade desesperada de que essa previsão se realize.

Tuttolibri — La Stampa, 3 jan. 1982.

Os primeiros antepassados não eram animais

A guerra do fogo, de J. Rosny,* é um romance de aventuras que transcorrem na pré-história, quando o homem já sabia conservar o fogo, mas ainda não sabia acendê-lo. É um livro francês de 1911, que na infância me parecia lindo e ainda hoje acho bem bonito. É quase uma fábula, sem presunções didáticas: ingênuo, delicado, literariamente hábil. Seus personagens, sobretudo os três que saem à conquista do fogo, são engenhosos e destemidos, fiéis à tribo como heróis homéricos, se bem que talvez monogâmicos, instruídos e polidos demais para sua época.

O filme dele extraído, que fui correndo ver, peca pelos defeitos opostos. Não é nem um pouco ingênuo. É verdade que é difícil manter-se ingênuo quando estão em jogo dezenas de bilhões, mas ser delicado seria possível, e os autores desse filme pouco foram; quanto aos personagens, parecem surpreendentemente burros e sujos. Aqueles nossos antepassados não deviam ser uns cavalheiros e decerto não se lavavam muito, mas, a partir do momento em que aprenderam a vestir as peles dos animais que matavam, não

---

* J. H. Rosny (1856-1940), *La guerre du feu*, Le livre de poche, 1989; trad. brasileira: *A guerra do fogo*, Bamboo Editorial, 2014, trad. Heloísa Prieto. (N. T.)

Primo Levi

é de se acreditar que não tivessem também inventado um modo de fechá-los dos lados: não digo por motivo de pudor (que, no entanto, deve ter sido inventado bem cedo), mas por motivo de defesa contra o frio.

Roupa como aquela que vemos no filme não serve para nada; serve só para transmitir ao espectador a noção redundante de que aqueles selvagens eram muito selvagens. A meu ver, é provável que tivessem certa nobreza física: exatamente porque eram animalescos. Aqui, porém, são ogros desagradáveis e ridículos: têm movimentos tão desajeitados que não parecem compatíveis com o exercício da caça; quase nunca correm e, quando correm, são lentos e cambaleantes. Mas a culpa talvez seja dos atores, que os consultores científicos obrigaram a andar descalços em todos os terrenos, sem lhes permitir treinamento suficiente.

Sobre os consultores, caberia dizer duas palavras. Anthony Burgess, que já tem na consciência *Laranja mecânica*, não se envergonhou de permitir o uso de seu nome como autor dos diálogos: ora, não existem diálogos, só há urros, grunhidos e vagos ensaios verbais dos quais emerge uma única palavra nitidamente articulada, "atra", que evidentemente é fogo. Burgess não teve muito trabalho; mas talvez tenha sido pago por empreitada. Desmond Morris também não se envergonhou de ser citado como consultor para os gestos. Morris já se mostrara um tanto ambíguo em seu famoso livro *O macaco nu* (que é o homem); e aqui confirma sua ambiguidade.

Que fique bem claro, a pornografia é uma arte de todos os tempos e de todos os países, portanto há motivo para se achar que corresponde a uma necessidade humana. É tolo e inútil tentar reprimi-la, que tenham livre trânsito os filmes pornôs e também os livros pornôs, mas que sejam apresentados como tais, para aficionados e entendidos. A boa prática comercial e o bom-senso vedam que se venda vinagre com rótulo de azeite e vice-versa. Morris fez isso, decepcionando os apaixonados de ambas as vertentes, antropólogos e pornófilos.

A assimetria e a vida

Feitas as contas, os gestos notáveis do filme são poucos: a única sequência gestual divertida talvez seja aquela em que o protagonista, voltando da expedição vitoriosa, "conta" suas aventuras junto ao fogo por ele mesmo reconquistado. Encontrou mamutes e representa em mímica suas presas curvadas, segurando debaixo do queixo o crânio de um bode com seus chifres tortos; com a mão e o antebraço, imita os movimentos da tromba. Os ouvintes entendem e riem. Mas, seguindo sua vocação acima referida, Morris introduziu mais um tema gestual: há uma mulher, um pouco menos pré-histórica do que os outros personagens, que ensina ao estrangeiro a posição "correta" para a cópula: os tais estrangeiros, ao que parece, nunca tinham pensado naquilo. Ele aprende rapidamente e, desse modo, vira civilizado.

Quantas oportunidades perdidas! Com um pouco mais de bom gosto e imaginação, teria sido possível contar (ou dar a entender) que se chegou ao modo de fazer fogo com muito trabalho, através de sabe-se lá quantos séculos de aproximações, tentativas e erros, mas que decerto eram tentativas e erros inteligentes: nada prova que aqueles brutamontes estilo Vico eram mais parvos do que nós. Mesmo do ponto de vista cinematográfico, teria sido uma bela história. Desse filme, ao contrário, se sai com a ideia de que o recurso essencial para fazer fogo girando um graveto é o de cuspir nas mãos previamente: a moça mostra ao estrangeiro e, pronto, o fogo se acende.

O mesmo, ou pior, se pode dizer do pacto de não agressão com os mamutes; seria possível optar entre um tom fabulístico, kiplinguiano, como está no livro, e um tom seriamente didático; mas neste segundo caso seria indispensável passar para o espectador a impressão das dimensões no tempo dessa fase fundamental da humanidade, a domesticação dos animais. No filme não há nem uma nem outra versão: o episódio é liquidado em poucos segundos, e os elefantes fantasiados de mamute colaboram de má vontade, incomodados com as enormes próteses em forma de presas que lhes saem da boca.

Todos sabem que extrair um filme de um livro comporta riscos, que o filme é sempre heterogêneo em relação ao livro, e em geral pior pelos evidentes motivos de perda da peculiaridade. Seja como for, é pena; aqui se assiste apenas a uma aventura *des âges farouches* (como dizia o subtítulo original do livro). Do futuro homem sapiente, pouquíssimos vestígios: esses nossos ancestrais são mesmo uns pobres macacos nus.

La Stampa, 14 mar. 1982.

Colecionadores de tormentos

Nenhuma exposição me pareceu tão desastrada e inútil como aquela que atulha o prédio da benemérita Sociedade Promotora das Belas-Artes de Turim, absurdamente prorrogada sabe-se lá por que e até quando; seu título, sem rodeios, é "Atrozes máquinas de tortura na história". Não que não cumpra o que promete; as máquinas estão lá, autênticas ou reconstituídas, e são suficientemente atrozes, mas todo o resto, todo o entorno, é falacioso e falso.

Falso, aliás em falsete, é o tom das legendas: felizmente colocadas em ângulos errados, de modo que o reflexo das lâmpadas acaba por torná-las ilegíveis. É um tom que oscila entre a satisfação canalha e o gracejo leviano, o que, nesse contexto, é aflitivo. De algumas máquinas feitas para provocar dor louva-se "o desempenho [*sic*] em termos de agonia", do azorrague exaltam-se "as notáveis qualidades", e outro tipo de chicote é definido como "divertido".

Parece-me esclarecer-se aí a origem dessa exposição itinerante: ela nasceu do esforço conjunto de certo número de colecionadores do ramo, italianos e estrangeiros. Confesso alimentar certa desconfiança em relação a colecionadores, a menos que sejam movidos por alguma clara paixão cultural, que tenham francas

Primo Levi

intenções especulativas ou tenham menos de 14 anos (ou idade mental correspondente).

Se não for atendido pelo menos um desses requisitos, o colecionador será essencialmente alguém que não sabe o que fazer com o tempo: até aí, ainda não há muito mal. Mas, se sua curiosidade se volta para as armas ou, pior, para as "atrozes" etc., minha desconfiança aumenta. Um colecionador assim só pode não ter boa índole: se cultiva sua mania como cidadão comum, dentro de suas quatro paredes, o problema é exclusivamente dele ou no máximo de seu psicanalista. Mas, se faz um consórcio com seus congêneres e joga sua mercadoria na nossa frente, o problema passa a ser de todos.

Falso é o verniz cultural que reveste a exposição. Não acredito na cultura de quem escreve *"strinto"* em vez de *"stretto"*, que fala de guerrilheiros catalonhos, diz que "o carrasco goza" do condenado, confunde informática com informação e não sabe usar corretamente o subjuntivo; muito menos acredito em quem finge um rigor filológico que não tem, rigor que, num assunto obsceno como a tortura, de qualquer modo estaria fora de lugar.

Também fora de lugar está a catilinária feminista a propósito do machismo dos torturadores, parecendo fingida e inautêntica a indignação com o uso, passado ou presente, daqueles engenhos. Quem se indigna com sinceridade não os coleciona e não faz uma exposição com eles, mas pensa a respeito, procura reconstituir um tempo em que o criminoso, real ou suposto, era equiparado a um danado, portanto digno dos tormentos do inferno, em que aquelas máquinas, enfáticas, redundantes, algumas até ornamentadas, precisavam servir para exaltar o aspecto teatral da punição e fortalecer a fé e a obediência à ordem terrena ou celestial, através da redução do contraventor humano a "coisa".

Aqui chegamos ao cerne da questão. Falsos e hipócritas, sobretudo, são os pretensos motivos: se a finalidade for uma cruzada contra a tortura, esse circo mais prejudica do que ajuda. O reaparecimento da tortura em nosso século, na esteira dos regimes de Hitler e Stálin, pouco tem a ver com aquelas máquinas.

A assimetria e a vida

A tortura de hoje, desgraçadamente presente em quase todos os lugares (na Itália talvez menos), tem com elas um parentesco apenas formal. Não é teatral, mas secreta; não tem fins teológicos ou cósmicos, mas políticos; é, infelizmente, "racional", e deve ser combatida com armas racionais. É o mal maior, pior ainda que a pena de morte; destrói o corpo do torturado e o espírito do torturador; mas, para afastá-la de nós, de que serve essa grosseira exibição de outra barbárie? Podemos ter certeza de que nenhum dos potenciais torturadores terá saído de lá transformado; e que, ao contrário, terá saído vivificado o fundo sádico que jaz ignoto em muitos de nós.

La Stampa, 28 dez. 1983.

O horrível poder

> *... Al gener nostro il fato*
> *non donò che il morire. Omai disprezza*
> *te, la natura, il brutto*
> *poter che, ascoso, a comun danno impera,*
> *e l'infinita vanità del tutto.**

Assim se dirigia Giacomo Leopardi, com 35 anos, ao seu coração cansado, no mais desesperado dos seus cantos. Nem todos compartilham esse desespero, e quem o compartilha nem sempre o faz: a infinita vanidade de tudo, algo de que é difícil duvidar, pesa sobre nós apenas nos momentos de clarividência, e estes, na vida normal, não são frequentes; além disso, quando temos a sensação (verdadeira ou falsa) de que nossas ações não são vãs e servem, por exemplo, para aliviar um sofrimento ou transmitir alegria, não costumamos nos sentir infelizes. Ademais: para sorte nossa ou para nosso "ameno engodo", existem nesta terra auroras, florestas, céus estrelados, rostos amigos, encontros preciosos que nos parecem subtraídos ao horrível poder.

---

* A nosso gênero o destino/ só deu a morte. Agora despreza/ a ti mesmo, a natureza, o horrível/ poder que impera oculto para dano comum,/ e a infinita vanidade de tudo. (N. T.)

No entanto, ele se mostra inconteste e evidente (não "oculto", enfim) a quem quer que tenha travado a velha batalha humana contra a matéria. Quem o fez, pôde constatar com seus próprios sentidos que, se não o universo, pelo menos este planeta é regido por uma força não invencível, mas perversa, que prefere a desordem à ordem, a mistura à pureza, o emaranhado ao paralelismo, a ferrugem ao ferro, o amontoado ao muro e a estupidez à razão. Contra esse poder, que (quem não experimentou?) labora também dentro de nós, é preciso ter defesas. Nosso instrumento fundamental é o cérebro, sendo, pois, oportuno mantê-lo em bom estado, mas também temos instrumentos menores, votados a serviços mais simples, que compartilhamos com os animais inferiores e, quem sabe, também com as plantas. Não precisamos do cérebro para suarmos quando faz calor, ou para que nossas pupilas se contraiam diante de luz forte demais: aliás, trata-se de operações que o cérebro é incapaz de realizar.

Quando todos esses mecanismos, cerebrais ou não, funcionam como devem, conseguimos manter o *status quo*; isso ocorre de maneira satisfatória na escala dos dias e dos meses, mas nem tanto na escala dos anos e das décadas, tanto que envelhecemos e morremos. Essa virtude, de nos conservarmos iguais a nós mesmos contra o abominável poder da degradação e da morte, é própria da matéria viva e de suas mais ou menos grosseiras imitações; seu nome é homeostasia. Ela nos possibilita resistir às mil variações, internas e externas, que ameaçam romper nosso equilíbrio com o ambiente.

Evidentemente, não está demonstrado nem é demonstrável que é sempre ruim tornar-se outro, distanciar-se de sua própria identidade. Se é ou não, depende da qualidade inicial dessa identidade e do modo como ela é subjetivamente percebida: há indivíduos que passam a vida inteira impregnados e entristecidos pelo desejo de mudar de pele, porque (talvez erroneamente) estão insatisfeitos com a pele dentro da qual vivem e não conseguem modificar-se por excesso de homeostasia: mas esse é um caso raro. Em geral,

A assimetria e a vida

nas longas distâncias, a homeostasia não resiste: "a vida" dá um jeito de lhe fazer outro, um medroso, um indolente, um avarento, um depravado, um hipocondríaco, porque, de tanto roer, destruiu suas defesas. Na maioria das vezes, "a vida" nos muda para pior, por isso a homeostasia, embora essencialmente conservadora, é uma boa coisa. Naturalmente boas coisas também são o progresso, as reformas, as inovações, as invenções, mas concretizá-los não é para todos, ao passo que se conservar é exigência mínima de todos os seres vivos.

Não só dos vivos. É significativo observar que dispositivos destinados a manter constantes variáveis de um processo nasceram com a civilização industrial, mais precisamente com os motores. Já em 1787, Watt acrescentara um regulador centrífugo para impor velocidade constante às suas primeiras máquinas a vapor. Tratava-se de um pequeno eixo vertical ligado ao motor por um par de engrenagens cônicas; a este estavam suspensos dois pêndulos rígidos opostos, e aos pêndulos era conectado um sistema de barras que comandavam a válvula de entrada de vapor. Quanto mais alta a velocidade de rotação, mais os pêndulos se elevavam pelo efeito centrífugo, e mais a válvula se fechava: obtinha-se assim um equilíbrio, ou seja, uma velocidade constante, mesmo com carga variável. Desse modo, muito antes que se teorizasse sobre o conceito de homeostasia, Watt realizara aquilo que dois séculos depois receberia o nome de *feedback loop*", ciclo de retroalimentação: é um "ciclo" porque age com base na alimentação do sistema. Exemplo conhecido de retroalimentação é o caso simples dos aquecedores de água domésticos: estes comportam um termômetro que não só mede a temperatura da água, como também a compara com um valor escolhido pelo usuário e interrompe a corrente de alimentação quando a primeira temperatura é superior à segunda. Obtém-se desse modo uma regulagem "tudo ou nada", ou seja, até certo ponto grosseira: as inércias do sistema atuam de tal modo que a temperatura, em vez de permanecer constante, oscila dentro de quatro ou cinco graus, o que é admissível para a água do banho (que, na maioria das vezes, é misturada a gosto com água fria), mas não seria em muitos outros casos, em que sejam necessários desvios inferiores a um grau ou até a um centésimo de grau: por exemplo, quando é preciso medir com precisão uma propriedade física ou química que dependa muito da temperatura. Nesses casos se recorre a ajustes que lembram muito o que ocorre nos organismos vivos e o que a prática empírica sugeriu ao ser humano desde tempos imemoráveis. A regulação pode ser modulada, ou seja, a correção pode ser proporcional ao desvio observado; de fato, o termostato do aquecedor doméstico pode ser comparado a um timoneiro que possa bloquear o leme só nas duas posições extremas, tudo à esquerda ou tudo à direita: um bom timoneiro não trabalhará assim, mas, conscientemente ou não, corrigirá o leme de maneira proporcional ao desvio da rota que lhe é indicado pela bússola. O primeiro percorrerá uma linha em zigue-zague; o segundo, uma linha próxima da reta.

Também se adotam estratagemas mais sutis. Pode-se provocar a correção não por se atingir o valor prescrito, mas sim por meio da velocidade com que se tende a tal valor; no caso do termostato, pela velocidade com que sobe (ou desce) a temperatura: *principiis obsta*, oponha-se às coisas no começo; ensinou-se a máquina a prever e prover "como um bom pai de família". Se a temperatura subir rapidamente, o instrumento "preverá" que o valor máximo logo será ultrapassado e interromperá a alimentação antes que isso ocorra.

Há outros casos em que o valor (máximo ou mínimo admissível) do parâmetro que deve ser regulado depende de sua permanência no tempo. Por exemplo, um doente pode tolerar uma febre de 41 °C por poucos minutos, uma de 40 °C por algumas horas, uma de 39 °C por alguns dias; situações semelhantes (nas quais "o que o calor não faz o tempo pode fazer") são frequentes em Química e também na cozinha, que é uma Química mais complicada e menos clara. Por isso, existem reguladores que levam em conta o tempo que transcorre e o que aconteceu antes; aliás, os

A assimetria e a vida

instrumentos mais sofisticados podem ser ajustados para funcionar da maneira "tudo ou nada", da maneira modulada, a reagir à velocidade de variação ou a seu acúmulo no tempo, ou em várias combinações dessas quatro maneiras. O mais espantoso, talvez, é que os encarregados do controle, muitas vezes simples operários, aprendem a ajustar seus instrumentos do modo mais adequado à operação em curso, mesmo sem terem nenhuma noção de como tais instrumentos funcionam: do mesmo modo, aprendemos a andar de bicicleta, mesmo sem conhecermos a teoria do giroscópio.

O sonho dos políticos de todos os tempos é criar mecanismos de homeostasia capazes de manter saudável ou pelo menos vivo o regime no qual acreditam, mas as sociedades humanas são tão complexas, os parâmetros em jogo são tão numerosos, que esse sonho nunca se realizará. Cinquenta anos atrás se costumava dizer que o excesso de liberdade conduz à tirania, e que uma tirania demasiado dura leva de volta à liberdade: se essa afirmação tivesse caráter geral, seria possível identificar uma oscilação em torno de um equilíbrio, ou seja, um rudimento de regulação, ainda que cruel, custoso em termos de vidas humanas e insuportavelmente lento. Infelizmente, tudo o que acontece ao nosso redor no mundo de hoje nos induz a acreditar que essa afirmação é falsa. As tiranias de hoje tendem a conservar-se indefinidamente numa espécie de esclerose e só cedem se derrubadas por atos militares ou se sobrepujadas por outra tirania; o excesso de liberdade, ou seja, a permissividade, não gera tiranias, mas se prolonga como gangrena. O mal-estar que pesa sobre nós nestes anos nasce disso: já não percebemos forças de retorno, homeostasia, retroalimentação. O mundo parece-nos avançar para alguma ruína, e nos limitamos a esperar que o avanço seja lento.

Notiziario Banca Popolare di Sondrio, n.33, dez. 1983.

Nota a O processo, de F. Kafka

A leitura de O processo, livro repleto de infelicidade e poesia, nos modifica: deixa-nos mais tristes e conscientes do que antes. Então é assim, esse é o destino humano, é possível ser perseguido e punido por uma culpa não cometida, desconhecida, que "o tribunal" nunca nos revelará; no entanto, essa culpa pode nos envergonhar até a morte e talvez até depois. Ora, traduzir é mais do que ler: dessa tradução saí como que de uma doença. Traduzir é acompanhar no microscópio o tecido do livro: penetrar nele, ficar grudado e envolvido nele. Assumimos esse mundo subvertido, onde todas as expectativas lógicas são frustradas. Viajamos com Josef K. por meandros escuros, por vias tortuosas que nunca levam aonde seria de se esperar.

Precipitamo-nos no pesadelo do incognoscível desde a primeira frase, e a cada página nos chocamos com traços obsessivos: K. é seguido e perseguido por presenças estranhas, por bisbilhoteiros importunos que o espionam de perto e de longe, diante dos quais ele se sente nu. Há uma impressão constante de constrição física: os tetos são baixos, os quartos abarrotados de móveis desarrumados, o ar está sempre toldado, abafado, viciado, baço; de modo paradoxal, mas significativo, o céu está sereno só na desapiedada cena final da execução. K. é afligido por contatos físicos

Primo Levi

gratuitos e desagradáveis; por avalanches de palavras confusas, que, em vez de esclarecerem seu destino, o deixam aturdido; por gestos tolos; por ambientes desesperadamente desoladores. Sua dignidade de homem é comprometida desde o início e depois é tenazmente demolida dia após dia. Só das mulheres pode, poderia, vir a salvação: são maternais, afetuosas, mas inacessíveis. Apenas Leni permite aproximação, mas K. a despreza, quer forçar-se a dizer não: não está em busca de salvação. Teme e ao mesmo tempo deseja ser punido.

Não creio que Kafka tenha muita afinidade comigo. Muitas vezes nesse trabalho de tradução tive uma sensação de colisão, de conflito, da tentação nada modesta de desfazer a meu modo os nós do texto: em suma, de corrigir, barganhar escolhas lexicais, sobrepor meu modo de escrever ao de Kafka. Procurei não ceder a essa tentação. Como sei que não existe o "modo certo" de traduzir, confiei mais no instinto do que na razão e me ative a uma linha de correção interpretativa o mais honesta possível, ainda que talvez nem sempre coerente de uma página para outra, porque nem todas as páginas apresentam os mesmos problemas. Tinha diante de mim a tradução de Alberto Spaini, de 1933, e pareceu-me identificar nela a justificada tendência a tornar liso o que era áspero, compreensível o incompreensível. A mais recente (1973), de Giorgio Zampa, segue tendência oposta: é filologicamente rigorosa, respeitosa em excesso, até à pontuação; é paralela, interlinear. É tradução, e como tal se apresenta, às claras; não se camufla de texto original. Não ajuda o leitor, não lhe aplana o caminho, conserva corajosamente a densidade sintática do alemão.

Acredito ter percorrido um caminho intermediário entre esses dois. Mesmo percebendo, por exemplo, o efeito obsessivo (talvez voluntário) provocado pelo discurso do advogado Huld, que se estende encarniçado por dez páginas sem mudança de parágrafo, tive pena do leitor italiano e introduzi algumas interrupções. Para salvar a fluência da linguagem, eliminei alguns advérbios (quase, muito, um pouco, cerca de, talvez etc.) que o alemão tolera mais

A assimetria e a vida

que o italiano. Em compensação, não fiz nenhuma tentativa de desbastar o acúmulo de termos da família *parecer:* verossímil, provável, entrever, perceber, como se, aparentemente, semelhante, e assim por diante; pareceram-me típicos, indispensáveis, aliás, nessa narrativa que enovela incansavelmente episódios nos quais nada é o que parece. Em todo o resto, envidei todos os esforços para harmonizar a fidelidade ao texto e fluidez de linguagem. Deixei onde estavam as contradições e as repetições desse texto notoriamente atormentado e controverso.

[1983]

Nota à tradução de *Il processo* de F. Kafka, Turim, Einaudi, 1983, p.iii-v.

A assimetria e a vida

Em meu tempo de estudante, por volta de 1940, os químicos tinham ideias claras sobre a natureza das moléculas: talvez até claras demais. A molécula, "a menor partícula de matéria que conserva a propriedade da substância de que faz parte", era tangível e concreta, um protótipo. Os físicos já sabiam muitas coisas sobre as funções de onda, sobre as vibrações dos átomos, sobre as rotações e os graus de liberdade da molécula global e de suas partes, sobre a natureza da valência, mas nesse terreno os químicos orgânicos os seguiam de má vontade. Ainda estavam fascinados pela estereoquímica, conquista relativamente recente. A estereoquímica é aquele ramo da Química que estuda justamente as propriedades da molécula como objeto, dotado de espessura, saliências e reentrâncias, volume: em suma, de uma forma.

O caminho não tinha sido curto. Já em meados do século anterior, o conceito de peso molecular fora definido com precisão: a molécula tinha um peso que era a soma dos pesos de seus átomos, podendo ser determinado com métodos simples, ao alcance de todos os laboratórios; também solidamente fundamentada era a análise elementar, que possibilitava saber quais e quantos átomos constituem a molécula, mas não se ousava representar sua estrutura: imaginava-se que ela fosse como um pacote, um cacho de uva informe. No entanto, já se conheciam pares de compostos, como acetona e aldeído propiônico, ou éter etílico e butanol, que têm a mesma composição, mas propriedades químicas e físicas totalmente diferentes. O fenômeno recebera um belo nome grego ("isomeria") bem antes que os métodos analíticos da época possibilitassem explicá-lo; intuía-se que devia tratar-se de uma permutação, mas as ideias sobre a organização espacial dos átomos nas moléculas ainda eram vagas demais.

Depois tinham sido observados pares (ou trios) ainda mais interessantes; seus membros eram idênticos não só como composição, mas também em todas as propriedades, salvo duas: um girava o plano da luz polarizada para a direita, o outro para a esquerda, e o terceiro (às vezes) não o girava absolutamente. Por exemplo, observara-se na natureza ou em produtos da fermentação um ácido lático direito e um esquerdo, enquanto o ácido produzido em laboratório nunca causava efeito sobre a luz. Além disso, muitas vezes os cristais dos pares direito-esquerdo apresentavam uma interessante assimetria: não possibilitavam a sobreposição, mas constituíam a imagem especular um do outro, tal como a mão direita é a imagem especular da esquerda.

O fenômeno atiçou o vigoroso apetite científico do jovem Pasteur: na verdade, aquele homem genial, que revolucionaria a patologia, não era médico, mas químico. Era compreensível que os produtos de síntese não produzissem nenhum efeito sobre a luz polarizada, visto que a atividade óptica estava ligada a uma assimetria e, em laboratório, de reagentes simétricos só podiam formar-se produtos simétricos; mas como explicar a assimetria dos produtos naturais? Ela devia provir de uma assimetria anterior, tudo bem: mas onde estava a assimetria primordial?

Pasteur e todos os seus interlocutores entendiam que esse problema estimulante estava bem longe de ser puramente acadêmico. Nem todas as substâncias assimétricas no sentido há pouco referido pertencem ao mundo vivo (são assimétricos, por exemplo, os cristais de quartzo); mas os protagonistas do mundo vivo (proteínas, celulose, açúcares, DNA) são todos assimétricos. A assimetria direita-esquerda é intrínseca à vida; coincide com a vida; está presente, infalivelmente, em todos os organismos, dos vírus aos liquens, do carvalho ao peixe e ao homem. O fato não é óbvio nem acessório; desafiou a curiosidade de três gerações de químicos e biólogos, dando origem a duas grandes indagações.

A primeira indagação, para usar os termos de Aristóteles, é a da causa final, ou seja, em termos modernos, a da utilidade adaptativa da assimetria. Fiquemos nas proteínas, que são as estruturas vitais em que o fenômeno se manifesta em sua forma mais extensa e nítida. Como se sabe, a longa molécula proteica é linear: é um filamento, um rosário de centenas ou milhares de grânulos, e os grânulos não são iguais entre si; são constituídos por uns vinte compostos mais ou menos simples, substancialmente os mesmos para todos os seres vivos, chamados aminoácidos. Estes são comparáveis a letras de um alfabeto, com que se compõem palavras muito compridas, de cem ou mil letras. Cada proteína é uma dessas palavras: a sequência dos aminoácidos é rigorosamente específica para cada proteína, determina suas propriedades e determina também a forma com que o filamento pode enovelar-se. Ora, todos os aminoácidos (exceto um) têm molécula assimétrica, mas todos são representáveis com um único dos dois esquemas aqui transcritos e diferem entre si apenas pela natureza do grupo R. São todos "esquerdos", como se tivessem saído todos de um mesmo molde ou como se algo tivesse alijado ou destruído seus antípodas, ou seja, seus gêmeos direitos. Mas cada proteína deve possuir uma identidade rígida em cada um de seus grânulos: se um único desses grânulos mudasse de configuração, o novelo proteico mudaria de forma. Por isso se vislumbra uma vantagem no fato de, na biosfera, estar disponível apenas uma das duas formas antípodas de cada aminoácido: se numa cadeia proteica um único dos mil grânulos fosse substituído por seu antípoda, muitas das propriedades mais sutis da proteína mudariam radicalmente; em especial seu comportamento imunitário.

Mas essa assimetria, tão ciosamente transmitida pela célula viva, é difícil de se obter e fácil de se perder. Toda vez que o químico tenta a síntese de um composto assimétrico, obtém uma mistura dos dois antípodas em quantidades exatamente iguais, portanto sem efeito sobre a luz polarizada. É possível a separação dos antípodas, mas só com instrumentos ou artifícios que, por sua vez, são assimétricos. O método conceitualmente mais simples se deve a Pasteur: os cristais de certos compostos direitos se distinguem a olho nu de seus análogos esquerdos (do mesmo modo como um olho moderadamente treinado distingue uma rosca direita de uma esquerda) e podem ser separados manualmente: mas, importante, o olho humano (e tudo o que fica atrás dele) é assimétrico. Outro método, da alçada dos químicos, consiste em combinar a mistura de antípodas com outro composto assimétrico: por exemplo, a mistura dos dois ácidos láticos D e E com um alcaloide natural D (os alcaloides de molécula assimétrica em geral se encontram na natureza em apenas uma das duas formas). Está claro que o D-lactato de D-cinchonina é antípoda do E-lactato de E-cinchonina, e não do E-lactato de D-cinchonina: em suma, um composto DD é antípoda do composto EE, portanto os dois terão características físicas idênticas, mas o composto ED terá propriedades diferentes e será fácil separá-lo do DD, por exemplo por cristalização fracionada. De resto, é frequente um ácido D aceitar combinar-se com uma base D, mas não com a E, do mesmo modo que uma rosca direita não entra numa porca de rosca esquerda.

O caminho inverso, o de eliminar em vez de imitar a assimetria desejada pela natureza, é infinitamente mais fácil: energeticamente,

A assimetria e a vida

"todo santo ajuda". Fora do organismo vivo, a assimetria é frágil: basta um aquecimento prolongado ou o contato com determinadas substâncias de ação catalítica para destruí-la; com relativa rapidez uma das metades do composto assimétrico se transforma em seu antípoda: a ordem da assimetria converteu-se na desordem da simetria (ou da assimetria compensada), como quando se embaralha um baralho organizado por naipe. Com extrema lentidão (em escala de milênios), esse processo também ocorre espontaneamente e em temperatura ordinária, tanto que é usado para datar achados arqueológicos que no passado tenham feito parte de organismos vivos, como ossos, chifres, madeira, fibras e semelhantes: quanto mais avançada estiver a destruição da assimetria, mais velho será o objeto.

Diante dessa maníaca preferência da vida por moléculas assimétricas, parece que a famosa experiência de Miller perde um pouco de seu poder de fogo. Em 1953, Miller submeteu durante vários dias a descargas elétricas uma mistura de água, metano, amônia e hidrogênio, buscando assim simular as condições da atmosfera primordial sacudida por raios, e obteve diversos aminoácidos bem conhecidos, confirmando assim que, para a síntese deles, não são indispensáveis as técnicas elaboradas e seletivas até então observadas pelos químicos: os tijolos fundamentais das proteínas "têm vontade" de formar-se, formam-se quase espontaneamente a partir do caos, desde que lhes seja fornecida energia, mesmo de forma brutal: ao lado deles – coisa espantosa – formam-se também alguns componentes não simples do DNA. Mas Miller e seus numerosos seguidores sempre obtiveram produtos simétricos, ou seja, misturas equilibradas dos respectivos antípodas. Os tijolos fundamentais da vida têm vontade de formar-se, mas a assimetria não.

Falta mencionar um fato curioso e perturbador. Não sei quem foi o primeiro tolo que afirmou que "a exceção confirma a regra". Não confirma coisa nenhuma: enfraquece e torna duvidosa a regra. Ora, a regra segundo a qual todos os aminoácidos dos seres vivos têm forma opticamente ativa (ou seja, não misturas de antípodas) até agora não tem exceções. Mas a regra segundo a qual todos esses aminoácidos são da série esquerda tem uma exceção: em alguns nichos raros, extremamente marginais, também foram encontrados aminoácidos da série direita: na pele de alguns batráquios exóticos, na cutícula de alguns microrganismos, talvez (se houvesse confirmação, seria um fato a se pensar) em algumas células cancerosas. Mas os aminoácidos direitos dos batráquios não estão ali à toa: fazem parte de substâncias de alta atividade fisiológica e, se forem substituídos por seus antípodas regulares, ou seja, esquerdos, a atividade desaparece. Portanto, têm uma função específica, mas não se sabe o motivo; e por que estão apenas nesses tecidos, e não em outros? Será que "no passado" sua presença era mais frequente, seriam vestígios de uma época bioquímica diferente? A exceção não confirma a regra, confunde as ideias.

Portanto, a assimetria que estamos discutindo é frágil, mas tem presença constante na matéria viva, à qual talvez seja necessária evolutivamente, para que não se sucedam "erros" espaciais na construção das proteínas. Resta discutir o segundo e bem mais misterioso motivo: citando de novo Aristóteles, o da causa eficiente. Admitida ou pelo menos suspeitada a utilidade da assimetria (há outras assimetrias: a que está em questão foi chamada de *quiralidade*; como é fácil dar nomes gregos às coisas não entendidas! Depois, parece que ficam mais compreensíveis), perguntamos qual pode ter sido sua origem. Evidentemente, de outra assimetria, mas qual? Examinemos as várias hipóteses que foram propostas, ou que poderiam ser propostas.

1) A Terra gira e aparentemente o Sol gira em torno da Terra. No hemisfério norte e ao norte do trópico (e, analogamente, ao sul do trópico de Capricórnio), a assimetria existe e é bem visível: para quem olha para o sul, o sol nasce à esquerda e se põe à direita, o que certamente tem efeito, por exemplo, sobre o sentido de desenvolvimento das gavinhas das videiras e talvez também (e aqui peço aos especialistas que confirmem ou desmintam) sobre

A assimetria e a vida

a torção apresentada pelos troncos de muitas árvores; seria interessante observar se o sentido é (pelo menos tendencialmente) o mesmo em todas as árvores de uma mesma espécie no hemisfério norte e invertido nas árvores dessa espécie no hemisfério sul. De fato, a "mão" (a quiralidade) de todos os fenômenos ligados à rotação terrestre se inverte quando muda o hemisfério: a erosão das margens dos rios, o sentido preferencial dos vórtices, a direção dos alísios. Esse é um grave obstáculo à nossa primeira hipótese: levaria a admitir que a vida, ou pelo menos a assimetria vital, seja lá como tenha nascido, nasceu apenas em um dos dois hemisférios, para depois se difundir no outro quando já consolidada: o que não é impossível, mas também não é agradável. Faz pensar num fenômeno *una tantum*, possibilidade que discutirei depois e que agrada pouco a muitos ou muito a poucos.

2) É fácil produzir em laboratório luz polarizada circularmente. Não é tão fácil explicar em termos discursivos o que é essa luz: diremos apenas que ela tem a simetria (ou a assimetria) do filete da rosca, ou seja, que é "quiral" e, portanto, pode ser direita ou esquerda. Tal luz, em determinados comprimentos de onda, pode ser absorvida diferentemente por um dos dois antípodas de um par e decompô-lo mais depressa do que o outro; ou pode agir sobre a mistura de reação com que o químico está tentando sintetizar um composto assimétrico. Em ambos os casos, os experimentos de fato levaram a misturas desequilibradas, portanto opticamente ativas, ainda que em medida bastante pequena. Ora, em certas condições, na natureza a luz refletida pela água é polarizada circularmente: mas, dependendo dos ângulos e da hora, pode ser direita ou esquerda com igual probabilidade. Recaímos numa dificuldade semelhante à da primeira hipótese: é admissível que a vida exista graças a um único evento pontual? Ou seja, que a luz refletida tenha sido apanhada de surpresa em determinado instante por certa poça d'água?

3) Como mencionei acima, a assimetria que nos interessa existe na natureza em algumas estruturas cristalinas inorgânicas:

entre outros, no comuníssimo quartzo. Há cristais de quartzo direitos e esquerdos; em laboratório foram feitas sínteses de compostos assimétricos em presença de pó de quartzo de "mão" homogênea, e o produto obtido era opticamente ativo. Mas, de novo: na natureza existem quartzos direitos e esquerdos com a mesma abundância. Na verdade, alguns pesquisadores afirmaram que é mais abundante o quartzo direito, e outros negaram. Mesmo na pesquisa científica é fácil encontrar quem confunda o que é com o que deseja que seja.

4) O campo magnético terrestre, atualmente muito fraco, possui a assimetria exigida e a possui em todos os pontos, sem as inversões e a intermitência que enfraquecem as hipóteses anteriores. Portanto, poderia ter guiado uma mesma síntese assimétrica em todos os pontos da superfície terrestre, a favor de um único dos dois antípodas. Mas aqui surgem outras duas dificuldades: em primeiro lugar, pelo que sei (mas nunca tive a menor competência nesse campo, muito menos agora, depois de tantos anos de obsolescência química: se alguém souber algo mais, ficarei feliz em me retratar), não existem reações orgânicas sensíveis a um campo magnético de intensidade razoável, a não ser talvez as que implicam átomos de ferro, níquel ou cobalto; em segundo, os geólogos agora têm certeza de que a orientação do campo magnético terrestre se inverte a intervalos de algumas dezenas de milhares de anos. Será concebível que esse campo, em épocas remotas, tenha sido enormemente mais intenso e constante durante um tempo suficientemente longo para incubar a vida?

5) O drama poderia ter se desenvolvido em vários tempos. Um "caldo primordial" como o obtido *in vitro* por Miller, composto em igual medida por aminoácidos direitos e esquerdos; depois uma agregação deles em filamentos, provavelmente homogêneos, DDD... e EEE...; a instauração, segundo uma das muitas hipóteses propostas, da vida em forma "binacional", em que as duas cepas eram incapazes de metabolizar-se reciprocamente e competiam entre si; uma longuíssima ilíada, uma silenciosa disputa de

A assimetria e a vida

milhões de anos entre a vida direita e a vida esquerda, inimigas e incompatíveis; e por fim, na falta de uma retroalimentação, a progressiva prevalência da vida esquerda até a situação atual: assim, a enigmática presença dos aminoácidos direitos na pele das rãs poderia ter o sentido de uma minúscula sobrevivência. É mesmo pena que nos fósseis (salvo os recentíssimos, conforme mencionado acima) não se conserve nenhum vestígio dos tecidos orgânicos: não fosse assim, subsistiria a esperança de se descobrirem sinais daquela antiga disputa, que tem leve sabor de Zaratustra. Ou será que existem em formas quirais esqueletos de radiolários ou de diatomáceas? Seria um bom tema para uma tese.

6) A hipótese do evento único, *una tantum*, não é simpática e não vai muito longe, mas não pode ser excluída: vimos que aponta como pressuposto de algumas das hipóteses descritas. Algum germe poderia ter chovido do espaço (uma molécula de DNA, um esporo, um fragmento proteico) que contivesse em si o princípio da assimetria e da vida: proposta velhusca, recentemente desempoeirada nada menos que por Francis Crick, o descobridor do código genético, mas que apenas desloca o problema para um espaço e um tempo que não nos são acessíveis. Resta o cenário do evento terrestre singular, único, espontâneo e casual, não impossível, mas extremamente improvável. Sobre fatos únicos não se constrói ciência, portanto o discurso logo termina, com um ato de fé (ou de desconfiança); mas esse cenário se tornou menos rebarbativo graças a um fenômeno estudado por Giulio Natta (prêmio Nobel de 1963) e exposto em seu belo livro *Stereochimica, molecole in 3D* [Estereoquímica, moléculas em 3D] (EST Mondadori, 1978). Se forem construídas longas cadeias de moléculas, ou seja, polímeros, sem estratagemas especiais, obviamente serão obtidos produtos simétricos e inativos; se, porém, a polimerização for feita em presença de pequenas quantidades de uma substância inerte, mas fortemente assimétrica, então o polímero obtido também será assimétrico em todo o seu comprimento. Em suma, a substância inerte se comporta como um molde; de um molde

assimétrico é possível obter peças assimétricas em quantidade virtualmente ilimitada. Recorramos a outra semelhança: comprimindo-se a massa sobre uma chapa furada, obtém-se um espaguete retilíneo também muito comprido; mas, se o furo da chapa for oblíquo, será obtido um espaguete também comprido, mas encaracolado, ou seja, assimétrico: direito ou esquerdo, dependendo da forma do furo. Isso quer dizer que existe ou pode ser imaginado um mecanismo multiplicador, que pode ter agigantado e levado à conquista do mundo uma assimetria local, devida a uma das causas descritas acima ou a uma infinitesimal flutuação. De resto, a recente descoberta da radiação isotrópica e fóssil acaso não obrigou a maioria dos cientistas a engolir com o Big Bang a amarga filosofia do evento único?

7) A quiralidade poderia ter raízes universais. Não procurarei ficções, não vou pretender levar a entender o que não entendi e que não se pode entender no sentido ordinário da palavra, que é o de se refugiar em modelos visuais. A quiralidade poderia residir no domínio subatômico, aquele onde nenhuma linguagem mais é válida, exceto a linguagem matemática, onde a intuição não chega e as metáforas falham. Uma das forças que interligam as partículas, a interação fraca, não é simétrica; os elétrons emitidos em certas desintegrações radioativas são irremediavelmente esquerdos, sem compensação; portanto, toda a matéria, mesmo abaixo da sensibilidade de nossos instrumentos de medição, é opticamente ativa. Os antípodas nunca são verdadeiros antípodas: um dos dois, sempre o mesmo, o esquerdo, é um pouco mais estável que seu irmão. As misturas inativas que o químico obtém nunca são exatamente *fifty fifty*: há sempre um desequilíbrio, da ordem de um em 1 bilhão de bilhões, mas infalível. É pequeno, mas também é pequena a chave de uma caixa-forte que contenha uma tonelada de diamantes. Se assim forem as coisas (trata-se de questões recentíssimas, ainda quentes), o universo inteiro estaria permeado por uma tênue quiralidade, e as compensações seriam apenas aparentes: o antípoda "verdadeiro" do ácido lático direito ou de minha

A assimetria e a vida

mão direita não seria o ácido esquerdo e a mão esquerda terrestres, mas os esquerdos no reino distante da antimatéria. Sobre esse infinitesimal pendor, sobre esse capricho tendencioso teriam agido, nos éons, os mecanismos amplificadores de que falamos. Está bem assim? Por ora é essa a resposta com que precisamos nos contentar.

Talvez eu deva pedir desculpas: é difícil sermos claros em coisas que não estão claras para nós, torná-las compreensíveis aos não iniciados sem entediar ou escandalizar os iniciados. Além disso, sei que invadi uma seara que (já) não é minha, mas à qual dediquei minha tese de mestrado. Revisitei-a com reverência, com um pouco de saudade e com o receio de incorrer em erro: os anos de afastamento cobram seu preço.

Tentei pôr em dia um problema que permanece aberto, apesar da hipótese subversiva que procurei descrever por último, com o respeito do leigo, ou seja, daquele que se detém diante do limiar do templo. É um problema talvez "inútil", ainda que nem sempre inútil (por exemplo, se os farmacologistas tivessem ficado mais atentos à questão da isomeria óptica, a tragédia da talidomida teria sido evitada. Esse produto tem molécula assimétrica; foi comercializado na época como "composto racêmico", ou seja, como mistura equilibrada dos dois antípodas, tal como fora obtida pela síntese. Pesquisas posteriores – como a de Blaschke e outros, *Arzneimittel-Forschung*, 1979 – com ratos mostraram que só o antípoda esquerdo era teratógeno: o direito tinha ação tranquilizante normal. Se os dois antípodas tivessem sido separados e examinados isoladamente, nada teria acontecido).

Em todo caso, é um problema bonito e fértil. Diferentemente dos problemas filosóficos, não acredito que permaneça aberto para sempre: alguns dados, mesmo que modestos, poderiam ajudar. São opticamente ativos os aminoácidos que parecem ter sido encontrados nos meteoritos? Alguém tentou realizar sob um campo magnético a síntese de uma molécula assimétrica que contenha ferro? A mim, a notícia da quiralidade do universo, ou apenas de nossa galáxia, pareceu perturbadora, ao mesmo tempo dramática e enigmática: tem algum sentido? Se sim, qual? Até onde levará? Não será um "lance de dados", aquele mesmo que Einstein se recusava a atribuir a Deus?

Prometeo, II, n.7, set. 1984.

Prefácio a Ebrei a Torino*

Por ocasião do centenário da inauguração de nossa Sinagoga, ocorrida em 16 de fevereiro de 1884, nós, judeus turineses, decidimos deixar de lado, pelo menos uma vez, nossa dupla e tradicional discrição. É a conhecida discrição piemontesa, ligada a raízes geográficas e históricas, motivo pelo qual há quem nos veja como os menos italianos dos italianos, somada à milenar discrição do judeu diaspórico, acostumado desde sempre a viver no silêncio e na suspeita, a ouvir muito e a falar pouco, a não se fazer notar, porque "nunca se sabe".

Nunca fomos muitos: pouco mais de 4 mil nos anos 1930, e esse foi o número máximo que já atingimos; pouco mais de mil hoje. No entanto, não acreditamos incidir em exagero se afirmarmos que tivemos alguma importância e ainda temos na vida desta cidade. Paradoxalmente, nossa história de gente tranquila e modesta está ligada à história do maior monumento turinês, que não é nada modesto nem se coaduna com nossa índole: conforme está profusamente narrado no ensaio que segue, de Alberto Racheli, corremos o sério risco de dividir com Alessandro Antonelli a responsabilidade pela presença, em pleno centro

---

* Tradução literal: Judeus em Turim. (N. T.)

Primo Levi

urbano, da Mole,* descomunal ponto de exclamação. Evidentemente, nós também, como todos os turineses, sentimos certo amor pela Mole, mas é um amor irônico e polêmico, que não nos torna cegos. Gostamos dela como gostamos das paredes domésticas, mas sabemos que é feia, presunçosa e pouco funcional; que implicou um péssimo uso do dinheiro público; e que, depois do ciclone de 1953 e da restauração de 1961, está em pé graças a uma prótese metálica. Em suma, já faz um bocado de tempo que nem tem direito a uma menção no Guinness: já não é mais, como nos ensinavam na escola, "a mais alta construção de tijolo furado da Europa". Por isso, devemos gratidão póstuma ao secretário municipal Malvano, nosso correligionário, que em 1875 teve a habilidade de revender à prefeitura o edifício encomendado e não terminado, devorador de dinheiro. Se a operação não tivesse dado certo, hoje se assistiria a um espetáculo melancólico: as poucas centenas de judeus que vão ao Templo nas festas solenes e as poucas dezenas que vão para as cerimônias cotidianas seriam quase invisíveis no enorme espaço fechado pela cúpula antonelliana.

No entanto, como eu dizia, se não estivéssemos aqui, a cidade seria diferente, e esta exposição promete demonstrar isso. Nossos antepassados, quando se tornaram urbanos em fins do século passado (na maioria não turineses, mas residentes em grande parte nas comunidades menores do Piemonte), trouxeram consigo o grande e talvez único dom específico que a História legou aos judeus: a alfabetização, a cultura, religiosa e laica, sentida como

---

* Mole, grande massa, imenso volume é uma construção iniciada em Turim no ano de 1863. Com a concessão oficial de liberdade de culto em 1848, a comunidade judaica de Turim comprou o terreno para construir uma sinagoga com escola anexa. O projeto original previa um edifício de 47 metros de altura, mas Antonelli, escolhido como arquiteto, propôs uma série de modificações que desagradaram seus clientes, como a elevação da construção para 113 metros. Com o aumento dos custos faltou verba, e decidiu-se pôr fim às obras com um teto plano, provisório. (N. T.)

A assimetria e a vida

um dever, um direito, uma necessidade e uma alegria na vida; e isso nos tempos em que, na Itália, a população era analfabeta na grande maioria. Por isso, a emancipação não os pegou desprevenidos: como mostram as histórias de muitas famílias descritas nos painéis, no espaço de uma ou duas gerações os judeus saídos do gueto passaram rapidamente do artesanato e do pequeno comércio às indústrias nascentes, à administração, aos cargos públicos, às Forças Armadas e às universidades. Aliás, exatamente no ambiente acadêmico os judeus turineses deixaram marcas ilustres, totalmente desproporcionais à sua consistência numérica, e sua presença ainda é notável pela quantidade e qualidade. Nessa ascensão, que de resto era paralela à da pequena burguesia cristã, eles também foram favorecidos pela fundamental tolerância da população. Já foi dito que cada país tem os judeus que merece: a Itália pós-*Risorgimento*, país de antiga civilização, etnicamente homogêneo e não contaminado por graves tensões xenofóbicas, fez de seus judeus uma classe de bons cidadãos, respeitosos das leis, leais ao Estado, distantes da corrupção e da violência.

Sob esse aspecto, a integração do judaísmo italiano é peculiar no mundo; mas talvez ainda mais peculiar seja o equilíbrio do judaísmo turinês-piemontês, que se integrou facilmente mesmo sem renunciar à sua identidade. Com exceção de casos raros e periféricos, como os centros do Iêmen e do Cáucaso, todas as comunidades judaicas do mundo carregavam (e carregam) os sinais da atormentada história do povo de Israel, entremeada de morticínios, expulsões, separações mortificantes, taxações exorbitantes e arbitrárias, conversões forçadas, migrações. Os judeus expulsos de um país (da Inglaterra em 1290, da França durante todo o século XIV, da Renânia no tempo das Cruzadas, da Espanha em 1492, até as recentes migrações para as Américas) procuravam refúgio em outro lugar, agregando-se às comunidades existentes ou fundando novas comunidades: portanto, eram duplamente estrangeiros, pela religião e pela proveniência. Por isso, a maioria das comunidades é estratificada e internamente compósita, com

Primo Levi

ocasionais tensões e cisões. Retrato vivaz disso é apresentado por Israel Zangwill, em seu famoso conto *O rei dos schnorrers*,* ambientado na Londres do começo do século XVIII, em que se narra o encontro-desencontro entre um judeu "espanhol", mendigo douto e insolente, e um judeu "alemão" integrado, rico e ingênuo. Em Amsterdã os judeus locais, de origem alemã, acolheram os judeus expulsos da Península Ibérica, mas não houve muita fusão entre os dois componentes. Em Veneza ainda existem cerca de cinco sinagogas, originariamente destinadas a judeus de proveniências e ritos diferentes. Semelhante é a situação atual em Paris, onde convivem judeus de velha origem francesa com judeus argelinos, egípcios, poloneses, russos, alemães etc. O caso mais complexo e de maior peso histórico é notoriamente o de Israel, onde a presença de judeus pertencentes a todos os ramos da diáspora ainda constitui um intrincado problema de política interna; o caso mais recente é o da comunidade de Milão, onde o afluxo maciço de fugitivos dos Estados árabes e do Irã está provocando perturbações e atritos, a par de um crescimento numérico não previsto.

Em compensação, os judeus turineses, de remota origem franco-provençal e espanhola, nunca foram submetidos a afluxos constantes de outras regiões. Infiltrações sim, em várias épocas, como demonstram alguns sobrenomes de comprovada origem alemã (Ottolenghi, Diena, Luzzati, Morpurgo e, obviamente, Tedeschi) e o solitário termo dialetal e litúrgico "*ij ursài*", aniversário de um falecimento, que é a corruptela do iídiche "*yorzeit*", "tempo do ano"; mas essas infiltrações foram rapidamente absorvidas por um tecido social que permaneceu etnicamente estável até o período 1880-1920, ao qual essa exposição é dedicada; aliás, até hoje, em notável contraste com o que aconteceu na cidade de Turim, que na época do *boom* econômico absorveu 500 mil ou 600

---

* Israel Zangwill (1864-1926), *The King of Schnorrers*, William Heinemann, 1931/Dover Publications, 2003. (N. T.)

A assimetria e a vida

mil imigrantes no espaço de dois ou três anos, com mudanças profundas de todas as suas estruturas e superestruturas.

Prova de que se tratava de um pequeno povo cônscio de sua identidade e dotado de consolidada fisionomia própria, como que uma aldeia engastada na capital saboiana, é constituída pela forte endogamia, que raramente se estendeu para além dos limites da região, e pelo curioso linguajar judaico-piemontês, hoje tema de estudo para linguistas e sociólogos, mas já descrito por um arguto observador das coisas piemontesas como Alberto Viriglio. Para que esse híbrido linguístico nascesse e sobrevivesse, era indispensável uma profunda integração com a população majoritária, uma adequada memória da língua litúrgica (o único caminho pelo qual o hebraico e o aramaico seguiram as correntes da diáspora) e um clima isento de fortes tensões entre maioria e minoria. Não nascem línguas híbridas quando essas tensões existem: nunca se formaram, por exemplo, nenhum dialeto judaico-polonês nem híbridos ítalo-alemães no Alto Adige, enquanto os emigrantes italianos nos Estados Unidos, a despeito da pouca compatibilidade fonética, desenvolveram desde o início um linguajar específico, inteligentemente explorado por Pascoli num famoso poema.[*]

Nossos pais e, sobretudo, nossas mães valiam-se diariamente e com naturalidade do judaico-piemontês: era a língua da família e da casa. No entanto, estavam conscientes de sua intrínseca força cômica, que brotava do contraste entre o tecido do discurso, que era o dialeto piemontês, rústico e lacônico, e o engaste hebraico, extraído da língua dos patriarcas, remota mas reavivada todos os dias pela prece pública e privada e pela leitura dos Textos, polida pelos milênios como o álveo das geleiras. Mas esse contraste refletia outro, que é o contraste essencial do judaísmo disperso entre "as gentes" (os *gentios*, justamente), dividido entre a vocação divina e a miséria cotidiana; e outro ainda, bem mais vasto, inerente à condição humana, pois o homem é bipartido, é uma mescla

---

[*] Giovanni Pascoli (1855-1912). Trata-se do poema "Italy". (N. T.)

Primo Levi

de alento celeste e pó terreno. O povo judeu, depois da diáspora, viveu dolorosamente esse conflito e dele extraiu, a par da sabedoria, o riso, que de fato falta na Bíblia e nos Profetas.

Esta exposição é dedicada a esses nossos antepassados honestos, laboriosos e argutos, não heróis, não santos nem mártires, não muito distantes no tempo e no espaço. Estamos conscientes de seus limites, que restringimos deliberadamente. Sobre a história dos judeus turineses nas décadas seguintes haveria outras coisas para dizer, com peso bem diferente: seu precoce compromisso antifascista, pago com longuíssimos anos de prisão e confinamento, que brotou daquela sede de liberdade e justiça que percorre toda a história dos judeus; a vida exemplar de homens como Umberto Terracini, Leone Ginzburg, Emanuele e Ennio Artom, Giuseppe, Mario e Alberto Levi, os *partisans* mortos Sergio, Paolo e Franco Diena; a participação dos judeus na Resistência, mais uma vez bem superior ao que é comportado pelo número; os oitocentos deportados, dos quais só resta uma lápide em nosso cemitério. Mas nesta ocasião não quisemos falar de vitórias, derrotas, lutas e matanças. Aqui pretendemos lembrar, convidar à recordação e dar-nos a conhecer, antes que seja tarde demais. Para cada grupo humano existe uma massa crítica, abaixo da qual termina a estabilidade: caminha-se então para uma diluição cada vez maior e para uma dissolução silenciosa e indolor. Nossa comunidade, a menos que ocorram acontecimentos imprevisíveis, parece dirigir-se para esse caminho. Pretendemos com essa exposição dar demonstrações de gratidão filial, mostrar aos nossos amigos turineses e a nossos filhos quem somos e de onde viemos.

Ebrei a Torino. Ricerche per il Centenario della Sinagoga (1884-1984), vários autores, Turim, Allemandi, 1984.

Itinerário de um escritor judeu

Meus leitores e a crítica, na Itália e no exterior, consideram-me hoje um "escritor judeu". Aceitei essa definição de bom grado, mas não de imediato nem sem resistência: na verdade, aceitei-a inteiramente só depois de bastante avançado na vida e em meu itinerário de escritor. Adaptei-me à condição de judeu só como efeito das leis raciais, baixadas na Itália em 1938 quando eu tinha 19 anos, e de minha deportação para Auschwitz, ocorrida em 1944. Adaptei-me à condição de escritor mais tarde, depois dos 45 anos, quando já tinha publicado dois livros e quando a profissão de escritor (que, no entanto, nunca considerei uma verdadeira profissão) começou a prevalecer sobre minha profissão "oficial" de químico. Em ambas as etapas, o que houve foi uma intervenção do destino mais que uma escolha deliberada e consciente. Seja como for, passarei aqui em revista minhas obras de "escritor judeu", detendo-me sobretudo em meus livros de caráter autobiográfico ou memorialista, ou atinentes ao tema desta conferência por outros aspectos. Seguirei a ordem efetiva dos acontecimentos, e não a ordem em que eles se refletiram em meus escritos: seguirei a ordem biográfica, e não a bibliográfica.

Tal como a maioria dos judeus de antiga ascendência italiana, meus pais e avós pertenciam à média burguesia e estavam

Primo Levi

profundamente integrados no país como língua, costumes e orientação moral. Em minha família a religião contava pouco: considero que isso pode ser explicado pelo fato de que a paridade dos direitos civis, obtida pelos italianos não católicos só em meados do século passado, foi fruto do caráter predominantemente laico do *"Risorgimento"* italiano; a participação nas lutas da unificação, se não comportava a obrigação da laicidade, comportava pelo menos um forte convite a observá-la. Apesar disso, tanto em minha família quanto nas dos judeus italianos em geral, não se extinguira a consciência do judaísmo. Manifestava-se na manutenção de alguns rituais familiares (sobretudo as festas de Rosh Hashaná, Pesach e Purim), na importância atribuída ao estudo e à educação e numa modesta, mas interessante, diferenciação linguística. Em analogia com a conhecida estrutura híbrida do iídiche, nas famílias judias das várias províncias italianas desenvolveram-se curiosas variantes dialetais, com inserções hebraicas mais ou menos distorcidas, em conformidade com a fonética local. Desde a infância tive a curiosidade, e também a ternura, despertada por essa patética sobrevivência da língua bíblica na linguagem familiar e dialetal. Muitos anos depois de minha estreia literária, isso serviu de assunto para o primeiro capítulo de meu livro O *sistema periódico*.

Esse livro é, à primeira vista, uma narrativa sucinta de minha vida de químico. Na verdade, no fim de minha carreira profissional, senti necessidade de expressar o quanto devia a essa minha profissão, quase braçal, muitas vezes cansativa e suja, às vezes também perigosa; parecia um dever que, por assim dizer, o letrado agradecesse ao químico que lhe abrira caminho. Mas, num exame mais aprofundado, os críticos reconheceram no livro um fôlego maior que o da pura autobiografia: ele contém a história de uma geração, e de muitas de suas páginas destila-se a experiência traumática da segregação dos judeus na Europa fascista e nacional-socialista, da cega precipitação para a guerra e a matança, bem como do orgulho renovado que fatalmente

A assimetria e a vida

acompanha toda separação e discriminação. O livro se subdivide em 21 "momentos", cada um dos quais tem como assunto e título um dos elementos químicos. Para os fins desta conferência interessam em especial os capítulos intitulados Argônio, Zinco e Ouro, pois se referem a situações e fatos que precedem minha deportação e refletem minha condição de judeu, assimilado e integrado, mas não fascista, na Itália de Mussolini. O argônio é um gás que não reage com os outros gases, presente em quantidade mínima no ar que respiramos. No capítulo que tem esse título propus uma analogia burlesca entre esse gás "raro" e "nobre" e nossos antepassados das pequenas comunidades judaicas rurais do Piemonte, separados em pequenos grupos, às vezes em famílias isoladas, apartados, tendo ainda na memória longínquas perseguições, nunca muito amados nem muito odiados, sendo às vezes alvo de desprezo ou desconfiança. Desses personagens estranhos e remotos não resta outro vestígio a não ser algumas anedotas jocosas, alguns "ditos" que iam sendo transmitidos, quase como paródia dos célebres "ditos" rabínicos coligidos no Talmude. Com afeto irônico e benévolo, procurei dar vida nessas páginas, por exemplo, à história de um lendário tio que em Chieri, perto de Turim, se apaixonou pela criada cristã. Como seus pais se opunham ao casamento, o tio se pôs de cama e assim ficou durante 22 anos, até que os pais morressem e ele pudesse se casar com a moça. Ao relatar essas lendas familiares cômicas e estranhas, procurei documentar também a linguagem híbrida que antes mencionei, em substância um iídiche menor e mediterrâneo, mais local e menos ilustre, mas no qual eu reconhecia minhas raízes domésticas:

> Seu interesse histórico é pequeno, porque nunca foi falado por mais de alguns milhares de pessoas: mas é grande seu interesse humano, como o de todas as linguagens limítrofes e transicionais. Contém uma admirável força cômica, que se destila do contraste entre o tecido do discurso, que é o dialeto piemontês sumário,

sóbrio e lacônico, nunca escrito, a não ser como desafio, e o engaste hebraico, surrupiado à remota língua dos pais, sagrada e solene, geológica, polida pelos milênios como o álveo das geleiras. Mas esse contraste reflete outro, o contraste essencial do judaísmo da Diáspora, disperso entre "os gentios" (os "*goim*", justamente), dividido entre a vocação divina e a miséria cotidiana do exílio; e ainda um outro contraste, bem mais geral, inerente à condição humana, porque o homem é centauro, emaranhado de carne e mente, de alento divino e de pó. O povo judeu, depois da dispersão, viveu esse conflito duradoura e dolorosamente e dele extraiu, a par da sabedoria, o riso, que de fato falta na Bíblia e nos Profetas. Disso está impregnado o iídiche, e, em seus modestos limites, também assim era o bizarro linguajar de nossos pais nesta terra, que quero recordar aqui antes que desapareça: linguajar cético e bonachão, que só a um exame distraído poderia parecer blasfemo, ao passo que é rico de afetuosa e digna familiaridade com Deus [...].

No capítulo "Zinco" a analogia química, sempre sutilmente irônica, deslocou-se. Estamos em 1938, as leis raciais na Itália ainda não foram proclamadas, mas é possível senti-las no ar: jornais e revistas, orquestrados pelo regime totalitário, falam insistentemente dos judeus como diferentes, como inimigos potenciais (ou reais) do fascismo, como "impurezas" nocivas no corpo puro do povo italiano; citam como exemplo de imitação as leis de Nuremberg; retomam os temas da propaganda fanática do dr. Goebbels: o judeu, retratado nas charges humorísticas com os traços semíticos tradicionais, é ao mesmo tempo o capitalista que causa a fome dos povos "arianos" e o bolchevique sanguinário, destruidor da civilização ocidental. O pressuposto é que o zinco tem condições de reagir com ácidos apenas se estiverem presentes determinadas impurezas: se for puríssimo, não reage. O jovem eu-mesmo aqui descrito está confusamente orgulhoso de ser "uma impureza": "Para que a roda gire, para que a vida viva, tem de haver impurezas [...]. Tem de haver a divergência, o diferente, o grão de

A assimetria e a vida

sal e de mostarda: o fascismo não os quer, proíbe-os, e por isso não és fascista; ele quer todos iguais e tu não és igual".

E pouco adiante:

[...] sou eu a impureza que faz o zinco reagir, sou eu o grão de sal e de mostarda. Impureza, sem dúvida: pois exatamente naqueles meses se iniciava a publicação de *La Difesa della Razza*,* com grande falatório em torno da pureza, e eu começava a ter orgulho de ser impuro. Na verdade, até aqueles meses eu não me importara muito de ser judeu: dentro de mim e nos contatos com meus amigos cristãos, sempre havia considerado minha origem um fato quase negligenciável, mas curioso, uma pequena anomalia engraçada, como quem tem nariz torto e sardas; judeu é o sujeito que não faz árvore no Natal, que não deveria comer salame, mas come assim mesmo, que aprendeu um pouco de hebraico aos 13 anos e depois esqueceu. Segundo a revista acima citada, o judeu é avaro e astuto: mas eu não era muito avaro nem astuto, e meu pai também não tinha sido.

Parece-me que o último trecho citado reflete bem o estado de espírito e a condição da maioria dos judeus italianos às vésperas das leis raciais.

No capítulo "Ouro", a situação amadureceu. A Segunda Guerra Mundial está no auge, em 1943 os Aliados desembarcaram na Itália, o fascismo caiu, as forças alemãs invadiram o norte da Itália. Apesar de despreparado tanto do ponto de vista político quanto do militar, pareceu-me que aderir à resistência antialemã era a única opção decente. Era o que tinham feito muitos de meus amigos, judeus e cristãos; e, de fato, a participação dos judeus na resistência italiana foi relativamente notável, tanto em termos numéricos quanto como liderança. Mas minha militância de *partisan* estava destinada a durar pouco. Em decorrência de uma

---

* *La Difesa della Razza* [A defesa da raça], revista fascista dirigida por Telesio Interlandi, publicada de 1938 a 1943. (N. T.)

Primo Levi

delação, em 13 de dezembro de 1943 fui preso pelos fascistas nas montanhas de Val d'Aosta. No interrogatório a que fui submetido, admiti ser judeu: em parte por cansaço, mas em parte também por um impulso de orgulho de que falei antes, que é fruto da perseguição e cuja intensidade é proporcional à dureza da própria perseguição.

Em fevereiro de 1945, os fascistas me entregaram aos alemães, que me deportaram para Auschwitz. O trem que nos levou ao campo de concentração continha 650 pessoas; destas, 525 foram exterminadas imediatamente; 29 mulheres foram encerradas em Birkenau; 96 homens, entre eles eu, foram enviados para Monowitz-Auschwitz, um *"Nebenlager"* pertencente à IG Farbenindustrie. Destes, apenas cerca de vinte, entre homens e mulheres, voltaram para casa. Sobrevivi à prisão graças a uma concatenação de circunstâncias felizes: por nunca ter ficado doente, pela ajuda de um pedreiro italiano, por ter conseguido trabalhar dois meses como químico num laboratório da IG Farbenindustrie. Fui libertado graças ao rápido avanço do Exército Vermelho em janeiro de 1945.

Já durante a prisão, a despeito da fome, do frio, das surras, do cansaço, da morte progressiva de meus companheiros, da promiscuidade de todas as horas, senti uma necessidade intensa de contar o que estava vivendo. Sabia que minhas esperanças de salvação eram mínimas, mas também sabia que, se sobrevivesse, *teria o dever* de contar, não poderia deixar de fazê-lo; não só isso, mas também que contar, dar testemunho, era um objetivo que merecia o esforço de sobrevivência. Não era viver *e* contar, mas viver *para* contar. Já em Auschwitz eu estava consciente de que vivia a experiência fundamental de minha vida.

De fato, assim que voltei para a Itália (em outubro de 1945), comecei a escrever, sem plano, sem preocupações de estilo, dando precedência aos episódios mais frescos na memória, que me parecessem importantes por si sós ou estivessem impregnados de valores simbólicos. Não percebia que estava escrevendo um livro, nem era essa minha intenção: achava que estava cumprindo um

A assimetria e a vida

dever, saldando uma dívida para com os companheiros mortos e, ao mesmo tempo, satisfazendo uma necessidade minha. Devo esclarecer que nesse livro e nos posteriores nunca me dispus a tratar de problemas de linguagem: minha educação foi exclusivamente italiana, o italiano é a única língua que conheço bem e nunca poderia ter pensado em me valer de outras.

Quem me alertou para o fato de que estava escrevendo um livro foram os amigos que leram minhas páginas: aconselharam-me a reorganizar e completar os escritos, e dessa forma nasceu *É isto um homem?*, publicado em 1947. Mais tarde esse livro demonstrou sua vitalidade: foi traduzido em nove línguas, adaptado em vários países para a rádio e o teatro; trechos dele aparecem em muitas antologias; é continuamente reimpresso e ainda hoje está sendo lido pelos jovens, como comprovam as muitas cartas que recebo.

Não é um livro de puro testemunho. Relendo-o na distância do tempo, reconheço nele muitos temas entrelaçados: o esforço de entender "como pôde ter acontecido", o estudo quase científico do comportamento humano (o dos outros e o meu) naquelas condições extremas, o confronto doloroso e cotidiano com a vida livre, o aflorar (talvez desejado, talvez inconsciente e espontâneo) das recordações literárias do Inferno de Dante. Mas aqui gostaria de pôr em evidência um desses temas, que é a remissão à Bíblia.

Pela primeira vez na vida, já desde o campo italiano de trânsito em Fossoli, eu me vira segregado do mundo "normal" e imerso à força num ambiente exclusivamente judaico. Era uma confirmação brutal de minha condição de judeu: uma condenação, uma recaída, uma revivescência das histórias bíblicas de exílio e migração. Um retorno trágico, no qual, porém, a par do desespero, conviviam a surpresa e o orgulho da identidade reencontrada. O trecho abaixo refere-se à noite da partida de Fossoli para Auschwitz:

> Na barraca 6A morava o velho Gattegno, com a mulher e os muitos filhos e netos e genros e noras laboriosas. Todos os homens eram marceneiros; vinham de Trípoli, através de muitas e longas viagens, e

Primo Levi

sempre haviam carregado consigo as ferramentas do ofício, a bateria de cozinha, os acordeões e o violino para tocarem e dançarem depois do dia de trabalho, porque aquela gente era alegre e devota. Suas mulheres foram as primeiras a cuidar dos preparativos da viagem, silenciosas e rápidas, pois queriam que sobrasse tempo para o luto; e, quando tudo ficou pronto, preparadas as *focacce*, amarradas as trouxas, elas se descalçaram, soltaram os cabelos, dispuseram no chão as velas fúnebres e as acenderam segundo o costume dos pais, sentaram-se no pavimento em círculo para a lamentação e durante toda a noite oraram e choraram. Ficamos parados, muitos de nós, diante da porta, e uma dor nova nos entrou na alma: a dor antiga do povo que não tem terra, a dor sem esperança do êxodo renovado a cada século.

O tema e o tom bíblico voltam com frequência, com o passar dos meses de prisão; às vezes aflora a intuição do destino decidido acima do homem por um Deus incompreensível:

Na marcha para o trabalho, trôpegos nos tamancões sobre a neve gelada, trocamos algumas palavras, e fiquei sabendo que Resnyk é polonês; morou vinte anos em Paris, mas fala um francês incrível. Tem 30 anos, mas, como a todos nós, seria possível lhe dar de 17 a 50. Contou-me sua história, que já esqueci, mas era por certo uma história dolorosa, cruel e comovente; pois assim são todas as nossas histórias, todas diferentes e todas cheias de uma trágica e desconcertante inevitabilidade. Contamos nossas histórias, cada um por vez, à noite, e elas aconteceram na Noruega, na Itália, na Argélia, na Ucrânia, e são simples e incompreensíveis como as histórias da Bíblia. Mas não são também histórias de uma nova Bíblia?

Reaparece insistentemente o tema da confusão das línguas como punição pela insolência do homem: mas aqui o fato mítico mudou de lugar, a insolência é da Alemanha de Hitler, que obriga seus escravos de cem línguas a construir suas torres temerárias, e por isso será punida:

A assimetria e a vida

A Torre do Carbureto, que se ergue no meio da Buna e cujo topo raramente é visível em meio à cerração, foi construída por nós. Seus tijolos foram chamados de *mattoni, Ziegel, briques, tegula, cegli, kamenny, bricks, téglak*, e seu cimento foi o ódio; o ódio e a discórdia, como a Torre de Babel, e é assim que a chamamos: Babelturm, Bobelturm; e odiamos nela o sonho demente de grandeza de nossos patrões, o desprezo deles por Deus e pelos homens, por nós, homens.

Por fim, no momento da libertação também abre caminho, mas em plena ambivalência, a memória dos resgates bíblicos:

Os alemães já não estavam lá. As torres de vigia estavam vazias. Hoje acho que, se não por outra razão, pelo simples fato de ter existido um Auschwitz, ninguém deveria falar em Providência na atualidade: mas é verdade que naquela hora a lembrança dos resgates bíblicos nas adversidades extremas passou como um vento por todos os espíritos.

Depois de escrever *É isto um homem?* e de vê-lo publicado, senti-me em paz comigo mesmo como quem cumpriu seu dever. Tinha dado meu testemunho, quem quisesse podia ler: não muita gente, na realidade, porque o livro, aceito só por uma pequena editora, fora impresso em 2.500 exemplares apenas. As resenhas foram boas, de vez em quando me ocorria receber alguma carta de solidariedade e de elogio, encontrar alguém que o tivesse lido; mas não se falou de reimpressão nem de traduções, e depois de dois anos era um livro esquecido. Eu mesmo passara a me dedicar seriamente ao trabalho de químico, estava casado, estava catalogado entre os autores "de um só livro", e quase não pensava mais naquele livrinho solitário, ainda que às vezes ousasse acreditar que a descida aos infernos tivesse me dado, como ao Velho Marinheiro de Coleridge, um *"strange power of speech"*.

Voltei a pensar no assunto quase dez anos depois, quando houve em Turim uma exposição sobre a deportação, que despertou

Primo Levi

extraordinário interesse no público e em especial nos jovens. Contribuí com comentários sobre a exposição, e os jovens (mas eu também era bastante jovem) se apinhavam ao meu redor, faziam perguntas, demonstravam conhecer aquele meu livro quase de cor, perguntavam se eu não tinha outras coisas para contar. Propus o livro à Editora Einaudi, que o republicou em 1958; a partir daí, não parou de ser reimpresso.

Eu tinha, sim, outras coisas para contar. Minha libertação não fora seguida por uma rápida repatriação. Com dezenas de milhares de outros ex-prisioneiros dos alemães, militares e civis, cristãos e judeus, franceses, ingleses, americanos, gregos etc., em vez de ser repatriado pelo caminho mais curto, fui mandado para dentro da União Soviética, onde passei todo o verão de 1945. Não fomos maltratados, mas a coisa nos parecia suspeita, as justificações das autoridades soviéticas (de que faltavam trens, de que a guerra com o Japão não acabara) não eram convincentes. Estávamos aterrorizados pela ideia de nova prisão, sem saber do destino dos nossos entes queridos e atormentados pela saudade.

Encorajado pelo sucesso de meu primeiro livro em sua nova edição, em 1961 comecei a escrever as lembranças do retorno; fazia isso à noite, aos domingos, nos intervalos de meu trabalho de técnico em tintas. Sob dois aspectos o momento era propício: aos anos duros do pós-guerra se seguira na Itália uma onda de otimismo e relativo bem-estar; no campo internacional, a guerra fria era substituída pela distensão entre Estados Unidos e União Soviética, e se tornara mais fácil falar desta última em termos objetivos, sem ser acusado de anticomunismo nem de subserviência ao Partido Comunista Italiano. Nesse meu segundo livro, *A trégua*, procurei justamente descrever os soviéticos como os vira, "de baixo" e vivendo no meio deles, em especial em meio aos militares do Exército Vermelho, cansados de guerra, embriagados com a vitória, ignorando totalmente as coisas do Ocidente.

Aquela viagem de repatriação não fora agradável, mas constituíra um admirável observatório sobre realidades dificilmente

A assimetria e a vida

acessíveis a um italiano. Entre estas, devo citar aqui o contato direto com o judaísmo asquenazita. No campo de concentração, eu tivera sobre eles uma ideia distorcida (tudo no campo de concentração era distorcido) e sobretudo esquemática: havia milhões de judeus na Rússia e na Polônia, os nazistas os tinham mandado para os campos e exterminado. Esse quadro, durante a longuíssima viagem que nos foi imposta pelos russos, adquiriu detalhes e claros-escuros: os países que eu estava percorrendo eram muito diferentes da Itália, desolados e selvagens, primitivos e violentos. A hostilidade aos judeus era muito anterior à invasão alemã, era endêmica, constante; os judeus viviam havia séculos em condições de isolamento, inclusive linguístico. Em nossa peregrinação pela Ucrânia e depois pela Bielorrússia, encontramos militares judeus do Exército Vermelho; jovens que tinham militado entre os *partisans*; famílias que haviam escapado dos *Einsatzkommandos* refugiando-se em zonas longínquas, que agora voltavam a seus países com meios improvisados; aldeias perdidas no meio de bosques, que haviam hospedado prósperos *yeshivoth*, agora estavam destruídas; farrapos, enfim, de um mundo judaico estourado, ferido de morte, agora em busca de novo equilíbrio. Alguns anos depois isso me inspirou um breve poema que transcrevo aqui:

> *Padri nostri di questa terra,*
> *Mercanti di molteplice ingegno,*
> *Savi arguti dalla molta prole*
> *Che Dio seminò per il mondo*
> *Come nei solchi Ulisse folle il sale:*
> *Vi ho ritrovati per ogni dove,*
> *Molti come la rena del mare,*
> *Voi popolo di altera cervice,*
> *Tenace povero seme umano.**

---

* Pais nossos desta terra,/ Mercadores de múltiplo engenho,/ Sábios argutos de imensa prole/ Que Deus semeou pelo mundo/ Tal como

Não dedicarei aqui muito espaço aos dois volumes de contos, *Storie naturali* [Histórias naturais] e *Vizio di forma* [Vício de forma], tanto porque são pouco conhecidos no exterior quanto por terem um caráter menos engajado e por neles aparecer só esporadicamente o tema do judeu. Trata-se de contos de conteúdo variado, alguns dos quais confinam com a ficção científica, compostos em várias épocas, atendendo a várias solicitações. No entanto, alguns se ligam (talvez inconscientemente) à tradição do conto moral dos *midrash*. Por exemplo, em "Angelica Farfalla" [Angélica Borboleta] supõe-se que um cientista nazista descobriu que o homem não passa de estado larval de um animal diferente, tal como a lagarta em relação à borboleta, mas nunca chega à metamorfose porque morre cedo demais. A metamorfose o transformaria em anjo ou em super-homem? O cientista administra medicamentos capazes de acelerar a transformação a um grupo de prisioneiros de um campo de concentração, mas eles, em vez de se transformarem em anjos, transformam-se em monstruosos avejões incapazes de voar, que são devorados pelos cidadãos famintos nos dias da batalha de Berlim. Em "Il servo" [O criado], reelaboração irônica da lenda de Golem, imagina-se que o rabino Löw de Praga conhecia os segredos da genética e da informática, e que, portanto, Golem, sua criatura, não passava de robô. Em outro lugar imagina-se, no sexto dia da Criação, uma comissão de técnicos discutindo, em termos estritamente empresariais, o "projeto Homem"; decidem criar um homem-pássaro, mas Deus Pai intervém com toda a sua autoridade, os destitui e num instante cria um homem mamífero, vagamente simiesco, extraindo a mulher de sua costela.

Já aludi às páginas referentes a assuntos judaicos em *O sistema periódico*. O livro seguinte, *A chave estrela*, é o único em que a temática judaica está ausente. A ideia central do romance é a dignidade do

---

nos sulcos o insano Ulisses (semeou) o sal:/ Encontrei-vos por todo lugar,/ Tantos quantos a areia do mar,/ Vós, povo de altiva cerviz,/ Tenaz e pobre semente humana. (N. T.)

A assimetria e a vida

trabalho, em especial do trabalho artesanal, como substituto atual da aventura e da pesquisa criativa, tema que considero válido em qualquer tempo, lugar ou estrutura social. No entanto, ao escrevê--lo, não me eram estranhas as muitas alusões à nobreza e à necessidade do trabalho que se encontram disseminadas pelo Talmude. O volume *Lilit* compreende 36 contos, quase todos já publicados anteriormente em jornais ou revistas. Destes, os primeiros doze, aos quais a crítica deu mais atenção, reúnem (são palavras minhas, extraídas de um dos contos) "os paralipômenos de meus primeiros dois livros". Passados cerca de trinta anos, parecia-me que o patrimônio de lembranças do campo de concentração ainda não tinha sido todo gasto e que valia a pena voltar ao assunto. Naturalmente, o ponto de vista mudou: eu já não sentia a urgência do testemunho e da libertação interior, achava que tinha dito tudo sobre a sociologia do campo de concentração, sobre seu horror essencial, sobre seu aspecto de espelho distorcido do mundo atual, sobre suas regras. Em vez disso, eu sentia o desejo, bastante sereno, de reestudar de perto algumas figuras daquele tempo, vítimas, sobreviventes e opressores, que tinham continuado nítidas na memória sobre o pano de fundo cinzento, coletivo, impessoal, dos "submersos" que em *É isto um homem?* eu descrevia da seguinte maneira:

> A vida deles é breve, mas o número deles é infindo; são eles, os *Muselmänner*, os submersos, o nervo do campo; eles, a massa anônima, continuamente renovada e sempre idêntica, dos não homens que marcham e trabalham em silêncio, estando extinta neles a centelha divina, estando eles já vazios demais para sofrerem de verdade. Hesita-se em chamá-los de vivos: hesita-se em chamar de morte a morte deles, diante da qual eles não têm medo porque estão cansados demais para compreendê-la.
>
> Eles povoam minha memória com sua presença sem rosto e, se eu pudesse encerrar numa imagem todo o mal de nosso tempo, escolheria esta imagem que me é familiar: um homem descarnado, com a

Primo Levi

fronte inclinada e os ombros recurvados, não sendo possível ler em seu rosto e em seus olhos nenhum vestígio de pensamento.

Entre esses personagens "revisitados" há um companheiro de prisão, honesto e pacato, ao qual eu tentara ensinar a necessidade de roubar os alemães para sobreviver; outro companheiro, judeu praticante, que na noite do Yom Kippur se recusara a comer a sopa; um terceiro, que me conta a perturbadora lenda de Lilit, primeira mulher de Adão e concubina de Deus. Um desses contos, a meu ver o mais importante, resume em poucas páginas a história de Khajim Rumkowski, presidente do Judenrat no gueto de Lodz: como se sabe, esse homem se adaptou a todas as concessões para conservar o mísero poder que a investidura alemã lhe conferira, adotou sem hesitar e sem se sentir ridículo todos os símbolos exteriores "régios" de poder, defendeu-o com coragem contra os próprios alemães e (segundo boato que corria então na Polônia), quando o gueto foi desfeito e ele foi condenado como todos à deportação para o campo de concentração, pediu e conseguiu fazer a última viagem num vagão especial. Nessa história grotesca e trágica, com sabor shakespeariano, percebi uma metáfora de nossa civilização, em especial do desequilíbrio em que vivemos, e ao qual nos habituamos, entre a enorme quantidade de tempo e energia que gastamos para conquistar poder e prestígio e a essencial futilidade dessas metas. Tendemos a esquecer "que no gueto estamos todos, que o gueto está murado, que do lado de fora estão os senhores da morte, e que pouco adiante o trem está à espera".

Falta falar de meu último livro, *Se non ora, quando?* [Se não agora, quando?], publicado só em abril passado. É um romance, e sua origem remonta bem longe no tempo. Os germes a partir dos quais se desenvolveu são substancialmente dois. O mais distante é a lembrança quase fotográfica de um episódio de nosso aventuroso retorno da deportação. Em outubro de 1945, na fronteira italiana, percebemos que o longuíssimo trem de carga que nos

A assimetria e a vida

levava para a pátria já não tinha sessenta vagões, mas 61. Descrevi esse fato da seguinte maneira em *A trégua*:

> Na ponta do trem viajava conosco para a Itália um vagão novo, lotado de jovens judeus, garotos e garotas, provenientes de todos os países da Europa Oriental. Nenhum deles demonstrava ter mais de 20 anos, mas tratava-se de gente extremamente segura e resoluta: eram jovens sionistas, iam para Israel, passando por onde podiam e abrindo caminho como podiam. Estavam sendo esperados por um navio em Bari: o vagão tinha sido comprado por eles, e engatá-lo ao nosso trem fora a coisa mais simples do mundo, não haviam pedido permissão a ninguém; engataram e pronto. Fiquei atônito, eles riram de meu espanto: "Será que Hitler não morreu?", disse-me o líder deles, que tinha um olhar intenso de falcão. Sentiam-se imensamente livres e fortes, donos do mundo e de seu próprio destino.

O germe mais recente é um relato que me foi feito em 1971 por um amigo. Este, já refugiado na Suíça, no verão de 1945 se apresentou como voluntário para ajudar os judeus estrangeiros que afluíam desorganizadamente para a Itália, vindos da Europa Central: era gente miserável, traumatizada, que perdera parentes, casa, dinheiro, pátria, saúde; tudo, menos a esperança de construir o futuro em outro lugar. Misturados a eles, porém, tinham chegado a Milão alguns grupos pequenos de fugitivos diferentes. Eram homens e mulheres que recusavam a qualificação de *"Displaced Persons"*; reivindicavam a de *partisans* e contavam que durante anos haviam executado ações de guerrilha e sabotagem contra as tropas alemãs.

Os dois germes ficaram latentes muito tempo, mas foram despertados há poucos anos pela polêmica entre gerações (em Israel e em outros lugares) sobre o comportamento dos judeus diante do morticínio nazista: deixaram-se mesmo conduzir para a matança sem resistirem? Se sim, por quê? Se não, quantos, quando, onde, como resistiram? A meu ver, trata-se de uma

Primo Levi

discussão profundamente anti-histórica e eivada de preconceitos: como ex-*partisan* e ex-deportado, sei bem que há condições
políticas e psicológicas em que se pode resistir, e outras em que
não se pode. Portanto, não era minha intenção entrar na polêmica, mas tinha a impressão de que dispunha da carga narrativa
suficiente para extrair desses germes um relato digno de ser lido:
declaradamente um romance histórico; talvez também, de modo
mais indistinto, um romance de tese; mas sobretudo um romance
de ação de grande fôlego. Além disso, queria prestar uma home-
nagem àqueles judeus, não importa se poucos ou muitos, que
no desespero haviam encontrado forças de se opor aos nazistas, e que no combate desigual tinham reencontrado dignidade
e liberdade.

Eu tinha afinidade com o tema. Minha vivência em campo de
concentração, a leitura de autores de raiz iídiche e outras viagens
que fiz à União Soviética por razões de trabalho tinham despertado vivamente minha curiosidade pela cultura judaico-oriental,
fabulosamente rica e vital, se bem que destinada a ser transplan-
tada ou a extinguir-se. Mas não era minha cultura: minhas experiências e meus conhecimentos não bastavam, era indispensável
um período de estudo. Antes de começar a escrever, dediquei
quase um ano a reunir e ler documentos e livros: na verdade, queria escrever um romance, mas não queria absolutamente cair em
contradição com fatos históricos ou afastar-me da realidade.
Consultei documentações de fonte aliada, soviética e italiana; até
uma história da guerra de *partisans* judeus (*Di milchome fun di Yiddishe Partisaner in Mizrach-Europe*), escrita por Mosché Kaganovič,
comandante *partisan* e publicada em iídiche na cidade de Buenos
Aires em 1956. Estudei um pouco de gramática e de léxico iídiche,
porque é difícil reproduzir um ambiente social e pôr a falar personagens cuja língua não se conheça; e, visto que a civilização iídiche, assim como todas as civilizações patriarcais e pré-industriais,
está impregnada de sabedoria popular e de provérbios, não deixei
de lado as coletâneas de ditados e provérbios nem as de *"Yiddishe*

A assimetria e a vida

Witze". Não por acaso o próprio título do livro é extraído de um conhecido versículo das *Máximas dos Pais* (*Pirké Avoth*).

Talvez só nessa circunstância tenha me visto diante de um verdadeiro (mas insólito) problema linguístico: precisava dar ao leitor a impressão de que os diálogos entre meus personagens, obviamente em italiano-padrão, eram traduzidos do iídiche, língua que conheço mal e que o leitor italiano simplesmente não conhece. Se o problema foi resolvido, não sei: o julgamento cabe aos eventuais leitores que conheçam de fato o iídiche.

Portanto, não me propus a escrever uma história verídica, mas sim reconstruir o itinerário, imaginário mas plausível, de um dos grupos descritos nos textos que eu lera, do qual resultava que a presença judia, dentro do grande tecido da resistência europeia, era mais importante do que comumente se considera.

Os personagens de *Se non ora, quando?*, uns trinta, entre homens e mulheres, são judeus russos e poloneses: desgarrados do Exército Vermelho, sobreviventes dos guetos e dos massacres dos *Einsatzkommandos*, inicialmente não têm formação política ou ideológica definida; apenas uma mulher se professa ao mesmo tempo comunista, sionista e feminista, enquanto os outros são movidos principalmente pela necessidade de defender-se e por um vago desejo de vingança, reabilitação e liberdade. Encontram-se e agregam-se "como gotas de mercúrio", individualmente ou em grupos, nos bosques da Bielorrússia e nos pântanos da Polésia, às vezes aceitos, às vezes rechaçados, pelas formações *partisans* soviéticas:

> Cada um deles, homem ou mulher, levava nos ombros uma história diferente, mas candente e pesada como chumbo fundido; cada um deles precisaria ter chorado cem mortos se a guerra e três invernos terríveis lhes tivessem deixado o tempo e o fôlego para tanto. Estavam cansados, pobres e sujos, mas não vencidos; filhos de mercadores, alfaiates, rabinos e cantores, tinham se armado com as armas tiradas dos alemães, haviam conquistado o direito de vestir aqueles

Primo Levi

uniformes rasgados e sem divisas e tinham saboreado várias vezes o alimento acerbo de matar. [...] na aventura todo dia diferente da Partisanka, na estepe gelada, na neve e na lama haviam encontrado uma liberdade nova, desconhecida pelos pais e pelos avós, um contato com gente amiga e inimiga, com a natureza e com a ação, que os embriagava como o vinho de Purim, quando é costume deixar de lado a clássica sobriedade e beber até não conseguir distinguir bênção de maldição. Eram alegres e ferozes, como animais quando se abre a porta da gaiola, como escravos que se insurgem e se vingam. [...] muitos (deles) nunca tinham degustado o sabor da liberdade e aprenderam a conhecê-la aqui, na floresta, junto com a aventura e a fraternidade.

Obedecendo às ordens de Moscou, deslocam-se em direção ao ocidente, para ficarem atrás das linhas alemãs, mas também porque já não têm pátria, casa nem família e esperam poder recomeçar a vida naquela Terra de Israel da qual construíram uma imagem milenar e mítica. A dureza da vida a que são forçados, marchas intermináveis, combates, varejaduras, fugas, desconforto, tornou-os primitivos e selvagens, mas não os fez perder algumas características que os distinguem dos outros *partisans* que encontram: a fantasia criativa, a velha autoironia judaica que os imuniza contra a retórica, o gosto pela discussão dialética, o conflito entre a mansidão tradicional e a necessidade de matar. Temporariamente acolhidos por uma formação *partisan* soviética, participam de uma ação diversiva dos saltos de paraquedistas alemães; bloqueiam e destroem um trem; ajudam os camponeses poloneses na colheita; matam os guardas de um pequeno campo de concentração alemão e libertam seus prisioneiros sobreviventes; ultrapassados pela frente de batalha, são confinados pelos russos, mas fogem num caminhão roubado; terminada a guerra, na Alemanha uma das mulheres é morta por um franco-atirador, e o grupo a vinga com uma represália sangrenta. Por fim, atravessam a fronteira italiana num vagão comprado no mercado negro, chegam ao Centro

A assimetria e a vida

de Assistência aos Fugitivos de Milão, onde uma das mulheres do grupo dá à luz um menino: é 7 de agosto de 1945, dia de Hiroshima. A narrativa se encerra com esse sinal duplo, deliberadamente ambíguo.

Na Itália, o livro tem sido um grande sucesso de crítica e de público; foi um dos mais lidos durante o verão e recebeu dois dos três prêmios literários italianos mais ambicionados, o Viareggio e o Campiello. Está em andamento a tradução francesa. A coincidência casual de sua publicação com a guerra no Líbano aumentou seu êxito editorial e ao mesmo tempo distorceu seu significado junto a alguns críticos e leitores, que o tomaram por um "livro de oportunidade". Na realidade, a demonstração de que em determinadas circunstâncias até os judeus sabem lutar hoje parece supérflua.

Turim, 12 de setembro de 1982.

Texto apresentado no Congresso sobre literatura judaica, promovido pela Rockfeller Foundation e ocorrido em Bellagio de 29 de novembro ao fim de dezembro de 1982.

La Rassegna Mensile di Israel, v.I, maio-ago. 1984, p.376-90.

Com a chave da ciência

Parente não se escolhe; amigo, companheiro de caminhada, sim. Eu estava ligado a Italo* por um vínculo tênue e ao mesmo tempo profundo: quase da mesma idade, ambos saídos da experiência determinante da Resistência, fomos juntos promovidos a escritores, numa mesma (para nós memorável) resenha de Arrigo Cajumi nestas páginas, que associava seu *A trilha dos ninhos de aranha* a meu *É isto um homem?*. Sendo ambos de índole esquiva, nunca conversamos muito: não era preciso. Bastava pouquíssimo, uma alusão, uma menção rápida aos respectivos "trabalhos em andamento", e a compreensão era imediata.

Não só a compreensão: devo muito a Italo. Quando redator junto à sede turinesa da Einaudi, para mim era natural recorrer a ele. Eu o sentia como um irmão, aliás, irmão mais velho, apesar de ele ser quatro anos mais novo do que eu. Diferentemente de mim, ele era do ramo: tinha aquilo no sangue. Filho espiritual de Pavese, herdara deste a experiência editorial, o rigor, o julgamento incisivo e rápido. Suas dicas, seus conselhos nunca eram genéricos nem gratuitos.

---

* Italo Calvino. (N. T.)

Éramos ligados por mais um vínculo. Filho de cientistas, Italo, caso isolado na cena italiana, tinha fome de ciência. Cultivava-a, alimentava-se dela como diletante culto e crítico, e com ela alimentava seus livros mais maduros. Para ele, natureza e ciência eram uma coisa só: a ciência como lente para enxergar melhor, como chave para penetrar, como código para entender a natureza. Nada em sua natureza é lírico ou idílico; no entanto, era um grande poeta da natureza, ainda que em negativo, ou seja, quando descrevia sua ausência nas cidades. Irônico só pela metade, dizia que invejava minha pluridecenal militância de químico, em laboratórios e fábricas. Discutimos e compartilhamos programas vagos e grandiosos de uma literatura mediadora, reveladora, de permeio entre as "duas culturas", participante de ambas. Desse objetivo ele se aproximou mais que eu, armado que era de uma cultura vasta e vária, bem como da frequentação com muitos dos maiores intelectuais de nosso tempo. Admirador e aluno, em Paris, de Raymond Queneau, recentemente me convidara a revisar com ele alguns problemas da tradução italiana de *Petite Cosmogonie Portative*, o que para mim foi uma festa intelectual: eu era fascinado por sua argúcia de filólogo, à qual minha modesta experiência de tecnólogo não podia ser de grande auxílio.

Seu desaparecimento tão prematuro deixa um vazio cheio de angústia: estava no auge das forças, ainda tinha muitas coisas para construir, coisas dele e só dele, que ninguém poderá jamais dizer daquele seu modo tão pouco imitável, ao mesmo tempo leve e cortante, nunca repisado, nunca gratuito; às vezes jocoso, nunca fácil, nunca contente com a superfície das coisas.

La Stampa, 20 set. 1985.

Prefácio a Judeus da Europa Oriental

Este volume contém as atas do congresso ocorrido em Turim no mês de janeiro de 1984, sobre o itinerário dos judeus da Europa Oriental, "da utopia à revolta", e reserva várias surpresas para o leitor italiano, seja ele cristão, seja judeu. Sobre o ponto final desse itinerário, ou seja, sobre as revoltas sangrentas e desesperadas nos guetos e nos campos de concentração, leu-se muito, em vários níveis: desde obras historicamente sérias e aprofundadas até transfigurações épicas e romances de consumo. O assunto também foi tratado pelo cinema, igualmente em vários níveis de dignidade artística e rigor filológico. Em compensação, sobre os antecedentes, os intrincados fatores históricos e sociais que levaram à rebelião e dos quais a rebelião extraiu sua força exemplar, sabia-se bem pouco ou as noções eram parciais e distorcidas.

No Ocidente, em especial na Itália (onde a presença judia sempre foi numericamente pequena e onde, mesmo nos anos terríveis da disseminação da barbárie hitlerista, eram poucos os fugitivos judeus em busca de salvação), a imagem que se tinha do judaísmo oriental era vaga e poética, importada através dos canais da literatura; para isso, contribuíram de maneira proeminente e preponderante, exatamente em virtude de sua força transfiguradora, os livros de Joseph Roth e dos irmãos Singer, dos quais o leitor extrai fundamentalmente a noção de um judeu isolado do mundo, confinado (voluntariamente ou não) em seu *shtetl*, ao mesmo tempo prisão e ninho; alheio, ignorante, não tocado pelas convulsões políticas que transformavam a fisionomia e as fronteiras dos países europeus ao longo do século XIX e no início do XX; *luftmensch*, "homem de ar", alimentado de fé ingênua, de afetos familiares, de lendas pitorescas e delirantes; pacato, humilde, errante, neurótico. A essa representação sobrepunha-se outra, negativa, fruto da propaganda fascista ou sedimento de antigos preconceitos: o judaísmo, aparentemente disperso entre as nações (os *goim*), de fato é um bloco unitário, uma potência astuta e perversa voltada para a conquista econômica do mundo, consolidada por elos secretos que transpõem todas as fronteiras.

O quadro que resulta destes textos, tanto dos testemunhos quanto das reconstituições históricas, é radicalmente diferente: é não só mais coerente, como também mais concreto e crível, mais apto a nos fazer entender a realidade de ontem e de hoje. Na segunda metade do século passado, a civilização pitoresca e pouco realista do *shtetl* sobrevive, mas é marginal: no mundo judaico, como no restante da Europa, está em curso um intenso processo de êxodo rural. As pequenas comunidades rurais polonesas, russas e lituanas se despovoam: as fábricas das grandes cidades atraem artesãos, pequeno-burgueses e comerciantes, que se sentem mais protegidos da interminável sucessão de *pogroms* camponeses. Nasce um proletariado judeu urbano, parecido com o proletariado majoritário e também diferente. Parecido na exploração impiedosa a que está submetido; diferente, mais irrequieto e dividido, porque à exploração muitas vezes se soma a hostilidade de que se sente circundado. O proletário judeu tem ouvidos atentos ao discurso socialista e marxista, mas não esquece sua identidade: é dividido entre duas lealdades, à sua classe e à sua origem. Dessa tensão nasce uma incrível variedade de soluções que lhes são propostas; mas no fim do século vão se delineando duas tendências básicas, incompatíveis entre si, ambas carregadas de promessas messiânicas.

A assimetria e a vida

Do trauma do caso Dreyfus nasce (ou renasce) o profetismo sionista. Aqui, na Europa ou mesmo na América, você é estrangeiro, vai ser sempre: se esquecer que é judeu, "os outros" darão um jeito de fazê-lo lembrar. Você tem uma terra, a terra dos seus pais: fica longe, virou deserto, mas, se for cultivada, florescerá, dará leite e mel. Se você a redimir, ela o redimirá: deixará de ser estrangeiro e escravo. Parece sonho, mas se você quiser, será realidade. Paradoxalmente, esse convite desperta a atenção benevolente das autoridades czaristas: por que não? Se quiserem ir embora, por que impedir? Os líderes sionistas têm contatos justamente com os funcionários da polícia do czar: é um lance hábil e inescrupuloso, que causa escândalo no campo do internacionalismo socialista judaico.

Entre as várias tendências concorrentes nesse campo, surge cedo uma vertente social-democrática que, em 1897, se constitui como sindicato-partido, inicialmente semiclandestino, depois oficial: é a União Geral dos Trabalhadores Judeus de Lituânia, Polônia e Rússia, o Bund. Como estamos distantes de todos os estereótipos! Os membros do Bund, operários e intelectuais, não são humildes nem resignados. Neles, a dupla lealdade transformou-se em duplo orgulho: orgulho proletário, orgulho diaspórico. O *alijah*, retorno à terra dos sionistas, é uma deserção, uma fuga: por que se transplantar para a Palestina e lá reconstruir a odiada sociedade burguesa? Nosso país é este, onde nascemos e onde nasceram nossos antepassados de carne e osso, não os patriarcas da Torá. Aqui estamos e aqui queremos ficar, na Polônia e na Rússia, proletários entre os proletários de todo o mundo, porque nossa luta é a deles: mas não somos como eles. Temos e desejamos conservar autonomia cultural, em primeiro lugar a língua: não o hebraico, língua dos rabinos, língua de uma religião que rechaçamos como todas as religiões, mas o iídiche, a *mame-loshn*, a língua-mãe, aquela que é falada há séculos em nossas casas. O centro de gravidade do judaísmo somos nós, é aqui, *do* em iídiche; nosso patriotismo é a "*doikeyt*", a "aquiedade". "O messianismo dos bundistas, absorvido na infância a partir de pais, avós e professores, mesmo quando rejeitado em nível consciente, alimentava de modo totalmente natural a escatologia messiânica da concepção de mundo socialista" (Frankel).

Na virada do século, o Bund é o maior partido operário judaico do império czarista. Ao lado dele, há vários partidos menores, com os quais ele está em permanente concordância discordante; é sacudido por conflitos internos, como todo partido socialista, mas, diferentemente de outros partidos socialistas, não tem nenhuma propensão a concessões: ao contrário, por meio de greves, congressos e manifestações, esforça-se por manter seus adeptos numa condição de cólera tempestuosa e permanente. Em 1905, chega ao ápice de sua carga revolucionária: dispõe de uma organização paramilitar bem adestrada e é um dos grandes partidos revolucionários da Rússia europeia. Em junho, quando os marinheiros do encouraçado *Potemkin* se amotinam, é uma jovem bundista, Anna Lipšic, que promove um comício, diante de dezenas de milhares de ouvintes e da mira dos fuzis dos cossacos e da polícia; mas da revolução fracassada daquele ano o Bund sai enfraquecido. Na Rússia, será expulso pelos bolcheviques em 1919, juntamente com os outros partidos da esquerda; sobreviverá na Polônia até o massacre nazista: mas nem na Rússia nem na Polônia morre de morte natural.

Visto retrospectivamente, o esforço utópico do Bund pode parecer temerário: mas na época ninguém poderia prever as proporções, ou melhor, as desproporções dos regimes de Hitler e de Stálin. A história subsequente deu razão aos detestados sionistas, "antissemitas que falam iídiche", segundo um dos *slogans* do Bund: para os judeus da Europa Oriental não haveria salvação fora da emigração. Mas o vigor ideológico e moral do Bund recobrou seu trágico esplendor exatamente nos anos cruciais do terror nazista: sem a contribuição da experiência insurrecional dos bundistas, a revolta do gueto de Varsóvia e as outras heroicas revoltas dos guetos e dos campos de extermínio não teriam ocorrido ou

A assimetria e a vida

se reduziriam a rompantes locais, desesperados e improvisados, isentos de conteúdo ideal. Só nos guetos assediados pela fome, pelo morticínio diário e pelas epidemias, só na única resistência europeia conduzida até o extremo sem a luz da esperança, os irmãos inimigos, bundistas, sionistas e comunistas encontraram concórdia na unidade da ação.

Tenho a impressão de que, graças às páginas aqui reunidas, para o leitor italiano (ou em geral ocidental) os combatentes dos guetos ganharão fisionomia nova, historicamente crível e, sobretudo, moderna: mais distante da fisionomia dos heróis simplificados, dos paladinos sem mácula, tão estimados pelo folclore de todos os tempos; mais próxima de nós, de nossas opções ainda controversas, de nossa perene busca judaica de identidade. E seus precursores − os ativistas indômitos do Bund, do primeiro sionismo e de todas as outras inumeráveis tendências e correntes (cujo distante espelho se encontra na superabundância de partidos que complica ainda hoje a vida política de Israel) −, assim como nós, eram cegos diante do futuro, mas tinham entendido precocemente (e sua história nos mostra isso), que inércia e servilismo não compensam.

Gli ebrei dell'Europa orientale dall'utopia alla rivolta, vários autores, org. M. Brunazzi e A. M. Fubini, Milão, Edizioni de Comunità, 1985, p.IX-XIII.

O que pegou fogo no espaço

Que dizer? Não é hora de exaltação retórica do heroísmo. A notícia do fracasso da missão Shuttle, divulgada em tempo real ou quase por todo o mundo, não é equiparável a um funesto acidente de trabalho. Não se perderam apenas sete jovens vidas, mas, com elas, um enorme capital intelectual investido em experiência. Cada um dos astronautas, com exceção da infeliz professora, havia acumulado um precioso cabedal de conhecimentos, que desapareceu num instante, num incêndio de apocalipse.

Sacrifício útil ou inútil? Seria cínico fazer cálculos, mas uma afirmação pode ser feita com certeza. A nave era menos segura do que foi proclamado; o projeto da astronave recuperável decerto não será abandonado, mas deverá ser coroado com um número impreciso de aperfeiçoamentos com vistas à segurança, como ocorreu décadas atrás com o voo na atmosfera.

Além dos "desdobramentos" tecnológicos, que já a partir dos primeiros voos espaciais deram frutos nos campos mais imprevisíveis, esperamos agora desdobramentos especificamente orientados para a proteção da vida. Talvez tenha sido um erro passar tão depressa à viagem humana: provavelmente o momento ainda era prematuro, e os riscos, maiores do que se previa.

Não sabemos com precisão quais fins tinha em mira o projeto Shuttle. Talvez fossem fins basicamente de prestígio: se sabemos fazer isso, sabemos fazer outras coisas que não queremos nem podemos dizer quais são. É provável e de se esperar que esse fracasso sirva de advertência: ainda não chegou a hora de ver, para breve, a nave espacial como o avião do futuro.

A par da dor por uma morte coletiva e fulminante, a par da frustração que acompanha qualquer empreendimento fracassado, que nos permitam formular um desejo: que essa tragédia ajude a prevenir outras maiores que o futuro poderia reservar. A quase simultânea e prodigiosa circunavegação da *Voyager* em torno de Urano demonstrou de modo tangível que a exploração do universo em que estamos mergulhados pode ser feita hoje sem pôr em risco a vida de seres humanos.

La Stampa, 30 jan. 1986.

A peste não tem fronteiras

Mal tínhamos começado a nos recobrar do episódio do café de Sindona, ocorreu o escândalo do metanol, seguido pelo choque de duas insanas arrogâncias na Líbia: mobilização de porta-aviões, mísseis, assassinos profissionais e uma enxurrada de mentiras, por uma questão de prestígio infantil. Não tivemos tempo de digerir a Líbia, de traçar o incerto limite entre razão e erro, e de repente ficamos arrasados com o desastre de Chernobil.

É cedo para extrair todas as consequências, mas já é possível tentar algumas considerações. Os soviéticos, que com a ação americana na Líbia ganharam um presente, uma maquiagem gratuita para sua imagem, levam um tombo desastroso: em primeiro lugar porque ocorreu o desastre, em segundo pelo modo como administraram a notícia. Esse modo foi (e é ainda) tão vago e reticente que hoje ninguém conhece dados precisos, a começar do número de vítimas e das dimensões dos danos presentes e futuros. O véu de pudor sobre os problemas internos e a amplificação dos alheios é velha doença dos regimes centralizadores. Muitos se lembrarão de que na época fascista uma orientação do partido proibia dar notícias dos casos de suicídio; por conseguinte, os jornalistas, esmagados entre a bigorna da proibição e o martelo do dever profissional, precisavam restringir-se ao episódio, sempre repetido,

Primo Levi

do desventurado cidadão que, correndo pela casa ou pela rua com um revólver carregado na mão (sabe-se lá por quê), caía e acabava fulminado pelo tiro acidental.

Aumentando-se proporcionalmente os quilômetros quadrados e o tempo transcorrido, a história soviética está cheia de incríveis censuras, desmentidos impossíveis, silêncios absurdos. Exemplos célebres são o atraso com que a população ficou sabendo da invasão nazista e a censura aos campos de concentração e o extermínio dos *kulaks*. No caso em pauta, dada a escassez de notícias oficiais, o povo precisará confiar no "ouvir dizer", e o alarme será maior. Essa obsessão pelo segredo demonstra um imerecido desprezo do governo soviético por seus cidadãos: eles não são imaturos nem deficientes mentais.

Contudo, a conduta da imprensa ocidental também não foi exemplar. Não consegue esconder sua alegria maligna, como se não pudessem ocorrer desastres semelhantes entre nós: e nós, italianos, ficamos sabendo que, de nossas usinas nucleares, "só" a de Latina é desprovida da cúpula estanque de concreto armado; mas − acrescentou-se − é uma usina pequena. É como dizer que, se ocorresse vazamento, seria preciso "só" evacuar Roma. Dois mortos, anunciados pelos soviéticos provavelmente, é pouco; porém mais de 2 mil, anunciados pelos americanos, é demais (esperamos): do nosso lado a informação comete os pecados opostos, pois, em vez de ser demorada e minguada, é apressada e sensacionalista. Eles são patologicamente avarentos; nós, desregrados e pródigos.

Infelizmente, a tecnologia e a biologia nucleares são intrinsecamente complicadas; para os leigos é difícil fazer o balanço entre riscos e benefícios. Ora, leigos somos todos; os poucos não leigos falam em causa própria, portanto nem sempre estão imunes a atitudes preconcebidas. Como leigo, ouso prever, ou pelo menos esperar, que Chernobil provocará uma guinada nas opções energéticas, no estilo da informação e talvez também nas relações políticas entre os dois grandes blocos. Mesmo com as desgraças

A assimetria e a vida

(um pessimista diria: especialmente com as desgraças) é possível aprender muitas coisas.

A mais importante é a seguinte: a poluição nuclear é sutil e imperceptível; contra ela não há defesas seguras. Ri de nossas fronteiras, cavalga o vento e a água, infiltra-se nos canais das cadeias alimentares; o iodo radioativo pode chover do céu milhares de quilômetros longe de sua fonte, aninhar-se em nossa tireoide, concentrando-se milhares de vezes e ameaçando nossa saúde. As radiações que emanam dos produtos da fissão podem alterar o patrimônio genético de humanos, animais e plantas em todo o planeta, danificando gerações futuras. Um acidente nuclear se propaga como peste; não é um assunto interno, de exclusiva alçada do país onde ocorreu. As águas do Dnieper roçam Chernobil, mas acabam no Mar Negro e banham o litoral dos turcos, que não têm usinas nucleares; por que deveriam pagar pelos erros alheios?

Gorbachov fez mal em calar e fez bem em pedir ajuda. Nós também, italianos, devemos ajudar (desde que a ajuda seja competente, e não propagandística), mas depois, quando as coisas tiverem terminado da melhor maneira possível, como esperamos, que ele aceite sentar-se à mesa de negociações. Se for mesmo um homem novo, que fale a linguagem que se usa entre pessoas responsáveis.

La Stampa, 3 maio 1986.

A comunidade de Veneza e seu antigo cemitério

O visitante que não conheça a intrincada e gloriosa história do judaísmo veneziano recebe no cemitério judaico de San Nicolò di Lido impressões contrastantes de cuidado secular e de incúria também secular, de devoção e de preocupações temporais, de fidelidade ao rigor ritual e tradicional e, ao mesmo tempo, de adesão ao gosto e à moda do momento. Isso não costuma acontecer nos cemitérios de aldeia, onde prevalece a sensação de homogeneidade e continuidade. Os motivos dessa singularidade são vários e estão estreitamente interligados.

Como demonstra este volume, o cemitério é antigo e profundamente estratificado no tempo; abriga sepulturas de tempos ricos e miseráveis, de convivência e de separação. Mesmo em escala sincrônica, integra as várias classes. Por fim, reflete o caráter intensamente compósito da comunidade veneziana onde conviveram, misturando-se apenas em parte, judeus de origem asquenazita e sefardita, provenientes da Alemanha, da Polônia, da Península Ibérica, do Levante, do restante da Itália, além do núcleo mais antigo cujas origens se perdem no tempo.

Não há, ou pelo menos não predomina, a impressão de luto. O luto que há é o recente e pungente de quem perdeu um familiar, uma pessoa querida com a qual conviveu e da qual lembra

Primo Levi

feições, hábitos, voz. Aqui o luto é remoto, subvertido pelos séculos: prevalece a sensação da paz, do repouso eterno que todos os rituais prometem aos defuntos. A par desta, numa leitura atenta, vai abrindo caminho um sentimento diferente, e à melancolia intrínseca ao lugar se justapõe um vestígio de orgulho mundano que aqui adquire sabor de triste ironia. Os túmulos mais soberbos e vistosos guardam os despojos ou, na maioria das vezes, apenas a memória de judeus, homens e mulheres, que tiveram fama, riqueza e sucesso: banqueiros, armadores, mulheres de letras e de "intelecto de amor",* mercadores, médicos, eruditos religiosos e laicos; e agora, como em Spoon River, todos dormem aqui, nivelados pela morte, à sombra das divisas, às vezes ingênuas, às vezes pretensiosas, às vezes curiosamente profanas, que eles mesmos ou seus familiares desejaram. Sobre todos se estende o manto verde das trepadeiras, imagem da vida natural, imêmore, que submerge a recordação.

Um exame mais atento das inscrições e dos monumentos revela um traço característico do judaísmo veneziano que o torna, talvez, único no mundo. Ele é fruto do cruzamento de duas singularidades, de duas exceções históricas e antropológicas. Era improvável, era um desafio à história, que um povo médio-oriental, com força política e militar modesta, não tolerando a dominação grega e depois romana, já atormentado por violentos conflitos internos e depois derrotado, massacrado, deportado, disperso e perseguido durante séculos, sobrevivesse aos milênios conservando ciosamente sua religião e suas tradições e mantivesse vivo também o sentimento de sua substancial unidade. Era também improvável que uma comunidade de fugitivos, empurrada como molambo pelo avanço dos invasores, encontrasse asilo permanente num minúsculo arquipélago de ilhotas pantanosas; que ali, com secular trabalho de formiga, construísse uma cidade de fabulosa beleza;

---

* *Donne ch'avete intelletto d'amore* é o primeiro verso da canção XIX da *Vita Nova* de Dante Alighieri. (N. T.)

A assimetria e a vida

que essa cidade se tornasse senhora de uma região interior fértil e vasta; e que a nova República prosperasse, através de períodos breves de paz e longos de guerra, até se tornar a capital mercantil do Mediterrâneo Oriental, uma potência política de primeira ordem, um estado com leis exemplares e um centro de arte original, nunca imitada, ou imitada com resultados ridículos: de fato, durante vários séculos, o estado italiano mais poderoso e respeitado.

O judaísmo veneziano é fruto da união dessas duas civilizações impossíveis e traz à mente uma afirmação bastante citada de Thomas Mann: tudo o que a humanidade produziu de válido, produziu "como um apesar de", a despeito das adversidades, dobrando-as à sua própria vontade, haurindo forças da dor e inteligência do cansaço.

Todo cemitério é um espelho; este do Lido é espelho da secular convivência de duas civilizações substancialmente diferentes, mas que tinham em comum o cosmopolitismo e a vocação mercantil. Assim como existiam estabelecimentos judeus em todos os portos do Mediterrâneo, houve, pelo menos durante algum tempo, postos avançados, guarnições, armazéns venezianos em Creta, em Chipre, na Dalmácia, na Albânia, na Síria, no Mar Negro. Muitas vezes havia coincidência de interesses. Como este livro documenta, a convivência nem sempre foi feliz: na tempestuosa história de Veneza, marcada por guerras encarniçadas em terra e no mar, sucederam-se períodos de tolerância e intolerância, mas raramente se chegou à violência contra a minoria judia: o normal foi a predominância do bom-senso, da compreensão recíproca ou, pelo menos, da conciliação. A presença judaica, numericamente sempre pequena, não é negligenciável do ponto de vista econômico: de simples mercadores e "fanqueiros", os judeus se tornam banqueiros e armadores; em fins do século XVII, de 5% a 10% dos transportes marítimos no Mediterrâneo estão nas mãos dos judeus venezianos.

Os monumentos deste cemitério possibilitam uma leitura indireta e estratificada dessa simbiose. Naturalmente, trata-se

Primo Levi

de uma amostra imprópria, parcial, que deixa no esquecimento a grande massa dos deserdados, cuja presença e cujo modo de viver são representados pelas construções miseráveis, altíssimas, ainda hoje visíveis na entrada do Gueto; apesar disso, não lemos sem emoção e reverência as lápides cujos textos são aqui transcritos, de Elia Levita, gramático, de Leone Modena, douto mestre e pregador (mas também dado a jogos de azar), de Sara Sullam Copio. Desta última, culta e belíssima, poetisa em italiano e hebraico, ficamos sabendo com grande tristeza da história do longo idílio epistolar com o fidalgo genovês que se enamorou de seu talento e tentou em vão convertê-la ao cristianismo. Não, a história dos judeus venezianos não é a história de uma minoria culturalmente isolada e anêmica, mas sim de um componente enérgico e versátil da sociedade local, ativo não só no campo financeiro, mas também no intelectual.

Os integrantes dessas grandes famílias, que podemos acompanhar por numerosas gerações através do mudo testemunho das lápides, parecem-nos impelidos por uma motivação social tipicamente coerente e moderna. Queriam ser judeus, ou seja, diferentes: quase sem exceção, as inscrições que lemos estão em língua e caracteres hebraicos. Mas também queriam competir: o que queriam não era a assimilação que coincide com a dissolução, mas a equiparação. Donde a característica mais curiosa desses túmulos: às vezes se trata de fugitivos da Espanha e de Portugal que, na época da tolerância, tinham efetivamente recebido patentes nobiliárquicas; mas, mesmo quando faltava título outorgado por um poder mais alto, muitas famílias tomavam a iniciativa de criar para si uma insígnia heráldica. Nisso há um costume dos *goim* e, além do mais, uma transgressão à proibição bíblica "não farás imagens" (no entanto, é preciso acompanhar os tempos, e o prestígio social também pesa), mas dentro do contorno e dos arabescos do brasão veem-se símbolos hebraicos: o cacho de uva, as mãos abençoantes dos cohanim, a jarra dos levitas, o estilo dos escribas; ou representações extraídas do nome hebraico do

A assimetria e a vida

defunto: leão, cervo, água, pomba. Num único contexto, em poucos palmos de pedra corroída pelo tempo, vemos a união da fidelidade à tradição com a adesão à vida: aliás, na Língua Sagrada, cemitério é Bet-Hayyim, Casa da Vida.

Novembro de 1985.

La comunità ebraica di Venezia e il suo antico cimitero, pesquisa dirigida por Aldo Luzzatto, Milão, Il Polifilo, 2000, v.I, p.XII-XV.

O chamado da floresta

A prestigiosa coleção da Einaudi *Scrittori tradotti da scrittori* [Escritores traduzidos por escritores] chegou a seu 19º volume com um brinde inesperado: a reapresentação de *O chamado da floresta* de Jack London, na bela e rigorosa tradução de Gianni Celati. O livro é conhecidíssimo e, exatamente por isso, reserva muitas surpresas para o leitor, ou melhor, para o releitor, seja qual for a geração a que ele pertença. Um livro conhecido é lido de um modo diferente do livro novo: já sabemos "como vai acabar", por isso somos mais críticos em relação a seus episódios e ficamos mais atentos aos detalhes.

De imediato salta aos olhos sua autenticidade. O *très curieux* London, escritor que por muito tempo foi considerado secundário, popular, enfim um *outsider* em relação à ilustre tradição literária americana, extraiu de sua breve aventura de explorador de ouro no Alaska uma quantidade fabulosa de experiências para relatar, e é um narrador de primeira grandeza. Nada do que diz soa repisado, escrito de gabinete, extraído de outros livros ou da meditação. O mundo selvagem no qual ele se viu imerso extravasa de seus melhores livros com a pujança imediata das coisas vividas: aqui não há Verne nem Salgari, mas sim um homem que travou ao extremo a luta pela vida e pela sobrevivência, extraindo dela razão para escrever.

Primo Levi

Com feliz intuição, transferiu essa sua experiência para um cão, e acho que não há rival para esse cão na literatura mundial, exatamente porque não é um cão literário. Buck, cão bem tratado, dono da própria casa numa esplêndida fazenda californiana, é canino e humano ao mesmo tempo, como todos os cães que o destino, ou seus donos, trataram nem mal nem bem demais. Inspira dignidade e respeitabilidade: mais do que submisso ao juiz Miller, é seu par, seu companheiro; tem conhecimento instintivo de seus direitos e de seus deveres. Mas, na virada do século, no tempo da febre do ouro, todos os cães robustos estão ameaçados: têm um valor comercial inaudito, podem ser roubados, comercializados e despejados no Norte, onde o que vale não são as leis civis, mas a lei do porrete e das presas. Ou viram cães de trenó ou sucumbem.

Buck, graças a seu vigor físico e moral, passa na primeira prova, a da deportação, viagem interminável de trem e depois de barco, chegando a uma região hostil e nova: não há o sol da Califórnia, mas a neve no chão e no ar. É domado: aprende que o homem munido de porrete é invencível. Sua dignidade não se extingue, mas se transmuda: aprende que precisa adaptar-se, aprender coisas novas e terríveis. Que precisa defender-se de todos, em especial de seus companheiros, cães de trenó já treinados: se não for rápido como eles, sua ração diária será instantaneamente roubada. Que à noite o fogo e a tenda não são para ele: precisa aprender, e aprende, a cavar um buraco na neve, onde seu calor animal lhe permitirá suportar o gelo ártico.

Precisa aprender o trabalho, e aqui London encontra tons e considerações magistrais. Cada um daqueles cães de centenas de raças diferentes, atrelados todos os dias ao trenó, tem personalidade própria, surpreendentemente verossímil. Etólogo *avant la lettre*, London penetrou na psicologia canina com uma profundidade bem moderna. Rivais uns dos outros e, ao mesmo tempo, gregários, os cães de tiro "elegem" um chefe, o chefe da matilha, o cão que comanda a equipe. Precisa ser o mais forte, mas também o

A assimetria e a vida

mais experiente: o trabalho de tração é um trabalho que precisa ser aceito, e Spitz, o cão-chefe, força e acelera a aceitação. Pune quem empata o trabalho, morde os retardatários, apazigua as brigas com sua indiscutível autoridade.

Buck entende, aprende, mas não aceita a autoridade de Spitz: a par da perpétua fome de comida, sente em si fome de primazia. Mas aceita puxar: "Percebeu que o trabalho, embora pesado, não lhe desagradava demais. Além disso, ficava surpreso com o ardor que animava toda a matilha e o contagiava também". É o trabalho como último refúgio e alternativa à servidão: como não lembrar *Um dia na vida de Ivan Denisovich*, de Alexandre Soljenítsin, e aquele muro que os prisioneiros constroem de bom grado, lutando com o gelo de outro Ártico? Fave e Solleks, velhos cães de tiro, são passivos e indiferentes nas breves horas de descanso, mas, quando atrelados ao trenó, tornam-se

animados e empenhados, desejando que o trabalho corresse bem, irritando-se muito se algo o atrapalhasse ou atrasasse. Parecia até que aquela labuta entre as trelas do trenó representava a expressão máxima de seu ser, que eles viviam só para aquilo e que só naquilo encontravam satisfação.

O trabalho é um tóxico: o coração dos cães "se parte quando são excluídos". Há aí, em embrião, a intuição da patologia humana da aposentadoria precoce.

Buck é diferente: sente nascer em si "o primitivo animal dominante", provoca insidiosamente o chefe da matilha, incentiva a indisciplina, até que se chegue ao franco desafio. É a página com mais maestria do breve livro, e a mais crua: numa noite gelada, cercados pela matilha faminta, mas neutra, Spitz e Buck se enfrentam e Buck vence graças a sua astúcia de lutador; o vencido é devorado no ato por seus ex-subjugados. Na manhã seguinte, Buck se impõe aos patrões humanos: matou o chefe da matilha, é o novo chefe da matilha. Será um chefe (um *Kapo?*) ainda mais eficiente do que

Primo Levi

Spitz, mais valente na manutenção da ordem e na observação das insídias do caminho.

Depois a matilha muda de donos, e na primavera, quando o gelo é menos seguro, acaba nas mãos de três inexperientes. Fome, cansaço, chicotadas: a dignidade de Buck se rebela, o cão se amotina, "sabe" a quem se deve obedecer e a quem não. Submetido a uma surra mortal, é salvo por Thornton, o pioneiro bondoso, e se afeiçoa a ele, devotando-lhe amor total, exclusivo, de que só os cães são capazes: é aí, a meu ver, que o livro fica mais fraco. Há excesso nessa devoção: onde foi parar o "animal dominante"?

Também não convencem as outras páginas nas quais se insinuam reminiscências darwinianas mal digeridas. Thornton morre, atingido por flechas de índios, e Buck, desfeito o último elo com a civilização dos homens, atende ao chamado da floresta, ou seja, ao uivo dos lobos: sente em si, evolucionisticamente, sangue de lobo. A despeito de seu currículo tão diferente, aproxima-se da alcateia e acaba por fazer parte dela, aliás, a se tornar seu chefe. Califórnia, trenó e Thornton caem no esquecimento, e a história de Buck (a observação é de Celati, mas a meu ver é válida só depois dessa guinada) se dissolve no mito. O sangue de Buck prevaleceu sobre o sangue dos lobos, a ponto de modificar seu aspecto: nasce uma nova geração de lobos com pelo canino. Buck se tornou o Cão Fantasma, feroz dilacerador noturno de presas e homens: mas a cada verão faz uma peregrinação ao lugar onde Thornton está sepultado, a única criatura que o cão agora lobo amou. Aí não dá! É humano demais.

La Stampa, 11 jan. 1987.

Argila de Adão

Como é difícil entender um texto que, declaradamente, foi mal compreendido por seu próprio autor! Esse pensamento me acompanhou por toda a árdua (mas fecunda) leitura de um livro publicado há pouco, *Sette indizi sull'origine della vita*, de A. Graham Cairns-Smith (Liguori).* Apesar de mirar alto, é um livro de divulgação científica que procura difundir uma ideia importante e sem preconceitos.

Como se vê, o próprio título, ao mesmo tempo que usa de meias palavras, está cheio de promessas. A origem da vida na Terra não é um problema qualquer, é o problema, aquele para cuja resolução todos os cientistas, e não só os biólogos, vêm queimando os miolos desde que existe ciência. Propostas de solução não faltaram; antes de Spallanzani e de Pasteur, era dada por certa a resposta dos clássicos e de Aristóteles: a vida nasce por geração espontânea do material corrompido, as rãs da lama, as moscas da sujeira. Só no século XIX seria liquidada uma afirmação assim ingênua: em comparação com microrganismos, rãs e vermes são

---

* *Seven clues to the origin of life*, Cambridge, 1986; *Sete pistas para a origem da vida*, Editorial Presença, 1986, sem nome do tradutor. (N. T.)

organismos complexos demais para se formarem "sozinhos"; mas e os microrganismos?

O microscópio eletrônico, a par das descobertas da genética, daria uma resposta severa e decepcionante; os microrganismos também são extremamente complexos, são máquinas "de alta tecnologia", seria também absurdo achar que nascem por geração espontânea como achar que é possível fabricar um relógio chacoalhando juntos seus componentes mais miúdos. Os componentes fundamentais e unitários da vida, os nucleotídeos do ácido nucleico presentes do mofo à faia, nas girafas e em nós, não podem formar-se sozinhos: é só pensar no número e na delicadeza das etapas que o químico precisa observar para formar um único deles e nas precauções que precisa tomar para evitar sua autodestruição.

No entanto, mesmo não querendo recorrer a hipóteses sobrenaturais, pode-se admitir que tenha havido uma geração espontânea. Em meados deste século uma curiosa experiência de Miller despertara grandes esperanças. Submetendo a "temporais artificiais" (altas temperaturas, descargas elétricas) uma mistura de metano, água, amônia e hidrogênio, obtinham-se as estruturas básicas (os tijolos) da vida orgânica; traços de aminoácidos e de nucleosídios. Todos, químicos e leigos, exultaram. Portanto, estava aberto um caminho: não era preciso o ato criador postulado por todas as religiões e metafísicas, a vida podia ter nascido sozinha, do caldo primordial constituído pelos oceanos da Terra recém-nascida.

Um exame mais cuidadoso demoliria essas esperanças. Não bastam os tijolos para construir uma casa: é preciso ter uma planta, um endereço, um projeto. A chave da vida é a complexidade organizada, e do simples não nasce o complexo. Tampouco tinha muito sentido postular que a ordem vem do cosmos, como recentemente Hoyle afirmou: quem então a introduziu no cosmos? Ou o problema se desloca de um lugar para outro, ou então é preciso recorrer a Deus. Ora, os cientistas têm respeito por Deus e por quem acredita nele, mas resistem a admitir uma intervenção precoce demais antes de esgotarem todas as outras explicações possíveis.

A assimetria e a vida

Graham formula uma hipótese fascinante e nova. Parte de um apólogo: imagina encontrar numa zona desabitada um arco de pedras que se sustentam reciprocamente. A primeira hipótese é de que se trata de obra humana ou de alguma inteligência superior: um arco não se faz sozinho. No entanto, pode-se pensar num mecanismo diferente, "natural". Para construir um arco, mesmo o homem precisa dispor as pedras sobre um substrato, sobre um arcabouço espontâneo de rocha, que depois uma cheia levou embora. E se na criação da vida tivesse ocorrido o mesmo, ou seja, se a vida primígena fosse aquilo que resta de uma construção cujos confusos elementos básicos tivessem desaparecido?

Graham considera que encontrou esse substrato, que o descobriu num material abundantíssimo na Terra, complexo como estrutura, mas extremamente variado nas formas (como revela o microscópio eletrônico) e, além de tudo, enobrecido por uma ilustre menção bíblica: a vida primígena, a protovida, não se baseria no carbono, mas nos silicatos de argila: sim, aquela usada por Deus Pai para criar o primeiro homem.

As muitas argilas estudadas por Graham revelam capacidades surpreendentes: assimilam material da água ambiente, crescem, subdividem-se, reparam seus danos; além disso, sabem organizar--se em lâminas de espessura sutilíssima, em pequenos tubos, em aglomerados porosos: em suma, o equivalente a minúsculos laboratórios químicos, com sua aparelhagem para filtrar, destilar, concentrar etc.; sobretudo, podem multiplicar-se, reproduzindo-se; e quantos desses laboratórios podem estar em ação simultaneamente! Graham nem sequer se espanta com a capacidade tipicamente vital de extrair carbono e nitrogênio da atmosfera para "organicizá-los"; se iluminados pelo sol, sais de ferro transformam anidrido carbônico em ácido fórmico, e o óxido de titânio transforma o nitrogênio em amônia: o resto é um jogo fácil...

Nada fácil, ao contrário espantosamente difícil, é a etapa seguinte: de que modo se vai das argilas autoduplicantes à vida orgânica que hoje triunfou. Devo admitir (mas Graham também admite) que aí as coisas se tornam confusas. A passagem teria sido gradual; uma "usurpação", como se de uma corda de cânhamo fossem sendo subtraídas devagar, uma por uma, as fibras originárias para substituí-las por fibras de náilon. Teria havido uma longa convivência entre a vida embrionária das argilas e a vida orgânica, prevalecendo finalmente esta última. Assim como os ácidos nucleicos e as proteínas, as partículas de argila são de fato capazes de dobrar-se sobre si mesmas, assumindo configurações características, específicas e, ademais, transmissíveis a outras partículas com que entram em contato.

Está satisfeito, leitor, você que procura ler de trás para a frente o grande livro da natureza? Eu estou, apesar de tudo: apesar de o próprio autor manifestar suas dúvidas com dezenas de *se, mas* e *talvez* a cada página. Dessa leitura difícil e convulsa eu saí com uma impressão vaga, de ter assistido a uma ruptura, talvez comparável às de Newton e Darwin. Ou talvez só se trate de uma "hipótese de trabalho", de um andaime, justamente, que em todo caso será demolido, e então o arco poderá permanecer ou desmoronar. Seja como for, entrou na arena uma ideia nova, a meio caminho entre a Química e a Geologia, e hoje sabemos como são férteis as hibridações entre disciplinas diferentes.

La Stampa, 15 fev. 1987.

Índice onomástico

Adenauer, Konrad, 47

Aleichem, Shalom (pseudônimo de Shalom Rabinovitz), 36, 58

Alighieri, Dante, 259

Améry, Jean, 83-5

Antelme, Robert, 41

Antonelli, Alessandro, 247

Antonicelli, Franco, 41

Ariosto, Ludovico, 116

Aristóteles, 237, 240, 297

Artom, Emanuele, 252

Artom, Ennio, 252

Babel', Isaac Emmanuilovič, 36

Badoglio, Pietro, 128-9

Baroncini (irmãs), 72

Beccaria Rolfi, Lidia, 69

Beethoven, Ludwig van, 105

Beltrami Segré, F., 37

Blaschke, cientista, 245

Bobbio, Norberto, 182

Bormann, Martin, 47

Borsi, Livia, 72

Brecht, Bertolt, 51

Brunazzi, Maco, 279

Bruzzone, Anna Maria, 69-70

Burgess, Anthony, 218

Caglioti, Luciano, 202-3

Cajumi, Arrigo, 273

Calcagno, Giorgio, 175

Caleffi, Piero, 41

Calvino, Italo, 273-4

Celati, Gianni, 293, 296

Chagall, Marc, 36

Chamberlain, Arthur Neville, 82

Clarke, Arthur, 214-5

Coleridge, Samuel Taylor, 40, 261

Colombo, Cristóvão, 181

Conrad, Joseph (pseudônimo de Teodor Jósef Konrad Korzeniowski), 174

301

Crick, Francis, 243

Darquier de Pellepoix, Louis, 87, 91
Darwin Charles, 300
de Filippo, Eduardo, 161
Diena, Franco, 252
Diena, Paolo, 252
Diena, Sergio, 252
Dreyfus, Alfred, 94, 96, 277

Eichmann, Adolf, 46, 54, 91, 105, 142
Eicke, Theodor, 146
Einstein, Albert, 198, 246
Ésquilo, 99

Faulhaber, Michael, 47
Faurisson, Robert, 87, 92-4, 115-6, 155
Fedro, 110
Fermi, Enrico, 198
Flammarion, Camille, 185
Fölkel, Ferruccio, 89
Franco Bahamonde, Francisco, 110
Frank, Anne, 113-4
Frankel, Zacharias, 278
Fubini, Anna Maria, 279

Gibelli, Luciano, 209
Ginzburg, Leone, 252
Globke, Hans, 47
Goebbels, Joseph Paul, 46, 126, 133, 146, 256

Goering, Hermann, 81
Gorbachov, Michail, 285
Gozzano, Guido, 210
Graham Cairns-Smith, Alexander, 297, 299
Grynszpan, Herschel, 80
Guidetti Serra, Bianca, 69

Habermas, Jürgen, 155
Hegel, Georg Wilhelm Friedrich, 185
Heidegger, Martin, 47
Heine, Heinrich, 119
Heydrich, Reinhard, 102, 104
Hillgruber, Andreas, 155
Himmler, Heinrich, 46, 105, 143, 147-8
Hitler, Adolf, 9, 23, 36, 50, 70, 79, 82, 91, 94, 102, 126, 128, 133, 139, 142, 144, 149, 156, 190-3, 222, 260, 267, 278
Homero, 116
Höss, Rudolf, 8, 46, 55, 93, 141-9
Hoyle, Fred, 202, 298
Hugo, Victor, 96
Huxley, Aldous, 174

Irving, David, 91

Jemolo, Arturo Carlo, 9

Kafka, Franz, 232-3
Kaganovič, Mosché, 268
Kappler, Herbert, 65-7, 81

302

A assimetria e a vida

Kappler, Anneliese, 67
Katzenelson, Yitzhak, 35-7
Klehr, Joseph, 131-2

Langbein, Hermann, 59, 132-5
Lattanzio, Lucio Celio Firmiano, 65, 67
Leonardo da Vinci, 138
Leopardi, Giacomo, 225
Levi, Alberto, 252
Levi, Giuseppe, 252
Levi, Mario, 252
Levita, Elia, 290
Lilly, John Cunningham, 214
Lipšic, Anna, 278
London, Jack, 293-4
Lorenz, Konrad, 183-4, 188

Malvano, secretário, 248
Mann, Thomas, 20, 289
Manzoni, Alessandro, 211
Marché, Pieralberto, 43
Mayer, Hans, 83
Mengele, Joseph, 47
Miller, David Franklin, 239, 242, 294, 298
Modena, Leone, 290
Moriarty, Michael, 105
Morris, Desmond, 218-9
Mussolini, Benito, 120, 129, 196, 255

Natta, Giulio, 243
Newton, Isaac, 300

Nietzsche, Friedrich Wilhelm, 107
Nolte, Ernst, 155
Novitich, Miriam, 37

Owens, Jesse, 187

Paganini, Bianca, 72
Palazzeschi, Aldo (pseudônimo de Aldo Giurlani), 172
Pascoli, Giovanni, 251
Pasteur, Louis, 236, 238, 297
Pavese, Cesare, 174, 273
Pellico, Silvio, 161
Pétain, Henri-Philippe-Omer, 94
Poli, Gabriella, 175
Poliakov, Leon, 46-7, 171
Proust, Marcel, 174

Queneau, Raymond, 274

Racheli, Alberto, 247
Remarque, Erich Maria, 100
Revelli, Nuto, 69
Rosny, Joseph-Henri, 217
Roth, Joseph, 275
Rousset, David, 41, 69
Rumkowski, Khajim, 266
Russell, Bertrand, 171
Ruzante (pseudônimo de Angelo Beolco), 40, 161

Salgari, Emilio, 293
Sartre, Jean-Paul, 47
Schiller, Friedrich von, 105

303

Schmidt, Helmut, 101
Sereny, Gitta, 59, 89
Shirer, 49, 82
Sindona, Michele, 283
Singer, Isaac Bashevis, 275
Singer, Israel Joshua, 275
Soljenítsin, Alexandre, 157, 295
Spaini, Alberto, 232
Spallanzani, Lazzaro, 297
Speer, Albert, 139
Stálin, 156, 222, 278
Stangl, Franz, 89
Stark, Johannes, 47
Streicher, Julius, 146
Stroop, Jürgen, 126
Sullam Copio, Sara, 290

Tedeschi, Giuliana, 64
Terracini, Umberto, 252
Tibulo, Albio, 161
Tito Flavio Vespasiano, imperador, 90

Vercors (pseudônimo de Jean Bruller), 41, 171
Verne, Jules, 293

Watt, James, 227
Weininger, Otto, 59
Wiechert, Ernst, 41

Zampa, Giorgio, 232
Zangwill, Israel, 250
Ziemer, Gregor, 70

SOBRE O LIVRO

Formato: 14 x 21 cm
Mancha: 23 x 40 paicas
Tipologia: Venetian 301 12/14
Papel: Off-White 80 g/m² (miolo)
Cartão Supremo 250 g/m² (capa)

1ª edição: 2016

EQUIPE DE REALIZAÇÃO

Capa
Estúdio Bogari

Edição de texto
Silvia Massimini Felix (Copidesque)
Carmen T. S. Costa (Revisão)

Editoração eletrônica
Sergio Gzeschnik (Diagramação)

Assistência editorial
Jennifer Rangel de França

Impressão e Acabamento

FARBE DRUCK
gráfica e editora ltda.